武術の身体論

同調と競争が交錯する場

西村秀樹

青弓社

武術の身体論

同調と競争が交錯する場

目次

第3章

「水月移写」にみられる身体感覚の二重性
——同型同調から応答同調への転換

第4章　柔術——身体的関係性を操作する　120

第5章　剣術における「精神修養」の目的化——剣道界の自己矛盾　169

装丁——神田昇和

はじめに

最初に断っておきたいのだが、筆者自身は、武術をたしなんだことはない。武術を研究するにあたって、体験は確かに大きなメリットになるだろう。体験を通して、その世界に蓄積されている知識に直に触れることができるからだ。しかし、その世界に踏み入っていないからこそ、そこでは自明だと思われていることを根底から問い直す目をもつことができるし、また新たな気づきを得ることもできるだろう。こうした立場から本書では、武術を社会学的に考察し、そこから身体論についても論じようとするものである。

現代剣道でも、「彼我一体」すなわち自己と敵が一体になることが重要だとされる。いまやスポーツ化が進んできた剣道は「激しい気迫で機先を制す」ことが重視されてきた観があるが、例えば「自分の心に恐懼《きょうく》疑惑がなければ、相手が映る、つまり彼我一体ということなんだ[1]」、「調和して相手と一体になると、気当たりを感じることができるようになる[2]」、「相手と連動しておくことで、相手の動きが察知でき、いかようにも対応できる[3]」というような言葉も剣道界にうかがえる。「気当たり」を感じるというのは、相手と気が通じているということであり、「相手と連動しておく」というのは、「相手の気をいただいて調和すること」とされている。岩立三郎範士は、「相手との気のつながりがなければ本当のものは生まれないんじゃないか。(略)相手との気のつながりを意識した剣道を目指してやった方が、楽しい剣道人生を送れると思います[4]」としている。

相手と彼我一体になることによって、相手の「動き」や「意」を予期することができるという。こうした言説は、古武術から受け継がれ、いまだにわずかながらも継承されているものである。江戸時代の古武術の言説は第1章以降で詳述するので、ここでは昭和の初めの例を二つあげておく。佐藤卯吉は、太刀を振りかぶる敵が「自己と同一体のものであることを悟る時、既に我れも無ければ敵もなく、悠々自適、ゆくとして可ならざるところなき天下無敵の境地に達することが出来るのである」[5]と述べる。中邑幾太の『柔道及剣道の心理』は昭和十一年（一九三六年）に刊行されたが、過去の剣術文献を検討し、剣術の技のコツ、すなわち「骨」を定義している。「敵の太刀と我太刀と一つになる境地を体得すれば、敵の懸待表裏にかまはず、敵の先を取って打出し、敵の太刀を立て上げさせぬ事が出来る。其のためには勝たう勝たうと思ってはいけぬ。勝たんとすれば敵に我が対立する事になり、彼我一如となる事が出来ぬ。（略）自分が斬られずに相手を斬らうとすれば、彼我対立して一如となり得ない」[6]。勝とうと思わず相討ちを覚悟することで「彼我一如」になることができる。そうすれば、敵がどのような戦法をとってきても敵の太刀を払うことができる。

東洋哲学者の井筒俊彦はいう。「主体のあり方によって物がどんなに変った姿を現わそうとも、その主体が客体と対立するような主体であるかぎり、物の真相は現われてこない。主体を対客体的な認識主体のままにしておいて、どれほどその視角を変え、視点を移し、外的状態を変えてみても、物は絶対にその真相を顕わしはしない」[7]。主客の対立を超越した「無心的主体」になると、主体と客体を分かつ分割線が微妙に流動的になる。例えば、「「私」と「花」とは互いに他ではない。両者の関係は融通無碍。「私」と「花」との区別がないわけではない。区別はあるが、それが自閉的自己同定（つまり同一律的な）の区別ではないのである」[8]。主と客の関係は融通無碍である。すなわち、その関係は、分節であって分節でない、無分節であって無分節でないという存在状況をあらわしている。そのために、「自分の外に客観的対象を見ることなくして認識」[9]する。すなわち、分別をなさないで分別をなす、是非分別は見ずして見えるのである。

客体と対立しない無心的主体になることによって、対立的関係に基づいた日常的認識では見えなかったものが見えてくる。しかも、見ようとしなくとも、おのずから見えてくる。古流剣術では、彼我一体になるということは、敵の存在を考えずに恐怖心を払拭するという心理的効果にとどまらず、敵の動きを見切るという認識的意味をも有している。敵と対立せず彼我一体になるということは、すなわち敵に「同調」することにほかならない。

武術には、スポーツとは異なった戦い方がある。なぜなら、スポーツの場合は勝っても負けても試合は自己完結した非日常的出来事と見なされるが、武術の場合では真剣の斬り合いは実際にはそれほど多くはなかったにせよ、生死を賭けた場を常に想定した技術が求められたからである。それは、慎重に必勝を期した、あるいは命を落とす可能性を少なくした勝てる戦い方にほかならない。スポーツでは「先手」必勝が強調され、仕掛けるのが有利で後手に回るのは避けるべきとされる傾向にあるのに対し、武術では「後の先」という言葉が象徴するように相手に先に仕掛けさせることが有利と見なされている。武術は本来敵と「闘争」するための術であるにもかかわらず、敵との「同調」を積極的に利用することによって、あえて相手に合わせながら一見後手《ごて》に回ることでアドバンテージを得るのである。

　武術には、ルールが存在しない。何をやっても、またどれだけ時間をかけてもかまわない。相手への「同調」を通して相手の動きをじっくりと見極めて、どんな手を使っても確実に勝つことを狙う。スポーツとは異なり、禁じ手なしで何をやってもいいという点では、技は多岐にわたるように思われるが、実際には「必殺必中」を目的とするという点では、状況に応じて技は必然的に（自然に）限定されてくる。スポーツ化した剣道や柔道では、じっくりと時間をかけて隙を誘ってそこを撃つというやり方は次第に認められないようになってきた。ルールの許容範囲では何をやってもいいが、そのじっくりと待つこと自体に対するルールの許容度が狭くなってきた。柔道では、二〇一七年には、消極性や時間稼ぎに対する「指導」を四回受けると反則負けだったルールが三回で負けに変更となった。また、それまでの「有効」が「技あり」に引き上げられたが、「技あり」は何回とっても「一本」とならなくなった。「同調」を生かした慎重な戦法はより不利になり、「先」を志向するより積極的な戦い方が求められるようになった。剣道では、二回にわたって「時間の空費」すなわち時間稼ぎであると審判に判断された場合、負けになる。どちらも、審判の主観に左右される面が少なくなく、「彼我一体」を利用した戦法は有利とはいえない。それでも、柔道では一本勝ちを志向するなかに、剣道では「後の先」「先々の先」などを含む「理合の剣道」のなかに、「彼我一体」は生き続けている。また、他のスポーツにもこれは生かされる可能性があるのではないかと筆者は考えている。

この「関係性」を基軸にした戦い方は他の競技文化、例えば将棋や囲碁にも見受けられる。特に興味深いのは、本来「闘争」を目的としない芸能とも通じ合っていることである。日本の伝統芸能では、「不即不離」（付かず離れず）、「合不合」（合う合わず）が究極の「調和」の境地とされる。様々な演者たちが単にリズムを合わせるのではなく、互いにリズムをぶつけ合うことで芸能は成立している。「付かず離れず」とか「付いて離れて」ということうした芸能の「関係性」は、武術の「同調」を取り入れた戦い方の考察に大いに示唆を与えてくれる。

こうした「闘争（競争）」と「同調」という相反立する「相互作用の形式」すなわち「関係性」を統合した戦い方（兵法）では、「主体としての身体」――内面からそれを生き、直接にそれを把握している身体――は、外部へと広がって敵の身体とのあいだにどのような作用・反作用を繰り広げることによって勝利を得ようとするのだろうか。本書では、武術などでおこなわれている同調を取り入れた競争のメカニズムを通して、身体の潜在的なはたらきを明らかにしていくことを目的としている。

以下では、武術における「彼我一体」の兵法の考察にあたって、このテーマに関係する先行研究を取り上げることによって論点をより明確にすることにしよう。

ジョン・ロジャースは、英米のスポーツが「相手（the Opponent, the Enemy）と同条件を保証する契約たるルールを通じて、排除的な対立的な関係に入り、一方的な量的な勝負を目指す」のに対して、日本の武道は「相手（the Partner）と互いに合わせることによって、包容力のある受け入れの関係に入り、一方的でない質の高い勝負を目標しあう」[10]と論じ、前者が「対立の勝負」であり、後者は「合わせの勝負」であるとする。相撲の仕切り（立ち合い）では、「相手と呼吸を合わせさらに心を合わせることによって、自分も相手もベストの状態で試合に入る」[11]ことを目指す。すなわち、ロジャースがいう「合わせの勝負」での「質的に高い勝負」というのは、互いが受け入れ合い一体になることを通してという意味で、「倫理的」に優れた勝負であると解釈される。しかし、本書が追究したいのは、「合わせ」においてもたらされる「技術的」に優れた勝ちとはどのようなものかということである。すなわち、「彼我一体」によってどのようにして「予期」が可能になるかを、以下では問うことになる。

田嶋和久は、大東流合気柔術を対象に分析して、「相手との同調」を取り入れた勝利に注目している。[12]「攻撃者は倒そうとする相手に「合わせられる」ことにより、自分自身の拠りどころを奪われ、攻撃対象と攻撃者である自身が一体化させられることによって、身体の拠りどころを崩壊・消失させられ、抵抗することが不可能な状態に陥れられる」[13]。たとえるなら、豆腐に串を刺し、その串が豆腐を崩すことがないように運ぶ感覚が重要であって、「常に相手と「同調」し続けるということが問われる」[14]という。しかし、攻撃対象（攻撃される者）にしてみれば、そうした「同調」がなぜ攻撃者のよりどころをなくさせて優位な状況にもっていけるのか、その点が追求されていない。そこに媒介するのはどんな身体の潜在的作用なのかが明らかにされる必要がある。

山本哲士は、西欧的な「主客分離」の認識の仕方ではなされえない「非分離の述語技術」がスポーツでは重要だと述べる。それは、「自己と非自己間の交通によってなされるもの」[15]であり、主客が分節化されないままに繰り出される技術である。主体が「主語」の位置に立って、能動的に客体にはたらきかけ、力づくでねじ伏せる技術とは対極にある。例として、柔道や剣術における非分離関係、弓道における的《まと》との一体化、イチローのバッティングにみられるバットとボールとの非分離技術、体操の内村航平のイメージと身体との非分離構成などがあげられている。ただ、「プロ的プレイは、自分がこうした相手はこうするであろうとよんで、そこをだしぬく行為を試合中で瞬時になしますが、対抗行為的な少なくとも三重の読みを、一瞬のワザとしてくりだしています。分節化などをしていません。それは分離行為ではなされないことです。プロの卓越したワザは、かならず述語的な非分離において具体の「場所」の上でなされているものです」[16]というように、それらの技術の「非分離性」とか「述語性」について具体的で詳細な分析はなされていない。山本のすぐれた点は、非分離の「述語制文化」の経済界や一般社会での重要性の指摘である。「サービス」が商品・サービス経済に示されるように、個人的なものを押し殺す、すなわち「分離する」もの・「ソーシャル」なものであるのに対して、「ホスピタリティ」はプライベートな多様性が生かされる「パブリック」なものであるとし、スポーツ経営は、計算しえないもの、目には見えない

「快楽」や「享楽」の次元を経済対象とする「ホスピタリティ経営」をなすことで可能閾を開いていけると、示唆している。

また、山本は以上について論じる以前に武術の「述語技術」についての論考を発表している。そこで山本は、宮本武蔵の『五輪書』のなかに、非分離言説を指摘している。

武蔵の言述そのものの中に入っていくと、そこには非分離の閾が明確に開かれている。心は身のなかにあるが、身と分離されず、心と目とが並列して示される。心と意の二つの心、観見の二つの目がある、ことを示す。そして、意も心も、観も見も、ワザ・術そのもののことしか言っていない。(17)

この論説で言及されている「非分離性」とは、心も身も太刀も非分離に技を出す、敵と非分離の関係で打つということである。身と太刀と心は非分離だが、一度に打つことはできないので、身を先に打ち、太刀は後から打つ。ときには、太刀で先に打つことがあるが、普通は身を先に打ち込み、太刀は後からつ（付）いてくる。これが「空の心」というもので、つまり身体と太刀と心は一体化したものであるということだ。敵との非分離の関係は十一項目にわたる。例えば全身を敵に寄せる、少しも隙間のないように敵の身に我が身を付ける、自分の身が縮こまらないように丈を高くして強く入る、身で敵にあたるのだが、少し顔をそむけて左の肩を出し、敵の胸にあたる、などである。ただ、こうした「非分離」を実践することが、いかに奥深い有利性につながるのかということが本書の主要関心なので、その点が読み取れないのが残念である。「分離」原理と比較した場合、「非分離」原理が状況認識や自己把握にあたってどのような特徴を有しているかという観点から論じる必要がある。

清水博は、自己は、自己中心的自己（主語的自己）と場所中心的自己（述語的自己）という二重構造をもっていて、自己と相手を包摂した「自他非分離」の場所に突き動かされるとき、場所中心的自己として劇のストーリーをリアルタイムに創出していくという。(18) 柳生新陰流活人剣はその意味では即興劇であり、敵が技を出しやすいように敵に協力して動きを誘い、敵に自由に演技させる（すなわち自由に技を出させる）。そうした場の状況のなかで自由自在に作り出したシナリオに沿って勝つ。こうしたシナリオをつくりだす柳生新陰流のはたらきが「転《まろばし》」であり、これこそが相手がどのような技できても絶対に勝つことができる「真剣勝負の必勝の理」であると、清水は指摘する。主体・客体の対立を超越した「非分離」の観点に立つことで、敵の意図がおのずから明らかになってくる。

清水が参照しているのは、西田幾多郎の「場所の哲学」であり、またその「場所」に基づいた自己統合のプロセスは市川浩の「脱中心化」や大澤真幸の「遠心化作用」につながるものである。本書がおこなう「同調」を取り入れた武術に関する考察は、この清水の「自他非分離」による柳生新陰流の解釈と基本軸は同じだといえる。しかし、清水の考察は「転」の理をリアルタイムに生み出される「創造的な知」としてとらえることにあり、「身体」のはたらきに焦点を当てたものではない。本書は、市川の身体論の「同調」を基本に据えながらも、その「同調」に伴う身体の潜在的なはたらきを武術に即してより詳しく見ていきたい。

本書は、武術に関する「社会学」的試論である。社会学は、「関係性」を重視する。ただ、社会学は一般的に「役割」や「地位」を媒介とした制度化された関係性を問題とする。しかし、ここではそうした社会的環境にある意味で支配され、自由度を狭められた関係性ではなく、人間がそこから解き放たれたときに心身はどのようなはたらきを生じさせ、それをもとにどのような関係性を編んでいくのかということを問題とする。生か死かということ以外に何にも拘束されない武術という場で、どのような潜在的な身体のはたらきを媒介とした「身体的」関係性が展開されていくのかに、注目する。こうした関係性は、武術以外の認識・行動の下層にも潜んでいると思われる。

また、身体のはたらきをみるという文脈で、「身体論」にも関わってくるといえるのである。ただ、だからといって「身体論」の総合的検討から始めることはしない。市川の「同型同調」と「応答同調」を基底に据えるが、「身体的関係性の操作」という観点を導入しながらも、あくまでも武術における戦いに即して、身体の潜在的なはたらきを導き出していくことにする。

第1章「「同調」を取り入れた戦い方」では、大相撲の立ち合いと四ッ相撲、剣道の「間合い」、および伝統芸能での「調和」の形式のなかに、同調と競争が交錯する様相をみながら、研究の観点を明らかにする。

第2章「剣術における「同調」と「競争」の戦略的展開」では、古流剣術諸流派において、競争と同調の関係性がどのように組み込まれているかを考察する。

第3章「「水月移写」にみられる身体感覚の二重性——同型同調から応答同調への転換」では、剣術諸流派にみられる極意「水月移写」に焦点を当て、そこにみられる身体感覚の二重性に基づいて同型同調（同調）から応答同調（競争）への転換のメカニズムを探る。

第4章「柔術——身体的関係性を操作する」では、古流柔術の戦い方について「身体的関係性の操作」という観点から考察する。同型同調を利用した戦い方に加えて、「合気」すなわちエントレインメントをはずして勝つ方法をみていくことになる。

第5章「剣術における「精神修養」の目的化——剣道界の自己矛盾」では、剣術における「精神修養」の目的化のプロセスについて探る。武術でおこなわれる同調を取り入れた戦いでは、生死の観念を超越した強い精神が必要とされたが、明治時代以降になると、勝つことよりも精神の修養それ自体が目的とされていく点を論じる。

終章「研究の要約と敷衍」では、武術的な戦い方を総括するとともに、それが日本の他の「競技」文化——囲碁・将棋など——や欧米由来のスポーツ文化にどのように敷衍できるかを考察し、研究の汎用性を展望している。

注

（1）小川忠太郎（範士九段）「特集／相討ち研究　小川範士、相討ちを語る」、スキージャーナル編「剣道日本」一九八五年三月号、スキージャーナル、三九ページ
（2）賀来俊彦（範士八段）「剣先に正しい心を乗せる」、スキージャーナル編「剣道日本」一九九八年八月号、スキージャーナル、三七ページ
（3）原田源次（範士）「審査員の目　理を踏まえた上で自分の力を出し切れば道は拓ける」、体育とスポーツ出版社編「剣道時代」二〇〇一年十一月号、体育とスポーツ出版社、四六ページ
（4）岩立三郎（範士八段）「特集「気」で勝つ剣道」、体育とスポーツ出版社編「剣道日本」二〇〇〇年三月号、スキージャーナル、四六ページ
（5）佐藤卯吉『剣道』（「日本体育叢書」第九巻）、目黒書店、一九二八年、四―五ページ
（6）中邑幾太『柔道及剣道の心理』中文館書店、一九三六年、二四〇ページ
（7）井筒俊彦「禅的意識のフィールド構造」『コスモスとアンチコスモス――1985年―1989年』（「井筒俊彦全集」第九巻）、慶應義塾大学出版会、二〇一五年、三七一ページ
（8）同論文三七七ページ
（9）同論文三八三ページ
（10）John M. Rogers「対立の勝負・合わせの勝負」、日本体育学会編「体育の科学」第四十巻第二号、杏林書院、一九九〇年、一一六ページ
（11）同論文一一八ページ
（12）田隅和久「武術の場における身体的同調――大東流合気柔術を事例として」「立正大学文学部研究紀要」第二十四号、立正大学文学部、二〇〇八年、一〇六―一〇七ページ
（13）同論文一〇六ページ
（14）同論文一〇八ページ

(15)山本哲士「スポーツにおけるホスピタリティと非分離・述語制の身体技術」、日本スポーツ社会学会編「スポーツ社会学研究」第二十五巻第一号、日本スポーツ社会学会、二〇一七年、一五ページ
(16)同論文一三ページ
(17)山本哲士「武術の述語技術と武士道の違い(2)剣の非分離表出をさぐる」、日本ベリエールアートセンター編「特集 武士制の文化学(PART3)」「季刊iichiko」第百十一号、日本ベリエールアートセンター、二〇一一年、一〇二ページ
(18)清水博『生命知としての場の論理——柳生新陰流に見る共創の理』(中公新書)、中央公論社、一九九六年、五五—八〇ページ

第1章　「同調」を取り入れた戦い方

1　大相撲の立ち合いが示す「同調」と「競争」の交錯

スポーツにおける「同調」の例としては、大相撲の立ち合いを考えるといいだろう（もっとも大相撲は純粋なスポーツとは言い切れないところもあるが）。ここでいう「同調」とは、チームスポーツでの味方の選手との「共感」という意味のものではなく、あくまでも敵プレーヤーとの「同調」のことである。

大相撲の立ち合いは、行司という第三者の合図によってなされるものではなく、両力士の「阿吽《あうん》の呼吸」によってなされる。互いの合意で立つというのは、互いに呼吸を合わせながらも、かつ互いが自分の呼吸をぶつけ合っていくということだ。相手に「合わせる」ことだけに気をとられると、立ち遅れて存分に力を発揮できない。逆に自分の呼吸のリズムばかりを志向すると、両者は立ち合えず、酷評されることになる。筆者は、かつてこの相手の呼吸に合わせるという側面を「同調」とし、自分の呼吸をぶつけていくという側面を「競争」とした。(1) 亀山佳明は、これについて言及し、前者を「同形同調」、後者を「相補同調」としてとらえた。(2) また、市川浩は、感応的同調を「同型的同調」と「応答的ないし役割的同調」に分類していて、これが前記の亀山にほぼ対応している。(3) 亀山はさらに、「競争」と「同調」あるいは「同形同調」と「相補同調」という二律背反する動作の同時成立を可

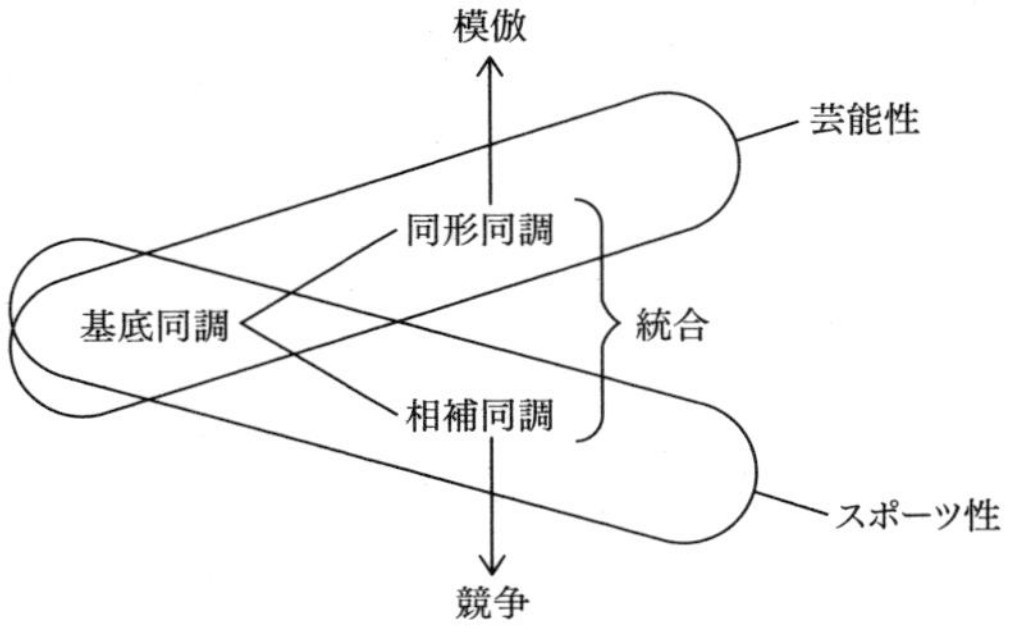

図1　基底同調と同形同調・相補同調の区別
（出典：亀山佳明「「身体論の可能性」、その後——制度の身体論から体験の身体論へ」、日本スポーツ社会学会編『21世紀のスポーツ社会学』所収、創文企画、2013年、97ページ）

能にする媒介物として「基底同調」という概念を用い、これによって相手の動作に合わせた自己の動作の不断の修正というフィードバック、すなわち「同形同調」と「相補同調」のあいだの往還が可能になると説明している[4]（図1）。これはすぐれた着眼だといえる。この基底同調は、柳生新陰流の「西《せい》江水《こうずい》」、柔術起倒流の「本躰《ほんたい》」などに該当する。例えば、自己の心を敵に移して、敵の心を自己の心の鏡に写し出すことは「水月《すいげつ》移《い》写《しゃ》」（次章で詳述）といわれるが、これなどはまさに「同型同調」にあたる。敵に同調することによって敵の心の「起こり」すなわち、敵が動くか動かぬかの境目をとらえることができるのである。そして、その敵の心の起こり（捧心《ぼうしん》という）を撃つ。これが「応答的同調」に当たるのである。この両「同調」が不断に交錯していく基点が「西江水」あるいは「本躰」である。これらは、いわゆる無心の境地を意味している。

「われわれはこうした感応動作や、その筋肉的な素描、さらには単なるイメージによる観念的下書きによって、他者の行動や表現の意味を、また他者の感覚や情動や精神状態さえも、いわば身体的に感得し、内面化する[5]」と市川が述べているように、敵に「同型同調」することによって、敵の動きが動きとしてあらわれる瞬間を予期できるのである。「同型的同調」は、外に動きとしてあらわれずとも、筋肉がひそかにうごめくなど、意識されないままに潜在的に感覚＝運動的次元でおこなわれている。市川は、「同型的同調」によって敵の行動を「内面的に素描[6]」しているのだと表現しているが、尼ヶ崎彬は「なぞり[7]」という言葉を当てている。敵の動きを身体感覚（体性感覚）によってなぞり、そのリズム（呼吸）の流れを把握するのである。以下では、これら二つの同調をそれぞれ「同型同調」「応答同調」と呼ぶ。

話を大相撲に戻すと、両力士が「同型同調」を前提に「応答同調」するということでないと立ち合えないのである。同調するのだが、競争しなければならないのである。スポーツでは、このような戦い方はしないことはないが、必ずしもしない。それどころか、後手に回ってしまって押し込まれてしまうということで倦厭されてしまいがちだろう。スピードとパワーが重んじられるスポーツでは、「先手必勝」が大事だ。

ところが、武術では、大相撲のような同調を積極的に取り入れているのである。剣術や柔術が同調をどのように取り入れているかについては、次章以降で詳述することにして、ここでは、「同型同調」を媒介とするゆえに、「応答同調」は一見受動的なものになり、また受動的であるがゆえに勝負上のアドバンテージを得るということについて触れておくことにしよう。大相撲の立ち合いで両力士が立ち合いを成立させるということは、一方の力士の応答同調がそのまま他方の力士の動きと一致する、すなわち相手への応答同調がそのまま相手への同型同調になっているということなのである。このように二人の身体のリズムが互いにかみ合った状況は、ウィリアム・コンドンのいう「エントレインメント」[8]にあたり、武術界でいえば「合気」である。固有のリズムを生み出し続けるシステムを自律振動子（非線形振動子）といい、これが相互に作用するなかでリズムが同期する現象がエントレインメントであり、「同期現象」「同調現象」あるいは「引き込み現象」と訳されている。ニホンアマガエルは、最初は声をそろえて鳴いているが、その後「位相」が反転して交互に鳴くようになる。「同相同期状態」から「逆相同期状態」へと移行するのである。[9]それぞれ「同型同調」と「応答同調」にあたることはいうまでもないが、大相撲の立ち合いの場合は、この「同型同調」と「応答同調」の交錯から両者の一致へと向かう。両力士は、互いが互いのリズムを予期し合って「ここなら立つだろう」と判断する。そのとき両者が一つの瞬間に巻き込まれることで立ち合いが成立するのである。

ところが、この立ち合いは必ずしも五分のものとはならない。両者が調整し合った五分のエントレインメントではなく、一方が他方を引き込んだエントレインメントもありうるということだ。それは、相手が立ってくるところを受け止める「受け立ち」の感を呈するが、戦略的に応答同調を遅らせることによって逆にアドバンテージを得る「後《ご》の先《せん》」なのである。この「後の先」は、大関や横綱が極めるべきとされた伝統的な妙術である。「後の先とて、敵の来り様あしき節は、後の先にて破ル事多シ。故、上手は始終先を追ッて勝、下手は始終先に追ハるるものなり、先後、進退、動静の業に熟し、敵に己が非を見せざれば、敵の入るべき所なし」[10]と江戸時代の『相撲伝書』にもその利点が指摘されている。一呼吸遅れて立つと、「かえっていい角度で当たれることもある」[11]、「相手が飛ぶのがよく見えた」[12]という。つまり立ち上がり端《ばな》を少し下から当たることができるし、また相手の動きがよく見えるのである。末吉寿典は、白鵬の「後の先」宣言とその行く末について考察している[13]。白鵬は、二〇〇九年二月、それまでの立ち合いの型、すなわち「左足で踏み込んで、まずは左前廻しをつかむ」という型を、「右足で踏み込んで、右腕を相手の懐に差し込むと同時に左上手で廻しをつかむ」型に変えると宣言した。このように得意の右四ツに直接持ち込もうとするのには、従来の立ち合いに組み込まれていた「まずは左廻しをつかむ」という手順を省く意味があった。その場合、少しでも早く得意の右四ツに持ち込もうというのではなく、手順を省くことによって得られた「間」を、前記のように相手をよく見ることに当てたのである。しかし、宣言後の四場所の取り組みは勝率を上げることに成功してはいるものの、押し込まれる立ち合いが多くなり、元の型に戻したという。白鵬が「後の先」に固執したのは、双葉山に傾倒していたからだが、末吉は、双葉山の時代と比べて力士のサイズ・パワー・スピードが異なり外国人力士が多い近代相撲では取り口や身体の使い方が異なるという点に、白鵬の戦略がうまくいかなかった原因をみている。

双葉山の「後の先」は伝説化されているが、それはむしろ「先々《せんせん》の先《せん》」といったほうがいいだろう。作家であり横綱審議会委員長だった舟橋聖一はそれを次のように描写している。

> 先づ、相手が右をおろすのを待って左の手を下ろし、相手をにらみつけつつ、こんどは相手が左をおろす一瞬以前に、おのれの右をおろすのである。（略）左をおろしてから、右をおろす迄の間の、彼の眼の光りといふものは、又、壮絶をきはめている。（略）まさに烈々としてひらかれ、火箭のやうな素ばらしい眼光を発射するのである。[14]

　双葉山は、受けに回って相手の動きに合わせて対応している。すなわち同調しているのだが、最後の最後で先手をとる。すなわち相手に同調させるのである。最後の右手は、相手より後から下ろし始めるのに、下ろし終わるのは相手よりも早い。これは、前述した敵の心の起こりを撃つというもので、柳生新陰流の奥義「無形」の先々の先にあたる（これに対して、自分から仕掛けて相手が応じてくるところを打つのが、「有形」の先々の先とされる）。威嚇（ここでは「にらみ」）によって、相手に左手を下ろさせようとし、その起こりをとらえるのである。「じっと見られていると、威すくめられちゃって立てないんですよ。（略）双葉関と目を合わすと、すくんじゃって立てない。だから、このつぎ立とうと思うと、もう目を合わさんようにしていくんです。それでないと立てない。だから（略）いわれましたよ。若（若瀬川）、お前立ってくるときはわかるぞってね」、「横綱が手をおろしてさあ来いと構えたらいけないですよ[15]」（元若瀬川の言葉）。

　手を下ろして構えることによる威嚇に耐えきれず、相手が静寂を破って動こうとしたところをつかまえる。元若瀬川はこれを「トカゲなんかが、小さいバッタなんかをジーッと待っていて、パッとつかまえる[16]」というたとえで表している。鎌首を上げたまま微動だにしないヘビににらまれて萎縮したカエルが、耐えきれずにわずかに動いた瞬間にヘビに飲まれてしまうのと同じである。この場合のエントレインメントは、両方の相互引き込みではなく、実力があり心理的優位にあるほうが、弱小で劣位にあるものを引き込んだエントレインメントである。武術界では、伝統的に「合気《あいき》」すなわちエントレインメントは、「あう拍子はあしし、あわぬ拍子をよしとす[17]」といわれるように、「不利をまねく」ものと嫌われてきたが、それは引き込まれた側にとってのことにすぎない。『兵法家伝書』をよく読んでみると、それがわかる。この区別は明確にされてこなかったことであり、非常に重要なことである。

敵が大拍子に構えて太刀を使うならば、自分は小拍子に使うべきである。敵が小拍子ならば、自分は大拍子に使うべきだ。これは、敵と拍子を合わさないように太刀を使う心得である。自分の拍子が敵の拍子に合ってしまうと、敵は太刀を使いやすくなる。例えば、上手な謡は鼓に乗らずに「あい（間）」をいくので、下手な鼓は打ちにくくなる。上手な謡手に下手な鼓打ち、上手な鼓打ちに下手な謡手という関係と同じように、謳いにくく、あるいは打ちにくいようにお互いが仕掛けていくのが、大拍子小拍子、小拍子大拍子ということなのだ。下手な鼓打ちが大拍子で流しているところを、上手な鼓打ちが小拍子で軽く打とうとしても打つことはできない。また上手な謡手が軽く謳うならば、下手な鼓打ちは遅れてしまって打つことができなくなる。上手な鳥刺しは、鳥もちが付いた竿を鳥に見せて、離れたところからその竿をぶらぶらと揺さぶりながら、スス一と近寄って鳥を刺す。鳥は竿のぶらぶらする拍子にとらわれてしまって、羽を震わせて飛び立とうとするが飛び立てず、刺されてしまうのだ。[18]（筆者による現代語訳）

鳥は、鳥刺しが振る竿のリズムに引き込まれてしまって、飛び立つにも飛び立てず、捕らえられてしまう。一方が他方を引き込むエントレインメントでは、引き込んだほうが優位に立つのである。人と人の相互作用でエントレインメントが生じる場合、リーダー的役割や中心的役割を担う人物の動きに他方が同調することが知られている。[19]「脚振り運動」にみられる引き込み、すなわちエントレインメントがわかりやすい。ペアが台の上に深く座り、メトロノーム音に合わせて外側の脚を「逆位相」（二人の脚が前後に互い違いになる様相）で前後に振る。そうすると、この「逆位相」から「同位相」への引き込みが生じる。互い違いだった二人の脚が前後にそろってくるのである。この場合、AがBの脚を見ながら脚振りをしていると、ほとんど引き込みが生じないのに、BがAの脚を見ながら振ると長時間の引き込みが生じる。引き込みは、相手との親密さや当人の引き込まれやすさ（例えば粗大運動の不器用さなど、運動能力のいかん）に依存して生起するという。どちらが引き込めるか、すなわち同調させることができるかは、両者の心理的・社会的関係性に依存する。少なくとも相手に苦手意識をもったり、気合い負けしたりしていると、引き込まれやすいことは確かである。引き込まれ同調させられてしまうと不利を招くので、「我流派は、敵の気から外れて立ち向かうので、専ら当ててこようとする敵は自分に当てることはできない反面、自分は敵に当てることができる」[20]というように、気をはずして立ち向かうことが重要とされる。大正時代の書『剣道の栞』でも「合気ヲ外シテ闘フヲ肝要トス」[21]とされている。敵が荒々しくかかってきた場合、自分も強く荒々しく立ち向かえば、「実」に対し「実」で向かっていくことになり、勝つことは難しくなる。また、弱く攻めてくるのに対し弱く向かうのも同様にうまくいかない。たとえるなら石と石を打ち合わせたり、綿と綿を衝き合わせるようなもので、相討ちになってしまいがちである。そのため、強には弱、弱には強で対処し、また相手が「晴眼」に来れば「下段」に構えて下から攻め、「下段」に来れば「晴眼」の構えで上から抑えるようにするのである。つまり、予期を可能にするためにあえて同型同調を利用するわけだが、そうした場合も完全に同型同調してはならないのである。前述の双葉山の「先々の先」にも当てはまることだが、敵に同調しながらも、同調しきらない心を残していなければならないということだ。相手のリズムを写し取るのは「予期」を可能にするためであり、相手に引き込まれてはいけないのである。

大相撲では四ツになったときも、相手に「合わせる」受動的な応答同調が重んじられていた（「合わせる」とは、「追随する」という意味である）。四ツになって動けなくなった状態は、エントレインメントと考えていいだろう。大相撲にはかつて、力士、特に本格派力士には求められる取り口があった。「押さば忍せ、引かば押せ」という前へ前へ出る取り口、「四ツ相撲」などがそれである。「引く」「叩く」「イナす」などは忌避すべき技であって、力士がそれによる勝ち味を覚えると将来が危惧された。「ケレン」や「ハメ手（トリック）」を使う力士は「手取」と呼ばれ、軽視された。「四ツ相撲」は、「寄り」を基本にし、それに「投げ技」をミックスしたものであり、本格派力士の証明であった。スポーツでは基本的に、競技ルールの許容範囲内であらゆる手段を駆使して勝利を目指せばいいのだが、大相撲には望まれる勝ち方としての「型」がある。取り口の「型」も、立ち合いでの仕切りの様式と同様に、両力士の動きを同調させる装置として大相撲のなかで構造化されているのである。そのため、両力士がそれぞれ「つっかけあっても」、互いの実力が伯仲するのに比例して四ツで動けない状態が創出される可能性が高まるのである。

　この四ツで動けない態勢では、仕掛けたほうが不利とされる。相手の仕掛けに応じるのが有利なのは、仕掛けたほうに隙（虚）ができるからである。攻撃に移るときには、相手の攻撃を意識できない虚の状態が生まれる。四ツの場合、上半身が密着するので呼吸（吐く息）や筋肉の収縮が仕掛けの予兆として感じ取られてしまう。そのため、四ツで動かなくなると、両方とも仕掛けず「引き分け」に持ち込むのである。明治・大正期には「引き分け」判定があった。当時、引き分けには、出血などによる「痛分《いたみわけ》」、「如何ともする能はず互に力を徒費したる」ときの「無能の分《わけ》」、観客をばかにした演技の「八百長の分《わけ》」があった。[22]「無能の分」には、「取り疲れて」あるいは「力が拮抗して」動けなくなったときが含まれる。こういった引き分けは、「本当の引分」「是非なく事」「寸分のスキ無き相撲」「頭脳相撲」「巧者の業」として称賛された。この「故意でない引き分け」に対して、「故意の引き分け」は「八百長」にも通じた。しかし、「大事を取りて」故意の引き分けにした場合でも、「致し方ない」「意気地なきにあらず」というように消極的に認めるにとどまらず、「男振りが上る」「立派な角力なり」などという積極的な評価もされている。「故意の引き分け」でも八百長扱いされていなかったことは、次のような論評からもわかる。「守るべき所は守るが戦法なり、始めに劇しく突けば勝算あるべく若しカプリ指ッて斯褌を引き合っては敵の仕掛けを待つか、然らざれば引分となすべき角力なり、好漢惜むらくは兵法を知らず」[23]（「萬朝報」）。四ツに組んだら、自分から仕掛けては不利になるので、敵が仕掛けてくるのを待つが、お互い仕掛けないなら、引き分けに持ち込むというのは「兵法」とみなされていたのである。それでは、どのような引き分けが八百長とみなされていたかというと、「明らかなチャンスを見送る」、「隙だらけなのに狙わない」といったところが見極めどころとされた。驚いたことに、横綱や大関の引き分けは、少々わざとらしくても大目にみられていた。上位力士は「体面」を守ることが重視されたが、それは「敗北しない」ということだった。この「体面保持」が、手抜き八百長を八百長でなくしてしまうのである。当時の横綱である常陸山や梅ヶ谷は引き分けを繰り返した。梅ヶ谷は四ツで動かなくなるので「不動様」と呼ばれた。また、同じく横綱である大砲は、「分綱《わけつな》」とまで呼ばれ、明治四十年（一九〇七年）夏場所には全九日間引き分け続けたのである。これに対しては「一方より言へバ無能との評あらんも他方より見れバ尚大力士なる事を枉《ま》げず[24]」（「萬朝報」）、「砲衰へたと云ふけれども兎に角尚ほ何処かに強い所が無くては出来ぬ業である[25]」（「時事新報」）との評価がなされていた。八百長呼ばわりなどされていないのである。このように、とりわけ上位力士の場合は同調的な相撲をとり、同調したまま終わることは「兵法」として確立していたといえるだろう。四ツの態勢で相手を引き込んだうえで「後の先」を可能にする術をさらに洗練させていく方向には発展しなかったのである。

　こうした四ツの取り口は、時代とともに変遷していった[26]。常陸山・梅ヶ谷が横綱を張った明治後期は、堂々四ツに組んだ力士が土俵いっぱいに自力で寄り合い投げ合う取り口が観客を陶酔させていた。明治末頃からは、鉄砲を十八番とした太刀山が立ち上がりの機先を制するために、仕切りを非常に丁重にしたことを契機に、「先手を取る」ことに重きを置く考え方が強くなり、その流れのなかで鳳《おおとり》に及んでは、従来の自力を主とする四ツ相撲に対して、「敵の力を物理学的に利用して、自分の都合良く処理せんとする傾向[27]」が生まれ、叩き、引き落とし小手投げ、ケンケン、トッタリ、打棄《うっちゃり》など、力よりも技を主体にした取り口が盛んになる。そして大正も後半に入ると、大錦や栃木山が、四ツ相撲を合理主義的な取り口へと変えていった。常陸・梅の時代は敵に引かれた褌を切ることが第一とされたが、錦・栃木の時代には敵に褌を引かせないことに重きが置かれたのである。この大錦・栃木山の合理的な取り口が角界を支配するなかで、近代的なスピード相撲が出現してくることになる。「動作は敏捷に、変化は迅速に絶えず居場所を転換して、敵に攻撃目標を與へざらんを志すに至った[28]」。四ツ相撲をベースに相手が仕掛けるのを待つ「後の先」的戦法から、先制攻撃を重んじる「先」の戦法へと変化したということは、スポーツ的な戦い方が主流になっていったということだ。「同調」を利用した相撲は、後退した。このプロセスのなか、昭和二年（一九二七年）に「引き分け」判定は姿を消していった。

2　剣道の「間合い」と同調——エントレインメントのなかで生じている身体の関係性

このように相手の動きに合わせて受動的に応答同調する「後の先」あるいは「先々の先」という戦い方は、現在では特に剣道で理想とされている。三輪敬之らは、剣道の試合を模擬したタイミング計測実験をおこなった[29]。現実空間において二台の剣道ロボットを被験者（一般学生十名）がコントローラで操作し対戦させ、ロボットの位置・速度・コントローラ入力をコンピュータ上に記録した。すると、上級者同士の対戦では、ロボット間で「間合い」すなわちエントレインメントが生成された。これは、「攻撃に出る前に必要な心のリズムの同調による膠着状態[30]」であり、両者とも打ち込めない「間（ま）」である。こうしたエントレインメントは、一方が前へ押すと、他方が後ろへ引くといった動きをする「同相移動」で形成され、これが崩れるとお互いが同時に前進するか後退する「逆相」移動となり、この相で勝敗が決まるという。「同相移動」では一方の前進と他方の後退が同時になされ、両者は実際の行動としては表出しない「潜在的」な同型同調を通して互いの動きを予期しているので、どちらも技を仕掛けられない膠着状態に陥る。この膠着状態では、両者の同型同調と応答同調が潜在的に交錯し一致するに至っているのである。それは、どちらも打ち込めるが、同時に打ち込まれる状態でもあるので、両者ともに動けないのである。一刀流の剣術伝書『一刀斎先生剣法書』は、こういう状態を次のように描写している。「渠《かれ》と我と一心一駆にして、我思ふ所を渠も思ひ、我量る所を渠も量り、動寂又唯一物にして、鏡に向て影をうつすが如し。若し勝たんと欲せば即負け、不レ勝ば又負る所なし[31]」。彼（敵）と我とは一体同心であり、両者は同じことを思い、同じことを予測している。互いの動静は一つであり、鏡に映った影のようである。この間合いをどのように崩して「逆相」移動で勝負にもっていくかが問われていくことになる。他方、ロボットを用いた実験では上級者と初級者の対戦の場合、上級者がつくりだす周期的な動きにリードされて、初級者のロボットが前後に移動する様子が観察された。このことは、「上級者の動きに初級者が強制的に引き込まれ、試合の流れそのものを上級者によって自在にコントロールされることを示唆するものである」[32]。これは、大相撲の立ち合いで強者によって引き込みがおこなわれるのとまったく同じである。

また、板井志郎と三輪は、映像空間上での剣道ロボットを介した対戦ゲームでは、エントレインメントの生成と崩壊が繰り返し生じ、多様な周期でエントレインメントが創出されるが、それらは行為そのものではなく、行為に先だって身体によってつくりだされる「タメ」であるとする[33]。そして、この「タメ」は「自分の内面で生成される行為のイメージと、自身の外側に表出される実際の行為をつなぐインターフェースの役割を果たしている」[34]と指摘している。「タメ」は互いが「同調」している部分であり、攻撃のタイミングを探っている状態にほかならないのである。

そうした「エントレインメント」や「タメ」の状態から攻撃に移る技術とはどのようなものか、実際の剣道のなかでみてみよう。剣道は、「一方通行の剣道を卒業すること」[35]とか「自分勝手に打たない、相関関係で技を出すことが重要」[36]といわれる。また「打たれることによって打つ機を覚えよ」という言葉も、剣道が「相互作用」の形式、すなわち「関係性」に基づいていることを示している。自分が敵に打たれてしまう状況（機）を何度も実感することによって、逆に自分が敵を打つことができる機を覚えていく。打つ―打たれるという能動・受動の関係は入れ替えができるということであり、打たれる立場がわかれば打つ立場がわかるのである。打てる機というのは、すなわち〝隙〟である。「隙があれば打つ」、「隙がなければ打たない」、「隙がないときはつくって打つ」、これがまさに剣の「理合《りあい》」である。何度も打たれることによって、打たれる隙をなくすようにしながら、敵の隙が見極められるようになっていくのである。

まずは〝攻めて〟隙をつくる方法がある。気で攻め威圧したり、「打つぞ」と詰め寄る。また、相手の剣先に触れる、剣先を押さえる、はじく、打ち落とす、払う、捲くなど、剣先による攻めもよく使われる。相手が「打たれる」と感じると、それが崩れとなってあらわれる。そこに「仕掛け技」を放つ。手元が上がれば小手、手元が開けば面・突き、手元が下がれば突き、右拳が上がれば逆胴、というように崩れ方に応じて放つべき技は異なる。他方、「誘って」相手を動かして隙をつくる方法もある。剣先をはずして打ちを誘い、出てくるところに「応じ技」をかける。相手は打ちに出るとき、中段の構えを崩さなければならず、手元が浮いてしまう。そこに小手を放つのが「出鼻小手」である。また相手が面を打とうと剣先を押さえてきた瞬間に面を決めるのを「出鼻面」という。出鼻、すなわち技を起こすときには、打たれやすいのである。こうした「出鼻技」では、技の発動中に打《だ》突《とつ》されると防ぎようがない。また、「すり上げ技」には、小手を打ってきたときに相手の竹刀を表にのせるようにしてすり上げ、そのまま面を打つ「小手すり上げ面」や「面すり上げ面」がある。「抜き技」は、相手が打ち込んでくるのに対して体をかわし、相手が空をきったところを打つものであり、「面抜き面」「面抜き胴」「小手抜き面」「面抜き小手」などがある。「打ち落とし技」は、相手が構えている、あるいは打ち込んでくる竹刀を、右下あるいは左下に打ち落とすと同時に打ち込む技であり、「面打ち落とし面」「胴打ち落とし面」「小手打ち落とし面」「突き打ち落とし面」などがある。こういった「応じ技」は、「誘い」の場合に限らず、「攻め」の場合にも通じている。

ただ、実際は、こうした関係性はもっと複雑である。例えば、攻めて崩そうと相手に詰め寄ったときの相手の反応は多様なので、それによって対応のパターンも異なってくる。「剣道時代」には、以下のような事例についての説明がある。

まず相手の反応として、以下の十のパターンがあげられている。

一、苦しくなって、打って出る

二、持ちこたえようと力が入る

三、「打たれる」という恐怖心から、手元が崩れてしまう
四、何もせず居着いてしまう
五、苦しくなって下がってしまう
六、攻めを嫌って間合いをはずす
七、攻められたことに気づかずボーッとしている
八、こちらの攻めを意に介さず、打ち気を読んで隙をうかがう
九、攻め返す
十、攻めを復するように動く[37]

一から六までは、攻めが効いている状態であり、それぞれに応じた優位な対処が可能である。しかし、八の場合では、相手がこちらからの攻めに惑わされず、逆にこちらの打ち気に生じる隙をうかがっているので、相手の術中にはまってしまう。九の場合も危うくはあるが、相手の反応を狙い返すことができる。例えば、表を押さえると、相手が押さえ返してくるという場合である。こういうときは、相手の動きを読んで、押さえ返してきた瞬間に、上あるいは下から竹刀を抜くようにして小手に打ち込むのである。十の場合は、相手が鸚鵡返しに反応してくるケースである。こちらが表を取ろうとすると、相手は裏からつけ込んでくるし、裏を取ろうとすると表からつけ込もうとする。右に展開すれば右に、左に展開すれば左にと、常にこちらの攻めを無効化するように動く。これは、お互いの攻めが拮抗している状況にほかならず、より強くより変化に富んだ攻めでなければ崩せないケースである。高段者同士の対戦は、まさにこのようなかけひきの応酬であり、両者とも技を仕掛けられないわけである。また、攻めが効いているようにみえる二・四・七の場合でも実際は効いておらず、逆に反撃の機を虎視眈々と狙っていることがある。

このように、「合気」や「エントレインメント」の際は、「後の先」にしろ「先々の先」にしろ、自分の意図を

相手に察せられずに相手の意図を察しなければならないのである。互いに同型同調し合い、互いの打とうとする心が写し出される「水月移写」の境地では、打とうとしている心を先に出したほうがその機を狙われる。相手に先に応答同調をさせるのである。それは、チキンレースに似ているともいえるかもしれない。打ち間に入ると、「こちらがぎりぎりまで我慢することで相手の構えの崩れ、無理して出てくる起こりを察知することができます[38]」という。こうした打つか打たれるかの間合いを嫌い、下がるなどして「合気をはずす」と、打たれるリスクは激減するが、勝負はつかなくなる。あくまで合気をはずさないで、潜在的なせめぎ合いによって相手を動かさなくてはいけないのである。しかし、最近では、気をはずして、打突ができる間合いにはなるべく入らないように、相手に打たれる危険な距離を避けながら、一瞬の隙をねらうという戦い方が主流になっていると批判されるようになった（第四十三回全日本剣道選手権批評[39]）。

「攻め、即、打突」では駄目で、「攻める→ためる→崩れ（意識・行動変化）を察知する→打突する」でなければならないという[40]。「打つぞ」という姿勢で詰め寄ることはできても、すぐ打ってはならない。「タメ」の時空間をとって、そのなかでの同期・同調によって相手の動きを予期してから打つのである。弓道の「射法八節」の「会」は、「引き分け」が完成された状態であり、身体・弓矢・的が同調して一体になる「タメ」の瞬間といえるだろう。『弓と禅』でオイゲン・ヘリゲルは、「放（離）れ」で意識せずに自然に矢を放すことができず苦悩する[41]。「積もった雪が（その重みで）竹の笹から落ちるように、射は射手が射放そうと考えぬうちに自から落ちて来なければならないのです[42]」と範士に言われて、ヘリゲルは「〝私〟が射ないのなら、一体射はどのようにして放たれるのですか」と問う。それに対して、範士は「〝それ〟が射るのです[43]」と答える。この「それ」が何なのかは、著書のなかでは明言されていない。その後、「放れ」の段階で、「的を狙う」意思を追い出し「外面的に狙うことなしに標的に当てよ」、「あの的の中りは、頂点に達したあなたの無心、沈潜状態の外面的証拠、確認に過ぎないのです[44]」といわれる。範士が暗闇のなかで甲矢を的の黒点の中央に当て、乙矢をその甲矢の筈を打ち砕き軸を裂き割って黒点に命中させるのを目の当たりにし、ヘリゲルはそれを信じるしかなくなる。

竹内敏晴は、ひたすら弓術に打ち込んだ経験から、矢を引き絞っていると遠くにある的が近く大きく見えてきて、自分の手が的の中に入っていて、的は自分の左肘のあたりにあるように感じられたという。[45]だから、はずれるはずはなかったと述べる。また、ヘリゲルの師範である阿波研造の「私は的が次第にぼやけて見えるほど目を閉じる。すると的は私の方へ近づいて来るように思われる。そうしてそれは私と一体になる。（略）一体になれば、矢は有と非有の不動の中心に、したがってまた中心に在ることになる」[46]という言葉を引いて、的を狙わずして当てるということに共感を示す。さらに竹内は、野球の川上哲治がいう「ボールが止まって見える」とか、張本勲がいう「ゆっくり見える」とかいったことは、弓術と同じような感覚にほかならないという。これは自己と対象の距離が近づき、一体化に向かっていることを意味するのだ。こうした脈絡で、「それが射る」の「それ」とは禅的にいえば、意思作用を放つ自我を捨て去り、自他の区別をはじめあらゆる区別を撤廃し、すべてを一体化した「無相」の自己にほかならないと考えざるをえなくなる。そうした高い境位に向かって身体を潜在的に「開いて」いく途上に「同調」は位置づけられるのである。相手との一体化とは、相手との「同調」なのである。

話を戻すと、このように剣道では、対戦する剣士が形成する間合いでは、両者それぞれの主観的時空間が重なり合っている。そこから踏み込めば打突が可能な空間的な間と、その瞬間に飛び込めば打突できる時間的な間が、両者のあいだで重なり合うことによって緊張した「場」が形成される。この共通の時空間は、「間身体性」が貫く世界である。モーリス・メルロ＝ポンティによれば、私たちが他者や物といった外界を認識する以前に、私たちの身体（「生ける身体」の「身体図式」）は潜在的意味志向作用としての実存的な「指向弓」を投射することによって外界と能動的―受動的関係構造を形成している。「彼と私とは、いわば同じ一つの間身体性 intercorporéité の器官なのだ」[47]とメルロ＝ポンティはいう。奥井遼はこの「間身体性」に言及し、「見るという経験とは、見る私と見られる物とが独立に前提されて開始されるのではなく、私と物とを最初から含み込んだ存在において生じる運動であって、そこでは能動と受動とが複雑に絡まり合いながら動いている」[48]とする。

メルロ＝ポンティについて論じるのが本書の主眼ではないので、ここでは、「私」と外界との「身体」を媒介としたアプリオリの「関係性」（能動的―受動的）が「間身体性」であるということだけを押さえておきたい。武術の達人は、相手の動きを読み、先取りできる、すなわち実際の「知覚」以前にわかるといわれるが、ここにその理由がある。相手の動きを予期するには、前述したように同型同調が必要だが、この同型同調を可能にする感覚は身体の内部知覚としての体性感覚にほかならない（それを先導するのは視覚なのだろうが）。この体性感覚は、皮膚という身体の境界面を抜け出して、物理的空間のなかに位置を占め、はたらきを示す。剣道の場合、両剣士の内部知覚が両者の身体の外部で能動的―受動的な関係を形成しながら錯綜し、互いの体性感覚を知覚しうる「間身体性」の共空間が生成されている。このなかで、体性感覚を媒介とした予期的な同型同調をもとに、応答同調が繰り広げられるのである。相対する剣士は、それぞれが拡張させた内部知覚を通して、相手の気配や様子すなわちリズム的様相をそのまま自分の内部知覚として把握する。それは、互いを互いとの「関係性」のなかで知るということである。中村雄二郎は「リズムに対する感覚とは、体性感覚的統合にほかならないのである[49]」と述べる。自分の動きのリズムと相手の動きのリズムは、体性感覚を媒介とした関係性のなかで把握されるのである。

剣道では、「見取り稽古」が重要とされる。これは、正座して上段者の稽古を見ることによって、上段者の運動感覚・筋肉感覚を含んだ体性感覚に同調することができるからだ。この見取り稽古においては、見るほうの力量が上段者の感覚に同調できるレベルになり、上段者の動きを先取りできるようになれば、技を熟練させるうえで大きな効果をもつ。

3　伝統芸能にみる「同調」と「競争」――極限まで同調したうえでの対立

武術は、戦い、すなわち「競争」を本質とするが、本書では武術はその「競争」と相反立する「同調」を積極的に取り入れている点に着目している。一方、伝統芸能は「同調」を本質としながらも、「競争」を積極的に取り入れている。両者は目的―手段関係を逆にしているが、興味深いことに共通する点が多い。したがって、伝統芸能を詳細に考察することは武術の戦い方を明確にするための示唆を与えてくれると思われる。

　ここでいう伝統芸能とは、西洋文化が入ってくる前から日本で継承されてきた芸術・技能であり、日本舞踊、能、邦楽、浄瑠璃などを指している。以下、伝統芸能のなかにある「同調」と「競争」という二律背反性を考察していくが、そのうえでポイントとなるのは、「調和」の形式としての「不即不離（つかずはなれず）」あるいは「合不合（あうあわず）」である。互いのリズムがつきすぎても離れすぎてもいけない、合いすぎても合わなくてもいけないということなのだが、これは、曲のなかに、拍子を合わせる「有拍」の部分と自由に拍子を刻む「無拍」の部分があるところに発している。古くは、仏教音楽である真言「声明」にも「有拍」と「無拍」の意識は存在し[50]、民謡にも、特に「追分」には自由なリズム表現が目立つという[51]。

　箏組歌《そうくみうた》では、歌の旋律と箏の旋律とのあいだには拍のズレがある。古くは、箏の音数律は六十四ないし七十四であるのに対し、歌の対応は十六拍子であり、両者はそれぞれが別のリズムを刻む[52]。これは、「二重時間性」（一種のポリリズム）というべきものであり、歌がある他の箏曲をはじめ近世邦楽一般にみられる特徴である[53]。生田流箏曲や山田流箏曲にも、同様のズレがみられる。この箏に三味線と尺八が加わった演奏として「三曲合奏」がある（歌が入る場合もある）。この三つの楽器の音楽上の関係はどうなっているのか。吉川によると、尺八はたいてい三味線と同じ節を吹くが、「手事」といって歌と歌のあいだにはさまれた長い器楽部分の「掛合」では、尺八は箏と節を合わせ三味線と対立する。ところが、「三曲合奏」となると、どの楽器が主旋律を奏し、どれが伴奏するという区別は全くなくなり、三つの楽器はそれぞれの旋律を交錯させながら合わさっていくという[54]。歌がある場合は、尺八が歌のリズムに合わせることはほとんどなく、普通は弦と同じ拍節をとり、特に三味線と一致することが多い[55]。このように、三つの楽器と歌は「不即不離」の関係にある。

　日本舞踊と歌詞の関係にしても、歌詞のどこからどこまでのあいだに、どのような動作をするという大まかな「寸法」が決まっているだけであり、そのなかで踊りと音楽がそれぞれ自由なリズムを刻んでいる。能の謡と能管

（笛）の「アシライ」の関係も同様である。決まったところで始まり一緒に終わりさえすれば途中の音の関係はほとんど問題にされない。[56]ただし、自由に刻むところと要所で合わせることを使い分けできればそれでいいというのではなく、両者が区別なく溶け合って「自然に」合っていかなければならないのである。踊りと歌詞はきちんと合わないが、急所になるとぴたっと合ってしまう。中村芝翫の踊りは「極めて自然に踊っていて、また合すべきところでは自然に合っている」[57]といわれる。芸の至境とは、「自在無碍」とか「自由自在」にほかならない。

江戸の祭り囃子では、「普通に演奏される〈屋台〉か〈打込〉から始まる数曲のメドレーの形では、まず最初は伸縮のひじょうに多い自由なリズムから始まる。笛、大小の鼓、鉦がお互いの呼吸を見計らいつつ、静かな間からしだいに追い込んで、規則的なリズムに入ってゆく。（略）終りも、そういうかけひきで緊張させて終る」[58]という。それぞれの楽器が固有のリズムをぶつけ合ううちに、規則的なリズムとしてエントレインしていくのである。

文楽でも、太夫と三味線と人形の関係は、ヨーロッパ的な意味でのアンサンブルとは全く異なり、常に三者それぞれがイニシアティヴをもっていて、あえて合わせようとはしない。前衛作曲家・武満徹はそれを「合わなくてもいい、というところがあるんだけれども、合わないわけではないという不思議な関係」[59]だと述べる。太夫と三味線の関係に絞るならば、「太夫は三味線弾いたらいかん」と言われるが、それは太夫が三味線を弾くと「糸につく、音につく」からである。三味線は太夫より一枚上で、包容力がなければならないといわれる。平山蘆江がいうには、一枚上の三味線弾きが弾きまくると、太夫はそれにあおられて声も息も続かなくなるが、反対に太夫をいたわりすぎると、浄瑠璃は衰微してしまう。[60]女義太夫・竹本素京は、次のようにいう。[61]未熟なうちは、「べたづけ」といって、三味線に引っ張られてぴったり付いて語っていく。ところが、稽古が進んでいくと、「三味線から離れろ」と言われる。「べたづけ」では語りの面白さや深みが出ず、語りも三味線も死んでしまうからである。最初のうちは、太夫が三味線に引き込まれていく「同調」であり、これによって太夫は育てられていく。しかし、稽古が進んでいくと、三味線のリズムから離れて語り（浄瑠璃）独自のリズムを確立していかなければならない。「離れて付いて、付いて離れて」という言葉で芸の勘どころが押さえられる。特定の太夫と三味線弾きがペアを組んでの出演を「相三味線」というが、両者の「イキ」が合うためには、意図的に合わせようとするのではなく、それぞれ独自のリズムを「競演」しながら要所が合っていかなければならない。竹本津太夫は、まさにその点を強調している。「両者によるイキの格闘というんでしょうか、はげしいぶつかり合いがあってはじめて、それぞれの考えの相違が出てくる、つまり個性が発揮されるのでしょうね[62]」。竹本織太夫は「三味線がこうタッ、タッと攻めてきますから、太夫との本当に火花の散らし合いみたいなところがございますね[63]」という。芸の極致を示す用語「脳震盪《のうしんとう》」は、息を詰めて語ることで血液中に酸欠状態が引き起こされることを指していて、太夫が自分の芸力を計測する基準になっている。太夫と三味線の攻め合いの激しさをよくあらわしているといえよう。

歌詞が絃音につくのは「拍子につく」といって嫌われるのだが、それを避けようとする両者の関係がどんなものかによって美的表出が異なってくるともいわれる。杵屋東吉郎は、拍子の後へ後へと謡い込むと落ち着きがあって渋みをもつが陰気がちになり、反対に拍子についたり前へ謡い込むと楽曲に変化と妙味を与え旋律を派手に陽気にするが、渋みと落ち着きを欠くことになるという[64]。

横笛奏者の藤舎推峰は、フラメンコの舞踏家・長峰ヤス子の「鷺娘」の舞台で演奏したとき、「私と長峰さんとの格闘になった。（略）どっちが勝つか負けるかという感じで、私は吹き、長峰さんは踊った。（略）笛と踊りは、やはり合わそうとしてはダメです。体と音の瞬発力のぶつかり合いが大切です[65]」と述べている。これは何も打ち合わせなしのアドリブで、どちらがどう出るかわからないぶっつけ本番の舞台であった。「同調」性より「競争」性が強くあらわれると、既存の芸能のイメージを超えていく力となるといえよう。

名人同士だと、「間」が自然にわかるという。つまり、「読める」ということである。地唄舞の武原はんは、清元の宮川栄寿朗との舞台についてこう語っている。「私が舞うでしょ。それで、「ここいらへ来たら、はんちゃんは、ちょっと決めるな」というのが、先生にはわかるのよ。そうすると、パッと私が決めるところへいったら、わざわざはずしたるわけや[66]」。武原が決める「間」を宮川が予期して、わざとその「間」をはずして語る。すると、武原も「それに乗らずにしらんぷりして舞う」。武原もさらにはずし返すのである。芸の名人たちはジャンルが異なっても、ぶつかり合いを通して互いのリズムを先取りできるから、故意にはずすような「遊び」も可能になる。そうした異なったリズムを刻む自律振動子は、互いを引き込み、巻き込んで「合っていく」。「故意にはずす」ような意図をなくせば、「自然に」合っていくのだろう。

能楽では、謡《うたい》・能管《のうかん》・太鼓・大鼓・小鼓の五つが拍子の発生源である。これらが「対等の立場にあって、常に死力をつくして渡り合うことにより極限の調和をつくり出す」のであり、特に「乱拍子」では「シテと鼓との敢闘」や「双方互いに譲らず、しかも離れず即かず、精限りの戦い[67]」がなされ、そこに大鼓・小鼓・能管が加わり、どれも互いの追随を許さない。「シテも鼓も芸道上一歩も仮借しないといふ烈々たる意気を以て相対する、そして期せずして呼吸の一致する舞台こそ真実の夢です。（略）シテが鼓に引きずられるか、鼓がシテに置いてきぼりになるか、とにかく何れか一方が一方に追随して行く妥協では面白くありません[68]」。対等にぶつかり合い、引き込み合う五分のエントレインメントでないと、究極の緊張感は生みだせないのである。

能楽は、「有拍」「無拍」あるいは「合」「不合」を対照的に組み合わせることによって芸術的表現を生みだす。これは、武術の「同調」と「競争」の交錯について考察するうえで非常に重要な観点を提供してくれる。藤田隆則の「「のる」ことの作法[69]」は、能楽における拍子の「拍子不合」と「拍子合」の力動的関係について詳細に考察したものである。以下、これを中心に話を進めていこう。

曲のなかの謡を分解すると「コトバ（詞）」と「フシ（節）」になり、「フシ」は「拍子不合《ひょうしにあわず》」と「拍子合《ひょうしにあう》」に分けられる。拍子というのは、大鼓や小鼓などが基礎としている拍の秩序である。拍子合は、謡がその節に合っている部分であり、能音楽の専門用語で「ノル」といわれ、拍子不合は、謡が表面上拍子とは無関係にうたっている部分であり、「ノラズ」といわれる。拍子合の部分には、拍子と謡の合わせ方に応じて、「大ノリ」「修羅（中）ノリ」「小（平）ノリ」の三つがあるが、藤田は「拍子の拍」と「謡の拍」の同一性が最も高い「大ノリ」に注目している。「大ノリ」では、謡のことば四個が拍子の四拍に対応することを原則とする（四文字以外の場合、四拍子の枠のなかに調整して入れる）。

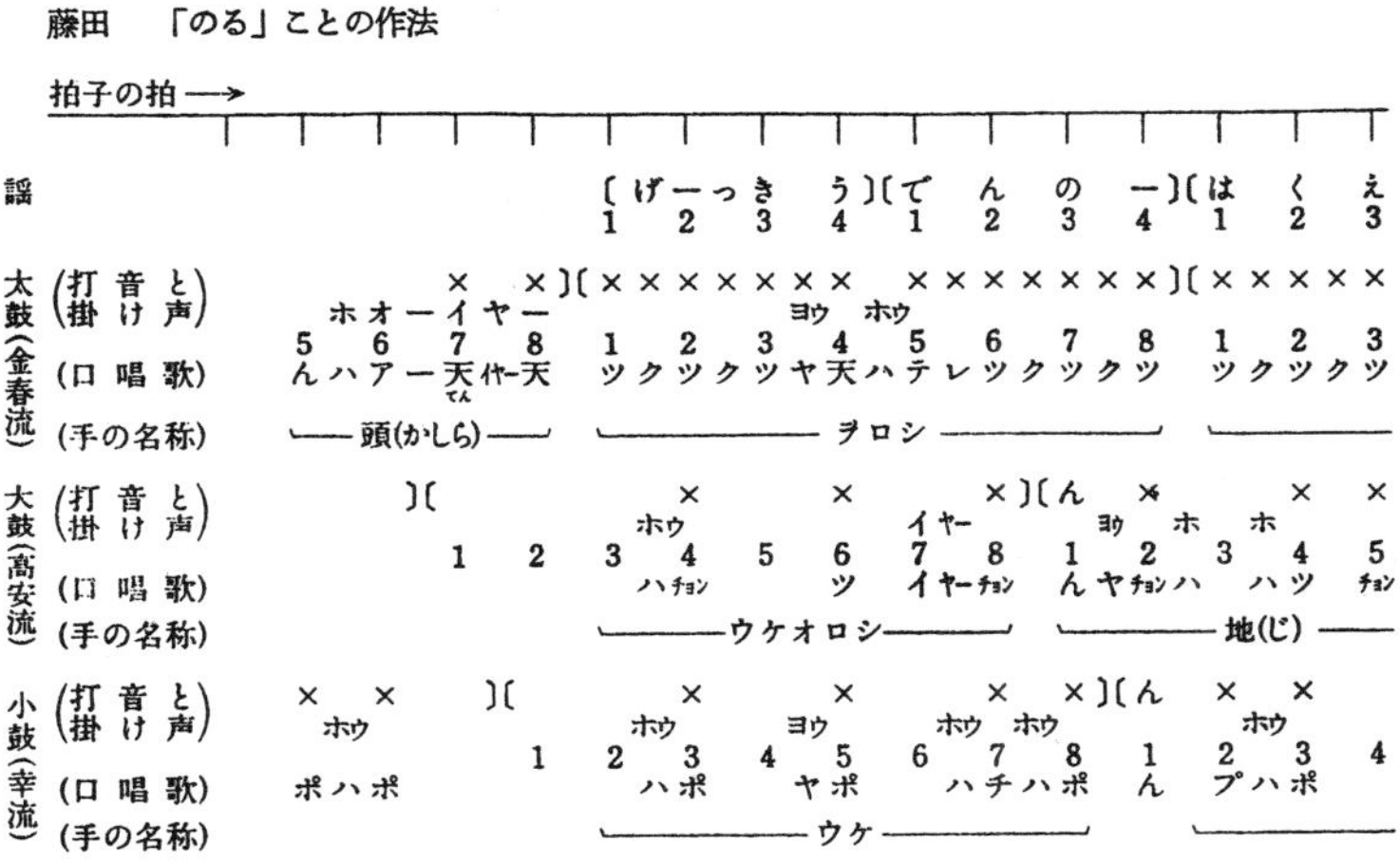

図2　譜例　〈大ノリ〉の囃子の〈手〉の大きさと出発点
（出典：藤田隆則「『乗る』ことの作法——能の専門用語から見えるもの」、京都大学人類学研究会編「季刊人類学」第19巻第1号、社会思想社、1988年、25−27ページ）

しかし、藤田はこの「同一性」だけが謡の「ノル」を特徴づけるものなのかという問いを投げかけ、そうではなく、その「ノル」部分には「異質性」を主張し合っている関係も同程度に見いだされるのではないかとする。この拍子合の部分でも、太鼓・大鼓・小鼓はそれぞれ独自の分節を刻んでいる。太鼓の手は、謡と同じ位置から始まるが、出発点が同じだと言い切ることもできない（「手」というのは、掛け声や打音のまとまった組み合わせで幾通りもあり、個々に名称をもつ）。太鼓の手には、掛け声と打音を音韻で唱える「口唱歌《くちしょうが》」という表現方法がある。それは流派によって異なり、「ツクツク」や「ドン・カッ・ドド・カッ」などのように、太鼓のリズムを言葉にして覚えていく方法である。譜例における太鼓の「刻《きざみ》」という手では、最後の二拍分（7と8の部分）は「とったん」と唱えることが多い。これは手の最後の部分であることを演奏者自身が心のなかではっきりとマークするためであるが、同時にこれは次の手の開始をマークしてもいる。そのため、太鼓は譜面上では謡と同じ位置から手を始めているのだが、「拍子の拍」でいうと謡の二拍前から出発していることになる。また、太鼓には、バチの振り上げが高く

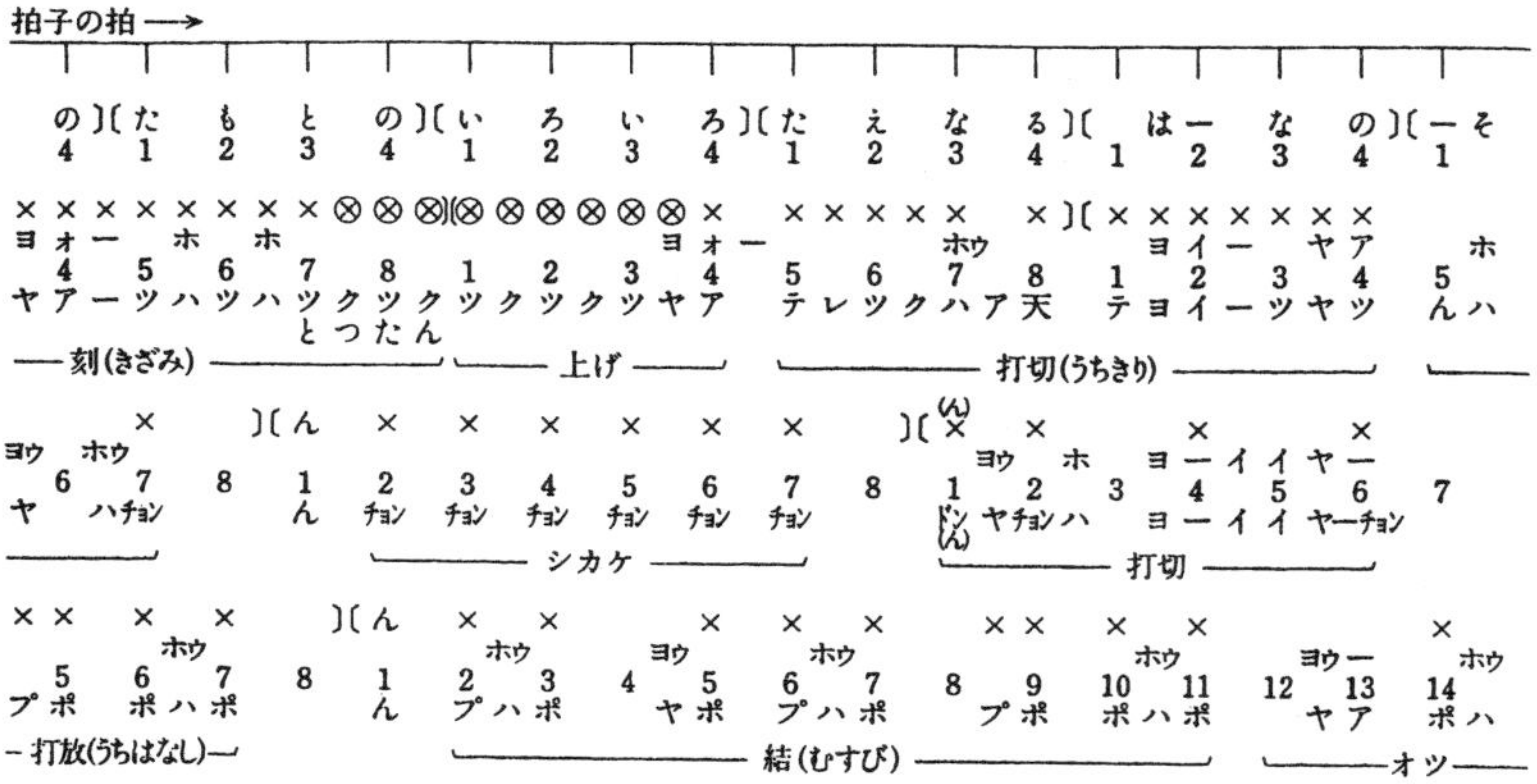

なり打奏音が急に大きくなる「上ゲ」という手があるが、この音が大きくなる位置は、謡でみると、例えば「たもとの」という四字のまとまりの「と」と「の」の間にあたり、非常に区切りが悪いところなのである。したがって、太鼓に合わせてうたっている謡は、太鼓の「裏」の拍から急に音が高まり始める「上ゲ」のときに、それにつられて急に速くうたってしまい失敗しやすい。こういった点で、謡は太鼓のパートの変化に合わせるのではなく、自分の拍でうたわなくてはいけない。すなわち、謡と太鼓には、「異質性」を主張し合う関係も存在しているのである。

　大鼓は、太鼓が加わる場合、太鼓に演奏の主導権を手渡してしまい、休拍と見なされる拍が多くなる。その音のないところでも、「ツ」とか「ン」と唱えるのが慣例である。とりわけ大鼓の手の出発点になる「コミ」は必ず意識される。「コミ」とは、心のなかで「ん」と唱えて次の動きに向けて準備するところである。大鼓の場合、この「コミ」（譜例では「ん」で表記）、または軽く打つ打奏（譜例では「打切」の手の「ドン」の音）が出発点になる。そのため、「拍子の拍」でいうと、太鼓の手が始まる二拍分前で出発する。小鼓では、「コミ」の後に掛け声がなく、一拍前が出発点になる。

　謡と三種類の楽器にしても、「大ノリ」の際の「拍子の拍」の一拍一拍のとらえ方は同じである。すなわち、一拍一拍が等間隔でありパルスのように続く。しかし、この等間隔である「拍子の拍」の連続を分

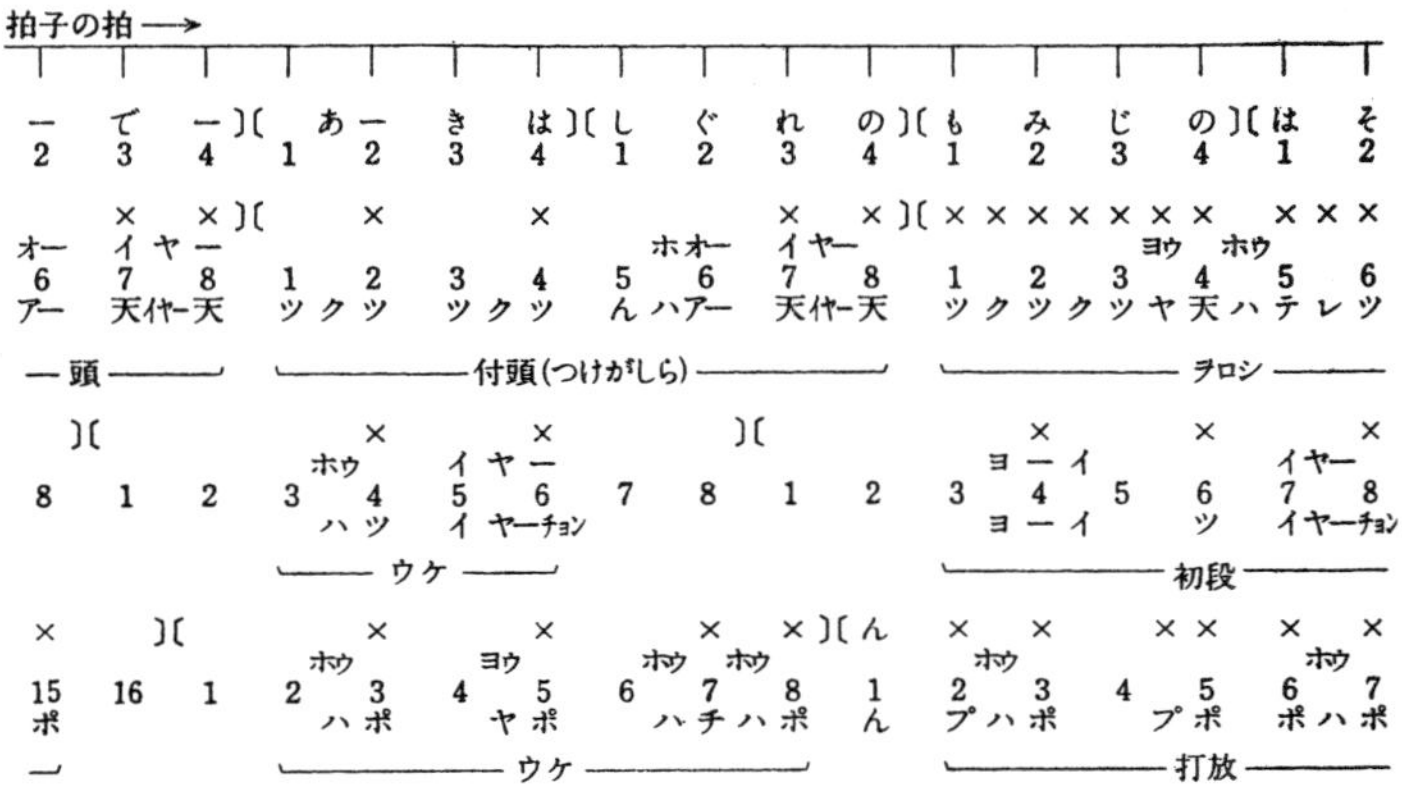

節する仕方、すなわち「区切り」方は、楽器によって異なっている。一つには、「手」の出発点が違っているが、もう一つは、出発の動作が違う。大鼓のように「コミ」から始まる場合と、太鼓のように「打音」から始まる場合がある。小鼓は両方である。

出発点に限らなければ、「拍子の拍」の一つを実現する（埋める）仕方、すなわち身体動作としては、「コミ」と「打音」に「掛け声」も加わる。このように「拍子の拍」の連続を分節する仕方が違うと、三つの楽器はその相乗作用から、互いに速度を牽制し合い、互いに抵抗し合うことによって、三者間で共通の等間隔の「拍子の拍」のパルスそのものが変化する。すなわち「同調」すべき「拍子合」の部分にさえも、「競争」――応答同調――が生じてくるのである。それによって、演奏の芸術的表現は高まっていく。この点は、武術の場合の予期を可能にするための同型同調に通じている。同型同調においても、完全な一体化は避けて、同調しきらない自己を残しておかなければならないのである。

能楽の演奏者たちは、それぞれ異なった分節の仕方を求められているので、他楽器に影響されることなくその分節の仕方に規定されるタイミング動作を確実にこなすために、（西洋音楽とは違い）演奏中には他楽器奏者の姿にはほとんど目をやらないという。これは、見ると動きが思わず同調してしまうからである。この点も、武術と共通すると考えられる。例えば、剣道で一般的にいわれる「遠山の目付」とか、宮本武蔵がいう「観の目」は、焦点を一カ所に固定しないで、全体を見通そうとするものである。

先ほど述べたように、囃子に太鼓が加わるときには、大鼓も小鼓も太鼓に主導権を渡してしまう。太鼓には「付《つけ》頭《がしら》」や「頭《かしら》」という手があるが、非常に打数が少なくなる。両手のバチを太鼓の上でそろえて「コミ」をとる。左手のバチを右肩につけるように振り上げ、次に右手のバチを右上に振り上げる。この動きのあいだに「ハアー」という掛け声をかける。そして左手のバチを振り下ろしてすかさず「イヤアー」と掛け声をかけ、右手のバチを振り下ろして掛け声を切る。たった二つの打音のためにこのような大げさな一連の動作と掛け声がおこなわれるのである。この「頭」のときには、大鼓と小鼓は打音も掛け声もなく、じっとしている。しかし、それらは何も打っていなくても、「頭」の動作の途中部分で次の手の出発点がくる。音こそ出していないが、大鼓と小鼓はその位置で次の手を出発させるのである。例えば譜例において、「頭」の部分では大鼓は何もしていないが、1と2の拍において「ツ」とか「ン」と唱えながら、3の拍において音を出さないままに「ウケオロシ」という手を出発させている。そこでは、大鼓と小鼓は、太鼓がつけようとしている「手」の区切れには全く同調していない。そのため、太鼓が大げさな動作で大減速しようとしてもそれに抵抗しているのである。このように主導権を渡しながらも自分のペースをしっかり保つところは、武術にも通じている。柳生新陰流の「転」、すなわち敵の動きに随って勝つという奥義は、敵の動きに対して受動的な応答同調をするなかで、敵の隙をうかがって能動的な応答同調に転じていくものであり、それは明治時代以降も、高野佐三郎の「敵に従ふの勝」などとして剣道に受け継がれていく。

藤田は、能楽のこうした稽古法——相手に同調してはいけないので、最初のうちは他のパートは見ないし聞かないというやり方——は、近世邦楽の「不即不離」の考え方とは異なると指摘する。「不即不離」の場合、拍を正確に刻み、音を正確な高さで出せるようになってのち、ズレすなわち音楽的逸脱が許される。このことは、太夫の語りは最初は三味線に「べたづけ」だが、稽古が進むにつれて三味線から離れなくてはならないとされていることと一致する。しかし、「糸につく、音につく」という理由で「太夫が三味線弾いたらいかん」ともいわれる。

不即不離が、この両面をもつのかどうかはここではおくとしても、武術は、身体の同調作用を利用した見取り稽古・型稽古によって体得され、常に相手との関係性のなかで構成される技術であることを考えると、能楽の稽古法とは逆のように思われる。

「拍子合」の「ノル」部での同調作用のなかにも、その展開につれて「異質性」が生じてくることはすでに述べたが、もう一つの「拍子不合」の「ノラズ」の部分では、もともと「ことばの拍」と「拍子の拍」は対応関係をもたない。「拍子合」のなかの「小（平）ノリ」は譜面に「ノラズ」と表記され、実際「ノラズ」扱いされるのだが、「拍子合」のなかで大部分を占めている。能楽では、「ノル」ことに向けてまず「ノラズ」を設定し、そこから始めていくという意識があり、「小（平）ノリ」や「拍子不合」の部分でも、「ことばの拍」の連続を謡うなかで、囃子と共鳴する「拍子の拍」が生じてくる。すなわち全く合わなかったものが拮抗関係のなかで同調に向かっていくのである。藤田によれば謡とは「能動的に「拍子の拍」に一致させるのではなく、ことばの拍の列に拍子の拍がすべり込んでいることであり、ことばの拍がいつのまにか拍子の拍にとり巻かれているという受動的なことなのである[70]」というのだが、これは謡の「ことばの拍」が囃子の「拍子の拍」のリズムに引き込まれることを意味しているのだろう。ところが、名人の謡になれば、そのような侵攻を受けても「ことばの拍」を捨てず自分の領域を守るばかりか、逆に「拍子の拍」を侵しにかかっていく。「うたいてと打楽器の奏者との間には、互いに影響されるぎりぎりのところまでの危険にさらされつつも、互いに他に対して影響をあたえようとするような、強力な対立関係が生まれる[71]」と藤田は述べている。

この点は極めて示唆的である。互いが離れたままで攻守ところを変え、あわよくば相手をこちらに引き込むというような拮抗関係ではない。互いが「同型同調」へ向かって極限まで近づいていき、そこで引き込もうとするが一歩間違えれば引き込まれてしまうといったもので、そういうきわどさのなかに深い緊張が生まれ、それが芸術的価値を高めることになる。歌舞伎の「絵面《えめん》の見得（引っ張りの見得）」で、「敵と味方がその殺気を互いに引張り合いながら、引き分けになる絶妙のバランス[72]」がとられるのも、同様の脈絡にある。また、大相撲の典故を最も重んじた儀式といわれる「三段の構え」は、両力士が全く相似的な三つの構え（上段の構え：本然の体、中段：攻撃の体、下段：防衛の体）をとり合いながら「互いに呼吸の掛合いで無形の力闘を顕示する[73]」ものだが、これも極限の緊張をはらんだ同調関係をあらわしているといえる。

『国民武道講話』は太平洋戦争中に国防武道協会が刊行した本であり、「天業翼賛のために生まれ、天業翼賛のために死す[74]」という天皇制ファシズムに基づいた殉国イデオロギーがその背景にある。そこでは、日本武道の特色として「我を捨てて敵を倒す」ことがあげられている。「皮を切らせて肉を切れ、肉を切らせて骨を切れ」というのは、皮と肉、肉と骨の交換を目指すものではなく、生死を問題としない「相討ち」を覚悟して立ち向かえば、剣術の技量の差によっておのずと勝利を得られるという教えである。やるかやられるかの危険な間合いに飛び込んで戦うことで限りなく「同型同調」に近づき、ぎりぎりのところで「応答同調」をおこなっているのである。敵の呼吸の流れを「内面的に素描」し「なぞり」きって（潜在的な同型同調）、わずかな一瞬の「間」を打つのである。実際に打つに至るまでにも、潜在的な「応答同調」として目に見えない打ち合いがなされている。それに対して、西洋の武術の代表であるフェンシングは、半身に構えて、敵からできるだけ身を離し、敵の攻撃から我が身を守りながら、隙を見て遠間から敵を突く。あくまで我が身を安全にしておいて敵を倒すという戦い方であるとされている。

フェンシングについてそこまで単純化できるのかはさておき、剣術での極限の対立と、能楽での謡の拍と拍子の拍との対立のあいだには、生死を賭けた戦いかどうかという点を抜きにすれば、相通じるものがある。現実の斬り合いではどちらも命を失うことになる相討ちは、剣道の「攻防一致」として受け継がれている。剣道では、相手の攻めや打突をかわすだけなら、それほどむずかしいことではなく、また、勝ちを取りにいかなければ、負けにくいということは否めない。大正時代に著された『剣道の栞』にも「斬撃シ来ル剣ヲ外シ、切落シ、受流ス等ハ実ニ斬突ノ目的ヲ達成スルノ一手段ナルヲ以テ切落シ受流スト同時ニ斬突セサルベカラズ[75]」とあるように、勝負をつけるには、相手の攻撃に対する防御がそのまま攻撃となる必要がある。そうなると、相討ちが多くなってくるが、相討ちは「有効打突」（一本）とはならない。

伝統芸能である能楽は「同調」を本質とするが、謡と囃子の楽器の「同調」は「競争」を含むことによって緊張関係を残しながら終了する。一方、武術は「競争」を本質とするが、剣士は打つか打たれるかの間合いで「同調」を介して勝負する。このように、両者は「同調」と「競争」の交錯が織りなすプロセスを共有している。違いは、「同調」と「競争」の交錯が緊張関係のままに終わるか、決着をつけて終わるかだけである。

注

(1) 西村秀樹「大相撲における立ち合いの文化論――同調と競争の統合」、日本スポーツ社会学会編「スポーツ社会学研究」第九巻、日本スポーツ社会学会、二〇〇一年

(2) 亀山佳明「「身体論の可能性」、その後――制度の身体論から体験の身体論へ」、日本スポーツ社会学編『21世紀のスポーツ社会学』所収、創文企画、二〇一三年、九七ページ

(3) 市川浩『精神としての身体』勁草書房、一九七五年、一〇六―一〇七ページ

(4) 前掲「「身体論の可能性」、その後」九七ページ

(5) 前掲『精神としての身体』一八九ページ

(6) 同書一八九ページ

(7) 尼ケ崎彬『ことばと身体』勁草書房、一九九〇年、一八一―二一二ページ

(8) William S. Condon and Louis W. Sander, "Neonate Movement is Synchronized with Adult Speech: Interactional Participation and Language Acquisition," *Science*, vol. 183, Jan 11, 1974, pp. 99-101.

(9) 合原一究「「かえるのうた」に耳をすませば――身近な生物の同期現象」、日本物理学会編「日本物理学会誌」第七十巻第十号、日本物理学会、二〇一五年、七八四ページ

(10) 木村柳悦「相撲伝書」、岩本活東子編、森銑三／野間光辰／朝倉治彦監修『燕石十種』第五巻所収、中央公論社、一

九八〇年、七〇ページ
(11)「大相撲」一九九〇年八月号、ベースボールマガジン社、五八ページ
(12)「大相撲」一九七七年六月号、ベースボールマガジン社、九四ページ
(13)末吉寿典「白鵬は「横綱相撲」か?」、日本比較文化学会編「比較文化研究」第九十一号、日本比較文化学会、二〇一〇年、九五―一〇六ページ
(14)舟橋聖一『相撲記』創元社、一九四三年、一〇七ページ
(15)「大相撲」一九八三年一月号、ベースボールマガジン社、一三二ページ
(16)「大相撲」一九八九年九月号、ベースボールマガジン社、七一ページ
(17)柳生宗矩、渡辺一郎校注『兵法家伝書』一六三二年、(岩波文庫)、岩波書店、一九八五年、四二ページ
(18)同書四三―四四ページ
(19)松澤正子/佐伯素子「脚振り運動を用いた個人間協調運動における引き込み現象」、昭和女子大学生活心理研究所編「昭和女子大学生活心理研究所紀要」第十一巻、昭和女子大学生活心理研究所、二〇〇八年、九―一五ページ
(20)川村弥五兵衛秀東「無住心剣辞足為経法論集」一七二五年、筑波大学武道文化研究会編『剣術諸流心法論集』上(「武道伝書集成」第二集)所収、筑波大学武道文化研究会、一九八八年、八六ページ
(21)児玉市蔵『剣道の栞』児童教育剣道会事務所、一九一七年、九〇ページ
(22)「報知新聞」一九一一年六月十八日付
(23)「萬朝報」一九一八年五月二十日付
(24)「萬朝報」一九〇七年六月三日付
(25)「時事新報」一九〇七年六月三日付
(26)「報知新聞」一九三三年五月十一―十三日付
(27)「報知新聞」一九三三年五月十一日付
(28)「報知新聞」一九三三年五月十二日付
(29)三輪敬之/石引力/荒井大/西島潤「身体性に着目したエントレインメント創出過程の計測」、ヒューマンインタフ

エース学会編「ヒューマンインタフェース学会論文誌」第二巻第二号、ヒューマンインタフェース学会、二〇〇〇年、七九―八四ページ

(30)同論文八四ページ

(31)古藤田彌平衛「一刀斎先生剣法書」一六六四年、国書刊行会編『武術双書』所収、名著刊行会、一九九二年、二九七ページ

(32)前掲「身体性に着目したエントレインメント創出過程の計測」一八七ページ

(33)板井志郎／三輪敬之「ソフトエントレインメント」、計測自動制御学会編「計測と制御」第五十一巻第十一号、計測自動制御学会、二〇一二年、一〇六二ページ

(34)同論文一〇六二ページ

(35)小林三留範士「審査員の目　一方通行の剣道を卒業すること」、体育とスポーツ出版社編「剣道時代」二〇一一年二月号、体育とスポーツ出版社、三〇ページ

(36)中田琇士範士「極意伝授」、前掲「剣道時代」二〇一一年二月号、三四ページ

(37)吉成正大「ワンランク上の攻めの定石」、体育とスポーツ出版社編「剣道時代」二〇〇八年三月号、体育とスポーツ出版社、四二―四三ページ

(38)蒔田実教士八段「打ち間に入ったときこそ我慢することが重要」、体育とスポーツ出版社編「剣道時代」二〇〇八年八月号、体育とスポーツ出版社、二二ページ

(39)「特報　第43回全日本剣道選手権大会」、スキージャーナル編「剣道日本」一九九五年十二月号、スキージャーナル、二五ページ

(40)吉成正大「打ち急ぎのメカニズムを解明する」、スキージャーナル編「剣道日本」二〇〇八年八月号、スキージャーナル、四三―四四ページ

(41)オイゲン・ヘリゲル『弓と禅』稲富栄次郎／上田武訳、福村出版、一九八一年、一―一一五ページ

(42)同書八六ページ

(43)同書九二ページ

(44) 同書一〇一ページ
(45) 竹内敏晴『思想する「からだ」』晶文社、二〇〇一年、九一―九二ページ
(46) オイゲン・ヘリゲル『日本の弓術』柴田治三郎訳（岩波文庫）、岩波書店、一九八二年、四二―四三ページ
(47) メルロ゠ポンティ『哲学者とその影』木田元／滝浦静雄訳（「メルロ゠ポンティ・コレクション」第二巻）、みすず書房、二〇〇一年、一六六ページ
(48) 奥井遼「メルロ゠ポンティにおける「間身体性」の教育学的意義――「身体の教育」再考」、京都大学大学院教育学研究科編「京都大学大学院教育学研究科紀要」第五十七号、京都大学大学院教育学研究科、二〇一一年、一一六ページ
(49) 中村雄二郎『共通感覚論――知の組みかえのために』（岩波現代選書）、岩波書店、一九八五年、一一七ページ
(50) 小泉文夫『合本 日本伝統音楽の研究』音楽之友社、二〇〇九年、四三八ページ
(51) 小泉文夫「日本民謡と近世邦楽のリズム」、音楽之友社編「音楽芸術」第十五巻第七号、音楽之友社、一九五七年
(52) 平野健次『三味線と箏の組歌』（「箏曲地歌研究」第一巻）、白水社、一九八七年、七三ページ
(53) 星旭「箏曲のリズム」、山川直治編『日本音楽の流れ』（「日本音楽叢書」第九巻）所収、音楽之友社、一九九〇年、九一ページ
(54) 吉川英史『邦楽鑑賞入門』創元社、一九五九年、一八〇ページ
(55) 上参郷祐康「三曲合奏における尺八の役割――尺八は歌の旋律を模奏するか？」、小泉文夫／星旭／山口修責任編集『日本音楽とその周辺』（吉川英史先生還暦記念論文集）所収、音楽之友社、一九七三年、六八ページ
(56) 小泉文夫『日本の音――世界のなかの日本音楽』青土社、一九七八年、六五ページ
(57) 渡辺保『日本の舞踊』（岩波新書）、岩波書店、一九九一年、一一一ページ
(58) 小島美子「祭囃子のリズム」、前掲『日本音楽の流れ』所収、九四ページ
(59) 田中優子『江戸の音』河出書房新社、一九八八年、一二〇―一二一ページ
(60) 平山蘆江『三味線芸談』住吉書店、一九五二年、九六ページ
(61) 竹本素京、加藤雅毅編『弾き語り女義太夫一代』草思社、一九九〇年、一三三―一三四ページ

(62)竹本津大夫『文楽三代――竹本津大夫聞書』（朝日カルチャーブックス）、大阪書籍、一九八四年、九三ページ
(63)義太夫研究会編著、井野辺潔監修『文楽談義――語る・弾く・遣う』創元社、一九九三年、五八―五九ページ
(64)杵屋東吉郎『長唄の奏法――唄と三味線』黄雲堂書店、一九四二年、一一三―一一八ページ
(65)藤舎推峰『笛ひとすじ』音楽之友社、一九八七年、五五―五六ページ
(66)同書一二九ページ
(67)三宅襄『能の演出』能楽書林、一九七五年、一八二ページ
(68)同書一八二ページ
(69)藤田隆則「「のる」ことの作法――能の専門用語から見えるもの」、京都大学人類学研究会編「季刊人類学」第十九巻第一号、京都大学人類学研究会、一九八八年
(70)同論文一三八ページ
(71)同論文一三八―一三九ページ
(72)渡辺保「芸の空間」、鳥越文蔵／内山美樹子／渡辺保編集責任『歌舞伎の空間論』（「岩波講座歌舞伎・文楽」第六巻）所収、岩波書店、一九九八年、五〇ページ
(73)木村庄之助『国技　勧進相撲』さとう工房、一九七九年、四七―四八ページ
(74)武田寅男『国民武道講話』（新武道叢書）、国民武道協会、一九四二年、七―九ページ
(75)前掲『剣道の栞』八七―八八ページ

第2章　剣術における「同調」と「競争」の戦略的展開

前章では、能楽をはじめとする伝統芸能が「同調」と「競争」のどのようなダイナミズムをもっているかをみた。極限まで（同型）同調していきながらも、完全に同調しきらないぎりぎりのところで熾烈な競争（応答同調）をおこなっていることがわかり、この同調と競争が交錯する関係性は大相撲の立ち合いや剣道の「相討ち」「攻防一致」にも通じるものであることが明らかになった。本章では、生死を賭けた戦いに勝つためのメソッドである古流剣術では、「同調」と「競争」の関係性はどのように組み込まれているのか、その様相を探っていくことにする。

1　捨て身――潜在的な「同型同調」による「読み」を最大限にする戦法

抑制した戦い方を必勝法とする自己抑制の技術構造というものが古流剣術にはあった。仕掛けると不利なのでがまんし自己制御した「相手との関係性」のなかで「読み」を効かせるのである。「打って勝つ」のではなく、「勝って打つ」のである。隙があれば打つが隙がなければ打たない。隙がなければ、隙をつくって打つ。攻めて相手の隙をつくるか、誘って相手に打たせるのである。これが、本道の剣道、「理合」の剣道である。ところが現在の剣道は、前述のように打突の「間合い」には入らないようにして相手に打たれる危険な距離を避けながら、一瞬の隙を狙う傾向にある。しかし、前章でも述べたが、それではなかなか決着がつかない。「もっとぎりぎりのところで勝負をしなければ技は通用しないと気がついたのです。上段はコテもドウも空けて戦うもの、それなのに遠間の安全なところにいたのでは相手の一瞬の心の動きなどつかめるはずがない。打つか打たれるか、そういう間合にあって、相手が打てると察知して打ちだそうとする寸前に打つから決まるんだ」[1]（剣道範士・八段・小林英雄）。「後の先」（相手が仕掛けてくるところを打つ）にしろ、「先々の先」（こちらから仕掛けて相手が応じてくるところを打つ）にしろ、後から動作して優位に立てるのは、一つには手続きが少ないほうが早く対応できるからである。例えば、先に打つほうは、踏み込む・振り上げる・振り下ろすの三拍子で打つが、応じるほうは踏み込まず、振り上げて下ろせばいい。また、先に打つほうは動きだす瞬間に相手の攻撃を意識できず、隙を生じさせてしまう。攻撃し始めると、その動きを修正できず、防御に移るのも困難である。さらに、後から動作するほうは、相手の動きを長く見ることができる。後出しジャンケンが有利なのと同じである。

こうした状況で求められるのが、すでに触れたように「攻防一致」の技である。剣道では、相手の攻めや打突をかわすことはそれほどむずかしいことではない。したがって、勝とうと思わなければ、引き分けはとりやすい。また、勝ちをとりにいかなければ、負けにくいという面があるのも否定できないだろう。このような戦い方では、なかなか決着はつかない。だから、勝つためには、受ける太刀がそのまま直ちに打つ太刀にならなければならない。ただこの方法は勝負はつきはするが、「相討ち」も多い。相討ちは、剣道では「有効打突」すなわち一本とはならないだけである。しかし、常に生死を想定した剣術では、相討ちは死である。死を覚悟して打ち込まなければならないので、そこから「死を極めて生を得る」という考えが生じる。相討ちの打突であっても一瞬の差で相手の正中線を制して割り勝つのである（正中線というのは、体を左右対称に分かつ中心線である）。皮を切らせて肉を切るとか肉を切らせて骨を切るといわれる、この自己を犠牲にしても敵にとどめを刺すという考え方は、明治時代になっても、致命的な一撃が加えられないかぎり、「無勝負」になるという考え方として残っていき、剣道では、面技《めんわざ》重視の傾向にあらわれている。明治二十八年（一八九五年）の『武道教範』では、一本決めた箇所によって面は十点、兵字小手は八点、胴は六点などと得点化され、胸や小手との「相打（討）」は面を打たれた者の負けとされ、「敵の面を一刀両断すべし。敵より突き来るも、（略）敵より胴へ来るも、我れは必らず敵の面を撃て相打にすべし。面の急所なるには、多少の前後も、何処の局部も、及ばざればなり」(2)と記されている。また、同年刊の『剣道要覧』(3)や大正五年（一九一六年）刊の『剣道修業秘法』(4)には、審判心得あるいは審判規定として、「胴」や「小手」が先に打たれ、「面」が後に打たれた場合は「相撃（討）」と判定されるとある。面打ちは体を捨てた分、評価されたのである。

岡憲次郎は、間髪入れず敵の太刀を切り落として勝つという一刀流極意「切り落し」や、諸流にみられる「割り面」「合打ち」「切り割り」「丸橋」「あばら三寸」などは、まさにこの「捨て身」の戦法であるとする。「あくまでも捨て身の戦法で、敵の先を取って打つ、又後から発して逆に先を取る、又相手の打ってくる拍子に合わせてその太刀にのる等があるが、いずれも必勝への道でなければならないのである」(5)。命を捨てる覚悟で臨んでこそ、勝ちを得るという点で、前述したように、ぎりぎりのところで勝負することを高く評価するのである。

一刀流は切り落としに始まり切り落としに終わるといわれるが、小野派一刀流第十六代宗家である笹森順三はその「切り落とし」について次のように伝えている(6)。相手が打ち込んでくるように誘い、その太刀の勢いを自分の太刀の左の鎬《しのぎ》で払い落とし、両足を踏み込んでいく。そのまま一拍子に「出刃」に突き刺すか、「入刃」に頭から梨割りに真っ二つにするのである。出刃と入刃の違いは、相手の太刀を切り落としてからの間（ま）の差によって生み出される。出刃は、切り落としざまに眉間や咽喉・水落へと突き進むのに対して、入刃は、相手の太刀を切り落とした自分の太刀を頭上に振り上げてから相手を切りおろすのである。それは、白刃の下に飛び込む「相討ちの一拍子の勝」であり、そのためには「必死必殺の胆力と百戦錬磨の鍛え」が必要とされる。切り落とす対象は、自分の「死にたくないと思うせつない心の思い」であり、「我意我慾我執恐怖」なのだとされる。

武田寅男は、直心影流《じきしんかげ》の「形稽古」のなかの「一刀両断」についてこう説明する。打太刀《うちたち》と仕太刀《したち》が両方から打ち込んできて、打太刀が剣先を仕太刀の胸に突き付ける。これは仕太刀がそのまま打って出ると、打太刀の剣に突き刺される状況であるが、仕太刀は恐怖や迷いを一刀両断し、捨て身で斬り込む。「形稽古」において、打太刀は剣先を突きつけるという「仕掛ける」役であり、仕太刀は、それに「応じる」役なのである。「一刀両断とは、敵を両断することではなくて、我が迷ひを断ち切ることなのである[7]」という。これは小野派一刀流と同じ考え方である。直心影流の「霊剣[8]」は、太刀を精眼《せいがん》に構え、心を気海（臍下一寸）、丹田（臍下一寸五分）に置き、勝つことを願わず、負けることを思わず、無念無想で自己の妄想を上段から右剣・左剣と切り払い、再び精眼に構え上段にかぶり真っ向から一太刀に我意を切り払うというものである。平林滋正相は「一刀両断とは、心の劔也、一つの刀を以て二つを裁断するを云ふ也、其二つとは、吾も敵との二つなり[9]」と述べている。「吾」があるからこそ物怖じしてしまうし、敵がいると意識すると「吾」が生じてしまうのである。だから、「吾」も「敵」も両断して退けて「無敵無我」になって仕掛けていくというのである。

剣術の諸流派のなかでも夕雲《せきうん》流は、「当流兵法の意地は、元来勝負に拘はらず、取分け余が思ふ所、相討を以て至極の幸とす[10]」というように、相討ちを修行の目標に掲げ、「当流修行の人、かりそめにも勝負を心にかけらるべからず[11]」と勝負に全くこだわらない稽古を推奨していった。そうすることで、次第に術のレベルを上げていくことができるからである。捨て身の覚悟のうちに、勝負の間（はざま）を見極めることができるようになる。「太刀ノ当ル所マデ行ベシ。行ツキタラバ、打ベシ。其間近クバ、其マヽ、打ベシ。何ノ思惟モ入ルベカラズ[12]」。稽古は、お互いが当たる距離まで近づき、何も考えずにただ打つだけである。

熊本藩に伝えられ広まった雲弘《うんこう》流は、この無住心剣流《むじゅうしんけんりゅう》（夕雲流）の勝負観や修行法を基本的に受け継いでいる。自分だけ命をながらえて人を斬るなどは卑劣なことと考え、もともと生き残ることは考えず、相討ちで死ぬのを本分とする。それが、武士に求められる心構えなのである。「百回、千回戦っても、相討ち以外は考えてはいけない。弱い敵もいれば強い敵もいるが、それは致しかたないことであるし、自分の技量も知らなければならない。（略）負けを厭わない気持ちを持つならば、試合の場や真剣の場では必ず見事な勝ちをとることができる[13]」。相討ち覚悟で向かえば、あとは敵と自分の出来・不出来や力の差が勝負を分ける。負けを、死を、相討ちを厭わないことが、勝つためには効果的だという前提のもとに心の鍛錬が重んじられていったといえる。相寸《あいすん》（長刀）の表六本・裏六本と短刀六本を二、三年練習し上達した後、面をつけて頭上を小蒲団で覆い、まず短刀の入身（短刀を持って間合いに入ること）を習わせ、その後相寸の撃ち合いを習わせる。「皆相討合体を主とす。是平日十分の執行を為し、身を死地にはめんが為なり」[14]。身を捨てて電光石火の一刀を加え合うのを修行としていた。

こういった「打ち尽くす」ことを修行とする点で際立っている流派としてもう一つあげると、加賀出身の草深甚四郎によって広められた深甚《しんじん》流である。深甚流では、打太刀が仕太刀の面をむちゃくちゃに打ちのめすが、仕太刀は絶対に受け止めてはならない[15]。これによって、相手の技に動揺せず、己を捨てて相手を打つことができるようになるというのである。幕末に、加賀で深甚流とともに多くの門下生を集めた義経神明《よしつねしんめい》流も、素面・素籠手（面も小手もつけない）でただ打ち合うのを修行としたという[16]。

このような捨て身で相討ちに出る場合、敵の動きを予期するためには潜在的な同型同調を可能な限り使う必要がある。捨て身の一撃というのは、勝敗にとらわれずに立ち合うことで人間の潜在的能力を開花させ、それを存分に発揮させるためのものだと考えられる。また「あとは野となれ山となれ」というような射倖的なものではなく、あくまでも同型同調による「読み」という勝つための冷静な判断に基づいたものにほかならないものなのである。敵に合わせる、すなわち敵に同型同調するというのは、自分を差し出すこと、つまり自分の身を相手にあずけることであり、山岡鉄舟流にいえば「我が体を敵に任す」ということであり、そうすることによってはじめて敵の動きを読むことができるのである。潜在的に敵に対して限界まで同型同調をして敵の動きを読まなければならないが、その境界を越えてしまうと応答同調への転換が不可能になり、敵から致命的な一撃を食らってしまう。相手の動きに同調しすぎると、相手に対応できなくなるのである。読みが最も高まる同型同調の限界まで、どのように推し進めていけるか、その読みの間である「しじま」（静寂）におけるせめぎ合いが重要なのである。それは、能楽での発声や音についての観世寿夫の以下の主張とも共通するといえよう。

声は出したときが終わるとき。（略）出してしまったらもう決着は着いてしまったのだ。声の意味も声の調子も、声となって出るまでこそが大切なのである。楽器の音も同じだ。鼓なら鼓は、ポ、と音が出てしまったときはその音の終わったときだ。音として外に出るまでが、その音の生命だ。間も、声の大小も、すべて音になるまでが問題。だから、カケ声や打つべき体内の準備こそがリズムをつくる。[17]

能楽という演劇は、音や声はごくわずかにとどめ静寂の間をつくりながら、動きを極力節約し、静止した緊張の瞬間（世阿弥がいう「せぬ間」など）を多くもつ。その静寂が音や声を生かすのと同様に、剣術でも「しじま」のあり方がすぐれた応答同調を生み出し、勝負に深い影響を与えるのである。

2　敵に随ひて勝つ——柳生新陰流「転」にみる「応答同調」の様相

「敵の動きに応じて転変して勝つ」というのは、近世の剣術諸派に広くみられる戦い方であった。それを最も明確に打ち出したのは、柳生新陰流だった。十六世紀半ば、愛洲移香斎《あいすいこうさい》の「陰流」を継承した上泉《かみいずみ》伊勢守《いせのかみ》秀綱が「新陰流」を始めたが、それが柳生但馬守宗厳（石舟斎《せきしゅうさい》）に直伝され「柳生新陰流」として伝えられた。ただ、この石舟斎以降は、五男又右衛門（宗矩《むねのり》）が江戸柳生の祖、嫡孫兵介（兵庫之介利厳）が尾張柳生の祖となり、派が分かれた。宗矩は、徳川三代将軍家光の兵法師範になり一万石の大名となるが、江戸柳生は代を経るにつれて家伝の兵法からは遠ざかり剣術流儀としては絶えていった。利厳は、尾張藩主徳川義直の兵法師範として招かれ、その子孫は尾張柳生として術を発展させていった。

この柳生新陰流の根底的術理となっているのは、「転《まろばし》」であるが、これは、「応答同調」そのものである。というよりは、むしろ江戸時代の古流剣術全般に通じる「応答同調」のあり方を象徴するものである。伊勢守が柳生に相伝した『影目録』に「敵に随って転変して一重の手段を施すこと恰《あたかも》も風を見て帆を使い兎を見て鷹を放つが如し[18]」と記されているように、転は敵の動きに応じて自由自在な転変をして勝つというものである。それは、あたかも風の向きや強さに応じて帆を操作し、兎の動きに応じて鷹を放つようなものである。また『長岡房成兵法論』は、転がりやすい丸い玉を高山の上から転がせば、留まることなく勢いづき、止めることができなくなる様にたとえており、転移変化するときの「自然な」変化の勢いを強調している[19]。水の流れがさまざまなものにぶつかることで勢いを増していくのにも似ているが、敵の動きに身をまかせれば自然とそれに応じて次から次へと変化できるというのが、「転」なのである。こうした「転」のイメージは、どのような「応答同調」となってあらわれているか、その具体的様相をみることにしよう。

柳生新陰流の奥義に「十文字勝」がある。「肋一寸《あばらいっすん》」ともいうが、前章で述べた肉を斬らせ骨を断つという考え方に基づいている。敵がどこから斬り込んできても、自分は敵が斬り出す拳をしっかり見て、敵の太刀の拍子に合わせて自分の正中線（体の中心線）に沿って太刀を斬り下ろせば、敵と自分の太刀が十文字に交わり、自分の太刀が上太刀となって敵の拳を切り落とすことができる。また、正中線に沿ってまっすぐ太刀を振り下ろし、敵の太刀の上に乗って頭部へと斬り下ろすのを「合撃《がっし》」と呼ぶ。どちらも、敵の斬り込みにしたがって勝つ「捨て身技」にほかならず、柳生新陰流の「転」の極意をなしている。

こうした「敵に随って転変する」技は、柳生新陰流の「勢法《かた》」（わざのかたち）として結実してきた。例えば、伊勢守の『影目録』以来伝えられる極意の太刀遣いである「燕飛《えんぴ》」がそれである。これは、六本の太刀を連続的に使う「続け使い」であり、敵の出方によって臨機応変に対処するというやり方を如実にあらわしているといえる。「燕飛」は、伝書によって勢法の数と名称が異なっているが、『影目録』では、燕飛・猿廻・山陰・月影・浦波・浮舟の六つになっている。また、『新陰流兵法目録亊《こと》』（石舟斎から嫡孫長厳――のちの利厳――に相伝された目録）では、目録掲載の九十一太刀、これに非掲載燕飛六太刀を加えて「本伝」九十七太刀、さらに「外伝」六太刀を増補して百三太刀が伝えられている。敵の仕掛けに応じてこれらの太刀（わざのかたち）が自在に使いこなされるのである。

以下では、これらの勢法の各所にちりばめられた「転」のうち特徴的なものをみていくが、それによって、「転」を構成する「同調」の基礎的なパターンがみえてくるだろう。敵の攻めに応じて、どのような対応をするか、そのかたち（勢法）として応答同調を記していく。なお、資料として「新陰流相口伝書事」「没茲味手段口伝書」（これらも石舟斎から利厳に伝授された目録）と「始終不捨書」を解説した『柳生新陰流道眼』を参考にする。[20]

まずは「構え」の段階で、敵の「心付け」をよく見て、それにしたがって勝つというものである。

・敵がこちらの顔を見ていれば、そのまま斬り込んで勝て。
・敵がこちらの拳に目をつけて動きを見ていれば、こちらからはたらきを仕掛け、浅く打ちかけて敵の構えを変化させ、身を開き替わり、表裏（すなわち策略）を仕掛けて勝て。表裏とは偽りをもって真を得ることである。
・敵がこちらの太刀先を見ているなら、そのままよく太刀先を見せて、機をはかり無拍子に（予備動作をとらずに）斬り込んで勝て。

次は、敵が浅く打ち込んでくるか、深く打ち込んでくるかに応じて勝つというものである。「遠きに近き。近くに遠き」という。

・敵が遠いところから浅く打ち込んでくれば、こちらは敵に近寄って打つ。
・敵が間合いを越えて深く斬り込んでくるなら、こちらは遠く退いて打ち勝つ。すぐに後ろに退くと敵につけ込まれるので、敵の動き（足の踏み出しとか太刀の斬り出しなど）に応じて、「隅を懸けて」すなわち後方左右斜め四十五度に退いて打つ。

「燕飛」の太刀は、敵が近寄って斬りかかってくればこちらは遠のいてそれをはずし、敵が後ろへ引けばこちらは前に出て、敵を誘って勝つのである。

敵が斬り出す太刀の拍子が大きいか小さいか（小刻なものか、あるいはゆったりしたものか）は、「大調子に小調子、小調子に大調子」という。こちらが敵の調子に合わせて太刀を使うと敵は調子づいてしまうので、調子は合わさずに太刀を使うべきである。「合気」は、避けよということである。「声雅」といって、自分の口で敵の拍子をとるなかで、その口拍子の一つをはずして、「半」の間の拍子で斬り込むというやり方がある。これだと、色もなく萌しもない（予備動作をなくした）「無拍子」の斬りとなる。これは「没茲味《もつじみ》の打」とも呼ばれる。

敵の攻撃のはずし方の基本として、「一尺五寸の迦《はずし》」がある。

・第一は、敵の斬りかけにしたがって自分の身を開き替わって、すなわちからだをわきに寄せ退いて勝つ。肩幅を一尺五寸（約四十五センチ）とし、それを開いて身をかわして斬るので、「一尺五寸の迦」という。小転の「雷刀転身《らいとうてんしん》」がこれにあたる。身体を開き、敵の太刀を左にはずして敵の左頸部または左肘を上段位で斬る。

・第二は、自分の手を前に突き出し、敵が斬ってくるのを誘う。その瞬間、自分の手の長さに相当する一尺五寸をはずして勝つ。

・第三は、三尺の太刀をもって一尺五寸の小太刀に勝つイメージを描いて、一尺五寸の間合いのアドバンテージを確保して、敵の太刀が届かないようにして敵を斬る。

この三つの口伝に共通しているのは、敵の太刀から「入り身」によって身をはずしたらすぐに斬れということである。「入り身」とは、回り込むようにして、身をかわしながら間を詰める動きであり、日本剣道形の小太刀の二本目・三本目にみられる。小太刀はふつうの剣より短いので、素早く敵の懐に入り込む必要がある。小太刀での稽古によって、素早いはずしの動きを身につけるのである。

「太刀連」の教えは、敵の太刀の拍子に連れ従えというものである。例えば「三学円之太刀」の「一刀両段」「斬《ざん》釘截鉄《ていせってつ》」「半開半向」の二の太刀のように、敵が太刀を「撥草《はっそう》」（斜め向きの上段の構え）に引き上げる拍子に合わせてこちらが斬り付けるというものである。

このように、敵の攻撃にしたがって自在に対処していく「後の先」が「転」の基本に据えられるが、敵が仕掛けてこない「待」の状態が続くようなら、自分から仕掛けて敵を動かす「先々の先」の術がとられる。敵を水とすれば、自分自身は風とされ、水を風でざわつかせて崩し「先々の先」で勝つのである。「燕飛」の太刀は、敵が近づいて斬ってくれれば、それをはずし、敵が後ろに引けばこちらは前に出て、敵の攻撃を引き出して勝つ。「色付色随」とは、動きがない敵には色を仕掛けてみよということである。色を仕掛けるとは、敵を「迎える」（おびき出す）というものであり、敵の望むところや好むところをこちらから提供して、敵のはたらきを迎え引き出すことである。その仕掛ける色には、形の色・太刀の色・斬る色・撞《つ》く色などがある。状況に応じた色を仕掛けるが、敵が付いた色、すなわち敵の応じ方に随ってこちらは斬るのであり、敵がその色に付かなければ、そのままの勢位で斬り込んで勝つ。「迎」とは、間合いの少し外から仕掛け、わずかに間の内に入るものである。間合いというのは、ふつう「一足一刀」の距離とされ、その状態から一歩踏み込めば相手を打突でき、一歩引けば打突をかわせるという攻防の間（間隔）である。その間合いのなかに少しだけ入ることによって、敵を誘い出すのである。そうすることで、仕掛けた色に敵が付かなくても、空振りすることなく、こちらの追撃を可能にするのである。

「色を仕掛ける」とは、「表裏を仕掛ける」とか「表裏の迎えを仕掛ける」ともいわれる。ここでいう「表裏」というのは、「はかりごと」とか「機前の手立て」の意である。それによってもたらされる勝ちを「待曲」といい、「十太刀」や「村雲」といった技にはその特徴が如実にあらわれている。「高曲」という技は、こちらから太刀も態勢も低く仕掛け、敵が上方から斬りかかってきたら、後れ拍子にその敵のさらに上から乗り勝つというものである。「下曲」は、反対に高い仕掛けから低い攻めをなすものである。

「二目遣」とは、「目」で仕掛ける迎えである。敵の動きを引き出すために、わざとある箇所に目をやり、敵の注意をそこに向けさせて隙となった別の箇所を急襲するものである。この場合、敵のはたらきや本当に斬ろうとしている部位は見ないようにして見る、つまり盗み見るのである。

どの流派も小太刀の技では、太刀の短さゆえに、あらゆる手段を尽くし「入り身」をおこなって敵の身に近接することが主眼になる。柳生新陰流の小太刀を執っての「小転《こまろばし》」は、敵の長い太刀に対して臆することなく彼我一拍子に斬りあわすものであるがそのなかの「付懸」というのは、敵の上・中・下段のそれぞれの構えに対して、自分は中・下段に構えて、太刀先を敵の身体と太刀の一定の箇所に近づけて仕掛け、敵が斬りかかってくるのに拍子を合わせて正中線を斬り下ろし「十文字」で勝つものである。両者の太刀が十文字に交わることになり、自分の太刀を敵の太刀に打ち乗せて、敵の拳を斬るのである。

敵の太刀が自分の左肩へ来るときは、敵の太刀の上から合撃《がっし》打ちで勝つ。敵が振り下ろす太刀に自分の太刀を打ち乗せて正中線を斬り下ろすのである。右肩へ来るときは、奥義之太刀の第五勢「極意」で勝つ。これは直勢中段（まっすぐに向かいあった中段の構え）に構えて「待つ」敵に対して、下段「無形の位」（敵のいかなる攻撃にも自在に対応できる、構えなき構え）から太刀をゆっくりとあげながら右半身の中段順勢を示して仕掛ける（右手を前に左手を後にして刀の柄を握って中段に構える場合、その刀を右に傾けると、柄をもつ両腕は平行になる。これが中段順勢であり、刀を左に傾けて両腕が前腕部で交差するのが逆勢である）。この前に差し出した自分の右肘へと敵がまっすぐに斬り込んでくるのに対して、自分は太刀をそのまま上に引き上げて、素早く敵の斬りかけてきた太刀と彼我一拍子に、敵の右肘の上に乗せて中・下段位まで斬り下ろして勝つのである。

「角にて闕拍子之事」という習いがある。「角かけて」すなわち斜め前や後ろ四十五度の方向に身を替えてみせることによって、敵に拍子抜けをさせて動かすというものである。それでも敵が動かなければ、その「角かけた」拍子にそのままの体勢で斬る（以上、『没茲味手段口伝書』に基づいて要約した）。

敵の上段の構えに対して、小太刀を持つ我がほうは右手に小太刀をひっさげて後ろに置いて、拳を開いた左手を前に突き出して左偏身になって、敵に左手を打たせようとする。「角かけて」敵の打ち込みをはずして敵の肘を打つ。

自分から「水月」すなわち間合いを越えて誘うこともなされる。その際、恐怖心などの感情を去り無心となって敵に身を捧げることで、敵に圧力をかけて動かすことができる。この間合いに踏み込む足を「佐曽久《さそく》」というが、それはかつて左足で踏み越して右足で打ち込んでいたからである。尾張柳生の祖である利厳は、踏み込む足は左右どちらでもよく、敵の太刀のはたらきを十分に見極めて、敵が有拍子・無拍子にかかわらずこちらは無拍子の太刀で勝てと教えている。

「敵に随って勝つ」兵法を「後の先」「先々の先」の二つからそれぞれの具体的な技をみてきた。それは応答同調の様相であり、敵の動きに応じながらも、後の位すなわち後手に回らないようにしなければならないというものである。「後の先」は、「反射」による対応といわれる。「日本剣道形」（前述の打太刀・仕太刀から成る形稽古）六本目は、「後の先で勝つなり」とされ、仕太刀が一歩踏み込むところに打太刀が小手にいくと、仕太刀は反射的にすりあげて小手を打つというものであり、読みによる対応と区別されている。しかし、同型同調というのは、顕在的な行動レベルの同調にとどまらず、敵の行動の潜在的ななぞりや筋肉的次元での素描を含むものなので、自ら仕掛けない「後の先」でも同型同調による予期がおこなわれている場合もあると考えられる。前章でも述べたように、予備動作の少なさが有利に作用する場合もある。打太刀が、踏み込む・振り上げる（小手の場合は、大きな動作ではないが）・振り下ろすという動作をおこなうのに対して、仕太刀は踏み込むことなく、太刀を振り上げて下ろせばいい。仕太刀は、打太刀が踏み込むのを察してから対応しても打突のタイミングは同時になる。上段で構えていれば、振り上げ動作も省略できるのである。その意味では、上段は相手が仕掛けてくる出鼻を打つのに最も有利な構えだ。さらには、仕掛けていくときには反撃を意識できないので、相手は隙をつくってしまう。逆に仕掛けられるほうは、相手の動きをその予備動作のあいだに長く見ることができるのである。

「先々の先」の場合は、こうした読みが総動員されるといわれる。前に述べた「色付色随」を例に詳しくみていこう。柳生三厳の『朏問集』には「待」に構えて仕掛けてこない敵に対しては「先三寸に切掛て敵のはたらきに能《よく》したがって勝つ事を云也。乍レ去諸作の色に付てハ勝心持は悪候。捧心《ぼうしん》を能見て其志にしたがって勝心持能候[21]」とある。敵の太刀先三寸のところに斬りかけて、それによって生じる敵のはたらきにしたがって勝てという。しかし、その敵にあらわれる色に安易にしたがって勝とうとするのはよくない。敵の「捧心」をよく見ないといけない。「捧心と云ふは、心を捧《ささぐ》るとよむ字也。敵の心は、太刀をにぎつたる手にさゝげてゐるなり。敵のにぎつたる拳の、いまだうごかざる所をそのまゝうつ也。そのうごくかうごかぬかの所を見む為に、一去と云ふ也。百病を一去して、空を見はづすなと云ふ也[22]」。捧心とは、まだ動きとなってあらわれない未発の心であり、その心は太刀を握った拳に捧げられているので、その拳を通して敵の隠れた潜在的な心の動きをとらえなければならない。そして、その潜在的な同型同調が作用するためには、心を留まらせてしまうすべての病から去る必要がある。病気とは妄念や感情が核となって引きおこされる偏向した意識状態のことであり、心がとどまってしまって正常な判断力を失ってしまうことから、剣術界では、その克服が永遠の課題とされたのである。

また、この捧心と似たものに、「手字種利剣《しゅじしゅりけん》」という言葉がある。宗矩は、仏法には「有無の沙汰」があるように、剣術でも有と無の両方に目をつけなければならないという。目に見える動きだけでなく、動きとなってあらわれていない未発の動きをも見てとらなければならない。「種利剣」は「手裏見」すなわち手の内のことで、その手裏見は「太刀をにぎる手にあり」とされている。太刀先三寸に付けても敵が色に付かないときは、この握る拳のあたりに深く仕掛けてみよとされている[23]。「身がまへ、太刀がまへ、百手につかひなすも、此手字種利剣一つを眼とする也[24]」というように、手字種利剣は柳生新陰流の奥義「転」の根幹をなす目付である。敵に遅れて動きだしながらも、敵から見れば後手に回っているようにみえるが、後手に回らないことを可能にする「読み」なのである。

先々の先においては、動かず仕掛けてこない敵に対して潜在的あるいは顕在的に仕掛ける、すなわち応答同調する。相手がそれに応答同調し返す。自分は敵への「なぞり」あるいは「内面的な素描」という同型同調を通して、敵の意を予期する。そうして、敵の実際の動き（応答同調）に立ち遅れないで、再度の応答同調をおこなって勝ちを得ることができるのである。ただ、予期を可能にする捧心の目付や手字種利剣では、見えないところを見ようとすると無明の煩悩が招かれるので、柳生延春は石舟斎の『没茲味手段口伝書』を引用して、「自己観照によって心の明鏡に捧心が自然に映し出されてくる位——自ら見ゆる位[25]」がいいとする。自己観照とはどういうことかについて、延春は、三厳の「観に至ると云は、目にてみずして、みる也。目をふさぎてみる也。心眼と云観也」とか、『外伝別書』の「観様《みよう》トスル、敵ニ着ク。窺ハズシテ只明カニ観ル。明ラカニ見エル」という説明[26]を引用しているだけなので推測するしかないが、これは、能動的に見ようとすると敵に「着いて」しまう、すなわち敵に引き込まれて自分を見失ってしまうので、受動的に捧心が浮かび上がってくるのを感得するべきだということだろう。ここには、体性感覚による「述語的統合」が作用していると考えられる。「着く」というのは、敵の動きの起こりを予期しようとするために「同型同調」しすぎてしまうことである（「述語的統合」「着く」については、のちほど詳述する）。

3　「彼我一体」をめぐる技術

身を捨てた勝ち方で、敵と自分との関係性に注目すると、その根底には「彼我一体」がみられる。「敵と我、二人と見るは愚かなり、一体一気隔てなければ[27]」とは、矢野佐五右衛門清親が享保五年（一七二〇年）、東軍新当《とうぐんしんとう》流の極意を会得したときに詠んだ歌である。この彼我一体は、前章ですでに引用した一刀流の剣術伝書『一刀斎先生剣法書』でも描写されている。

渠《かれ》と我と分て、不レ思に来り、不レ量に去り、待つ処に不レ来、行く処はふせぐ。我、如レ此なれば渠も亦同じ。其不㆑思所を打ち、其不㆑量所に応ず。其変無窮にして、其化常なし。自然の妙理を得て万機に応ず。是を事の勝負と云也。渠と我と一心一躯にして、我思ふ所を渠も思ひ、我量る所を渠も量り、動寂又唯一物にして、鏡に向て影をうつすが如し。茲《ここ》に至りて、勝つべき事もなく知るべきこともなし。若し勝んと欲せば即負け、不㆑勝ば又負る所なし。自然の理と云も、当然の事と云も不然。事理の有無を滅却せずんば、誰か是に勝たん。不㆑勝は是術の本心にあらず。勝たんと欲も亦術の本心にあらず。故に術を放捨して別伝の高上に至らば、何ぞ対する敵あらんや。若茲に来て向はんとせば自ら殺し、向て不㆑来者は自滅すべし。是殺人刀、活人剣。[28]

戦いのなかで敵も自分も互いに少しも留まることなく自在に変転していく。両者の変化は無限であり、互いに「自然の妙理」に従ってどのような状況にも対応し合っているという。この「彼（渠）我一体」の状況は、「合気」つまりエントレインメントを指していると考えていいだろう。両者は潜在的なレベルで同型同調と応答同調の両方をおこなっているのである。彼（敵）と我とは一心同体であり、両者同じことを思い、両者互いの動きを予期し合っている。両者ともに、相手が何をするのかわかるのである。互いの動静は一つであり、鏡に向かって影を映しているようである。市川浩は、同型的な同調と相補的（応答的）な同調が「たえまなく交錯し、入り交い、あるいはまれな瞬間にだが、一致している」[29]と述べているが、「彼我一体」や「エントレインメント」の状況はこの両同調の一致の瞬間に相当すると考えていいだろう。同型同調によって予期した敵の動き（意）と、応答同調によってなそうとしている自分の動き（意）——敵の同型同調によって予期された自分の動き（意）でもある——が一致しているのである。

この「彼我一体」から生じた拮抗状況では勝とうとすれば負けてしまうが、勝とうとしなければ負けることもない。しかし、勝ちを目指さないのは、剣術の本質ではない。かといって、勝ちに執着するのも本来の姿ではない。この点から、ここで、剣術には二つの方向が開けていると考えられる。一つは、あくまでも勝負をつけようとする方向である。この場合剣士は顕在的な応答同調に打って出る。もう一つは、勝負を超越しようとするもの（両者引き分けにすることで拮抗状態を解くというもの）である。剣術を「放捨して別伝の高上に至」るというのは、このことと解釈される。彼我一体は、勝つためには克服すべき重大な障壁だが、引き分けをねらう場合にはそれ自体が目的に転化してしまう。

勝ちを求めずに勝負の超越に向かった典型が、夕雲流である。他の流派も、心を自由に働かせるために、勝負や生死への執着を捨て去るための心法をつくりあげていくが、それらはあくまでも勝ちを求める剣法であった。

彼我一体のままに勝負の超越に向かう——夕雲流「相ヌケ」

前述したように、夕雲流（無住心剣流）は「相討をもって至極」としていて、元来勝敗に執着しないものだった。勝負を忘れ、生死を顧みることなく敵に向かうことが基本とされる。「相討に安ずる者は、近浅容易の事に似たりと雖《いへども》、彼我一体万物平生の生死一路の見に処せざれば、則ち聊《いささか》も安んずべからず[30]」というように、相討ちを可能にするためには、彼我一体となって死ぬことも辞さない境地に立たなければならない。そうすれば、上手《じょうず》には相討ちとなり、下手《へた》には独り勝ちをする。相討ちの稽古を続けていくならば、上手にも独り勝ちできるようになるという。「当流の稽古初めより極意まで、赤子の心と所作とに本づきて修行す[31]」というように、思惟分別以前の「真我の我」「本来的自己」「本来の面目」、いうなれば生まれたばかりの赤ん坊のような心をもつに至れば、相討ちの恐怖心を払拭し勝負への執着を捨て去ることによって、逆に相討ちの勝ちをおさめることができるとされるのである。針ケ谷夕雲は、「人性天理の自然に安座し給ひ、一切の所作を破り、八面玲瓏《れいろう》・物外独立の真妙を得られたり[32]」と述べているが、兵法における所作・技（仕掛けや攻めのすべて）を捨てて単純化し、相討ちを主眼とするようになってから、他流をことごとく打ち破ることができるようになったという。

ここでいう相討ちとは、エントレインメントであり、同型同調による予期に基づいた応答同調が互いに一致したということにほかならない。したがって相討ちの末に勝つということは、エントレインメントを志向する一方で、敵に対する威圧によってそのエントレインメントをはずすことで勝ちを求めるということである。実力が上まわるか心理的優位にあるほうが、相手を引き込んだエントレインメントにしてしまうのである。

しかし、「相討ち」では、勝負を忘れるといいながらも、最終的には敵に勝利することを前提にしていて、勝負の念、つまりあわよくば勝てるという欲が残っている。これに対し、争うこと自体を放棄してしまうことを「相ヌケ」という。「互の気に相争ふものなき時は、あたるべきものなし、是を相ぬけとかゝれたり、争ふものあれば相討なり」[33]。ここでいう「相争う」や「争う」というのは、「対立する」ことであり、相討ちでは、彼我一体は対立を制するための手段だったが、「相ヌケ」では、それ自体が目的に転化してしまうのである。相討ちが互いにあたらないときが重ねられていくなかで、互いに傷ついて終わるより互いが無事に終わるほうを選ぶようになる。捨て身という対立が極まったところで、闘争心が消失して互いに武装解除になるのが、「相ヌケ」である。

ただ、この「相ヌケ」が成立するには、対立し合う両者の関係性が限定される。

弟子の修行年月をつみて、他流はいふに及ばず相弟子中にも不残自由三昧の勝をふるまうと云とも、師一人には勝つ事ならず、段々修行し年月を送る中に、師も又その一人に勝つ事ならぬやうに成られたる時、真実にしあひを師と弟子と仕て見るに、互いにあたらぬ時を相ぬけと云なり[34]。

「相ヌケ」は、夕雲流派内の師と弟子とのあいだでしか生じない。また、他流の者と引き分けたり、夕雲流の者同士が引き分けても「相ヌケ」とはいわないようである。これは、当該流派の技の型や極意の精神——天理の道を知り、聖に基づくこと——を会得した者同士だからこそ成立する、対立を超越した「同調」によって生じる「互いに当たらない」現象ととらえることができる。無住心剣流の祖・針ヶ谷夕雲とその弟子・小出切一雲《おだぎりいちうん》のあいだでは三度の相ヌケが実現しているが、一雲とその弟子・真里谷円四郎との間では、円四郎が二度勝利しているので、師弟でも相ヌケが成立しない場合もあるのだ。また「相ヌケ」は、同調しているせいでどちらも打ち出せない「寂然不動《じゃくねんふどう》」という引き分けの状態で終わることでもあるだろう。後で詳しく述べるが、山岡鉄舟と浅利又七郎の立ち合いも、これにあたる。夕雲が一雲と最後の「相ヌケ」をしたときは、夕雲が古希で一雲が三十三歳であったにもかかわらず、一雲は全く斬り込む隙を見いだせないままに終わっている。ただ「相ヌケ」の相手に関しては、夕雲が夕雲流相弟子の一人としていたのに対し、一雲は「国に聖人が増え、我流派外に聖人が現われたなら、相ヌケの相手は一人に限らなくなるだろう(35)」と限定していない。

すでに触れたように、無住心剣流は間合いまで寄っていって何も考えずに打つという稽古を基本にしている。一雲は、無住心剣流を空鈍《くうどん》流として受け継ぐが、その空鈍流も「術を習わせる方法は（略）すっすっと敵に近寄っていき、竹刀を頭上にあげて、しっかりと打ちおろすもので、他のわざを用いない(36)」というように、他の剣法諸流と比べるとかなり単純化された「柔和無拍子」打ちであったことも、この「相ヌケ」を継続的に可能にした大きな要因だったと思われる。こうした剣術なら、両者構えたままに動かずに武装解除となったり、また一撃をかわし合って剣を納めるというかたちで「相ヌケ」が成立していくのは、非常にわかりやすく納得がいくことである。また、彼我一体になることが目的ということから、もともと打ち合わないことが前提にされていたのではないだろうか。前林清和は、「相ヌケ」について「弟子が技を通じて流派の極意とするような高度な精神性を獲得したと師が感じた時にお互いが暗黙の了解により打ち合わない、ということ(37)」であると指摘する。この場合の「相ヌケ」は、弟子が修行して得た技や精神を、師と弟子との間の潜在的な二つの同調によって確認するものだったと考えることができる。ただ、円四郎が一雲に勝ち、「相ヌケ」が不成立だったことを考えると、「打ち合わない」のが鉄則だったわけではなかったと思われる。

相討ちが顕在的に動作となってあらわれたエントレインメントであるのに対し、「相ヌケ」は動作に至らないままの、あるいは動作をやめるという潜在的なレベルのエントレインメントである。

敵と和をなし敵をなくす──平常無敵流

備前岡山の山内甚五兵衛は八流派もの剣術を修めたが、それらを捨て、十七世紀半ば新たに平常無敵流を開いた。「天何ぞ天、我何ぞ我、同根一躰にして其性を一にす。天地無敵なる則は、我も亦無敵、是をもっての故に、我一道をなづけて、平常無敵と號《なづ》く(38)」。天地の「一息」すなわち本源を悟り、天地と人の本性は同じであり、一は万物に通じ合うことを知るならば、自分と対立する敵など存在しなくなるという認識が核になっている。「無敵の躰は広大にして、天地の万物を包括せると云が如し（略）何ぞ外に向て敵として戦ふべけん哉(39)」。無敵の剣術家は万物に通じ、万物を包括してしまうから、対立する敵などいないということだが、それでも敵は存在している。その矛盾を解消するために、対立しない戦い方をするのである。「無敵の平法は和を専にす。和なる物は能く順也。順成ものは能物応ず(40)」というように、無敵の剣術は、「和」をなすことによって戦いに臨む。すなわち「同型同調」を取り入れることで、敵の変化によく順応（応答同調）することができる。ここでは、「相ヌケ」の場合のように同型同調と応答同調が一致する「エントレインメント」や「合気」に至ることを避ける、あるいはそうした「合気」の状態をはずす。そして敵に対する潜在的な「同型同調」を完璧におこない、それに基づいて「応答同調」としての一撃を繰り出すのである。後述するが、敵に対するこの同型同調も「彼我一体」と呼ばれている。平常無敵流をはじめとして、心形刀流、天真正傳一刀流、無刀流の「彼我一体」は、これと同じものであるが、「合気」の彼我一体とは明確に区別される。

「無敵は是無我にして至る(41)」というように、無敵になる、すなわち敵と和をなすとは「同型同調」することであり、そのためには我を捨てて無念無想にならなければならない。そのため、曲尺（間合いの駆け引き）や構えなどの教えはない。彼我の隔てを捨てて立ち合えば、敵が「前後左右より打来ると言へ共恐れず我が心鏡をてらし、敵の心を移し取申候得ば、敵のなす所作皆我が心鏡に移し取り申候、我れ無我にして一念をおこさず、我心澄切たる水の如くにして、敵の胸奥をさっけん（察見）する時は、敵のなす所作を以前に知る也(42)」。同型同調することで、敵の動作を自分の心に鏡のように写し出すことができる。自分が無心で心の鏡が澄みきっているならば、敵の動きを予期できるので、前記のように敵の動きの変化に対応していくことができるのである。この流派では、こうした心（心鏡）をもって使う太刀を「真妙剣」と呼ぶ。例えば、敵の体に寄るときは、敵の所作が自分の心鏡に写るので、意識することなく敵の所作に対応することができるし、また敵が変化すればその変化に応じた対処ができる。それは、形に影が従うようであり、響きに声が応じるようなものだという[43]。真妙剣は、敵の動きにしたがって千変万化する「無敵無我」の究極の剣だといわれている。

平常無敵流の特徴をよくあらわすものとして、「浦之波」という理がある。「浦の波は寄てうつと云義なり。其心無我にして、物我の隔心を放て、敵によく寄ると云ふ義なり。寄されば不レ至[44]」といわれ、つまり敵の体に波のようにしっかりと寄れという教えである。敵との対立から生じる恐怖などの妄念を克服した「無敵」だからこその理である。平常無敵流は敵の動きに応じるのを第一義とするので敵が仕掛けてくるのを待たなければならないかというと、そうではないのである。待つというのでも仕掛けるというのでもないのだが、敵に向かっていく場合は、構えてでも手を下げてでも、敵の手元まですらすらと近づかなければならないという。近づいていくとたいてい敵は打ってくるが、万が一打ってこない場合は、すぐに押さえて打てばいい。敵によっては数度打ち合わせるうちに、伝授の手のうちも狂ってくる。このことと関連して、「先」をとることの意味がほかの流派とは違うと、平常無敵流は主張している。おおかたの流派では、「先」は所作の先だが、この流派では所作に至らないところでの先であって、敵の動作が起こるところを感知して、そこを押さえるというものである[45]。この「先」とは、柳生新陰流の「無形」の先々の先と共通するところがあり、平常無敵流独自のものとはいえないが、敵が太刀を起こそうとする瞬間に応じるという意味で、敵と和をなす戦い方とは整合している。

勝求めずして自然に勝つ――心形刀流

心形刀流《しんぎょうとうりゅう》は天和二年（一六八二年）に伊庭是水軒秀明が開始した。是水軒についての記録は非常に少なく、この流派の理や技法は自分自身「印可」を受け平戸藩主をも務めた松浦静山によって伝えられている。

静山の『心形刀流諸目録序弁解』によれば、徳には、智、忠、信などさまざまな徳があるが、剣術・槍術・柔術の徳には「妙徳」という武徳があるとされる。これは天が人に命じたものなので、剣術を用いる是非をわきまえなければならない。夜盗や押し込みなど、人を脅かし殺め財を奪うのに使用すると徳を失ってしまう。また、兵を集めて合戦をおこない多勢の人を殺害するのも同様である。妙徳が心中に「蔵有《おさめあ》る」ときは、勝負は生じないが、妙徳が「動発」すると、敵との対立が生じ、勝負がつけられなければならなくなるという。しかし、その際の勝ち方は、「此の勝我れ求めて勝ば、剣心に於て宜しき所に非ず。（略）勝てども求めて勝つに非ざるべし。敵対して若し勝つことあらば、是自然の者也と知るべし[46]」という。「求めて」勝つのではいけないのである。「難じて曰く。勝求めずして勝つ、之を自然と言ふ[47]」

では、「求めずして勝つ」とは、どういうことだろうか。それについては以下のようにある。「この求めずと言ふの勝は、心気充盈《じゅうえい》、敵を視る空きが若《ごと》し。其の充盈の気敵を蔽ふが故に、敵其の中に在って自から服す。然るとき則ち我勝を得る。これ勝つこと自然なる者也と謂へるなり[48]」。すなわち、心気がいっぱいに満ちて、敵を囲む空間のようになると、敵はひとりでにこちらに従うようになる。その結果勝つことが「自然に勝つ」ことにほかならないという。「求る所あれば、其の求める所に因て失する所あり。其の求る所を守て、失する所を取らるるときは、求める所利を得る可からず。攻らるる所禦り可からず。是即ち負と為る所以なり[49]」。自分から仕掛けていくと、その仕掛けていくところに応じて隙ができてしまい、そこを守りきれずに負けてしまう。そのため、求めていかなければ、負ける恐れはない。求めずして、勝つべき自然を待つというのである。

同書では、「勝つこと自然なる者也」を次のようにたとえている。「譬如三立則有レ影撃則有響電光石火現二於明鏡之妍媸《けんこう》一矣[50]」（立ち動けば、その動きとともに影が生じ、撃てばすぐに響きがある。「電光石火」のように迅速に物事が生じ、物事は「明鏡」に曇りなく鮮明に写し出される）。明鏡に写るとは、敵の「意」が予期されることであり、それは「彼我一体」すなわち敵への「同型同調」によってもたらされる。この予期は主体によって能動的になされるのではなく、「同調」によって自然にもたらされるので、明鏡に「写す」というより「写る」のである。「自然に」勝つのを待つのである。「この目録表する所の数箇の刀法を、修力と平生の初入より、今日まで年月を累ね、直養克く勤めて行けば、則り電光石火の機自然の勝を悟り得る者也[51]」。『心形刀流諸目録（弁解）』に書かれている四十二刀法と「目録許」の二十六刀法の修練を積んでいけば、電光石火のように自然に勝つ道理を知るようになるというのである。そこでは、「心休れば自由の場を踏んと欲せよ[52]」といわれる。敵対して心が動乱すると、守りも攻めもできない。自由とは、心の欲するところに従うものであり、心を休めればその自由を獲得できる。そうした自由にあってこそ自然に勝つことができるのである。

心形刀流の刀法だが、『諸目録』には、「口伝・諸流の刀法を采り集めたる者ゆへ、爾云ふ。就中、本心刀流・柳生流・一刀流の名目多しと也[53]」とある。「陽重劍、仕手相陽にて、敵の打つ処を、上へにかわり、敵の手の重なりたる処を、打也[54]」、「又丸橋別伝、仕手、丸橋に付け、敵打所の太刀に順て、敵の左の手を切る也[55]」などのように、自分から「求めない」つまり動作をおこさない刀法がほとんどである。敵が動かない場合の刀法は「中道志破記」によれば、「動かざるを、動かすの刀法也[56]」として、晴眼の構えで太刀を上下に揺り動かせながら游進していく（ゆらゆらと進んでいく）技が記されてある。「口伝の条[57]」には、敵の左右の手に向かい、敵との距離が詰まったところで敵が発撃してくる瞬間を打つとされている。

戦わずして人の鋭気を屈する——白井亨の天真正傳一刀流

備前岡山藩の藩士であった白井亨は、師・寺田宗有から「天真傳」の印可を得て、文政二年（一八一九年）に「天真正傳一刀流」を開いた。白井が求めたのは、年老いても衰えない剣術であった。白井は、備前から江戸に帰還して、かつて修行した中西流の先輩である寺田宗有と立ち合いをおこなっているが、当時白井三十五歳、寺田六十三歳であった。しかし寺田の気に圧倒され、白井の体は萎縮し、勝負にならなかった。これを機に、老いても一層高い境地に達する道があることを知った白井は寺田門下に入るが、妄念を払うためには「見性悟道のほかはない」といわれ、「灌水《かんすい》の法」すなわち水浴を指導される。白井は、五年間忠実に励んだが、結局神経衰弱になってしまう。そこで、白隠禅師の「練丹の法」に専念していくことで、見性（悟り）へと向かうことになる。錬丹法とは、腹式呼吸によって「元気」を臍下丹田に鎮めようとするものである。意志の力で自分の意志の一つである妄念を払うことは非常にむずかしい。前述のように妄念は「病」と呼ばれ、「病をさらんと一筋におもひかたまりたるも病なり」(58)というように、病気を克服しようと思うこと自体も病気を招くのである。そのため、錬丹の法では心によってではなく呼吸作用の調整によって妄念を払うのである。

この錬丹の法を修めると、「天真」の気を養うことができる。「天真」とは、「太極本然の一気」すなわち天地宇宙・万物の根源であり、人間は小宇宙として、気を通して、それに連なっているとされる。「主とする所は唯天真のみ、心體技の三の者、能く天に純なるときは（略）天我不二、元浄の位に通徹し、堕落身心、身心堕落の境界に入り、其気大虚に充満し、刺衛斬撃の間に在れども、人なき廣野に在るが如し、（略）学者此を欲せば錬丹自強し、真空赫機を凝し、目前に天真を得るの外他なし」(59)。「真空」や「赫機」を注ぎ込み、天真を得たなら、心身一如・無心状態になり、斬り合いの修羅場にあっても、無人の荒野にいるように、何も動じるようなことはないと説いているのである。

これは、敵愾心や競争心から脱した状態である。「兵法は敵を制するの技、英豪の士も、尚争競の気なき事能わざれども、此気僅かに存するときは、本然の勝を全くする事能はず」(60)。兵法は敵と対立し敵を制圧する技であるが、天真正傳一刀流では敵との対立をなくしてしまうことで、「本然の勝」をおさめることができるとしている。この「本然の勝」というのは、真空・赫機を技とし、敵を制することを算段としない勝ち方である。「此機を得るに至らば、何ぞ敵に対する事をせん」(61)と白井は論じている。では、真空と赫機とはどういうものなのだろうか。

白井は、「真空」について次のように述べる。「當流ノ真空ハ、天機、地機通フテ萬物ノ生ル空機、言語ニモ述難キ。真実ノ空ト云フ心ニテ、真空ト云フ。此空機ニ躯《く》心《しん》ヲ和シテ、其ノ空機ヲ一圓ニシテ敵ヲ包ム也」(62)。真空とは、天の気と地の気が通って万物が生じていく根源としての「空」の気である。同時に真空は、その気が丹田にたまってつくられた空の心でもある。空の心から空の気が周囲一円に発せられて敵を包み込んでしまうというのである。白井が初心者に教えた「六ツノ伝」には、覚えて修行すべき二つのものとして、前述の真空と「我が腹」（丹田）と赫機があげられ、忘れて捨てるべきものとして、敵の体（姿）と自分の体と自分が持っている剣があげられている。[63] 敵の体に気をつけて見留めると気はそこだけに留まってしまう。自分の体を意識すると肩や胸に気が凝集して体は固くなってしまい、天真を失ってしまう。自分の剣を意識すると、手がこわばってしまい、技の自然な発揮がかなわなくなってしまうというのである。敵の体も自分の体も自分の剣も忘れてしまって、「真空に和し」、その真空の気で「一円ニシテ敵ヲ包」み、自分の体は「虚体」となって「空ニ渉ル」のだという。練丹の法の修行によって、万物を生み出していく根源としての「空」の気に通じ、それを丹田に鎮めれば、その力で自己の妄念を振り払って敵を覆い包むことができるというのである。

この真空を得た虚体は「赫機」を放つことができるようになるという。白井は「兵法未知志留邊」のなかで「赫機」に「乃《の》毘《び》と訓す」[64]という注を付している。つまり、目で見ると同時に、気によって充実した丹田からその気が身体外へ敵へと「のびて」いくのであり、その「のびる」気が赫機なのである。「真空」と「赫機」の作用について白井はこう述べている。「赫機ハ先ツ太刀ノ先キニ赫機アルヲ云フ。敵ヨリ先ヘ何十町モ見越シテ遣フ長竿ヲ持タル心ニテ赫機ニテ敵ヲ破ル也。空ト赫機ハ一ツニシテ又二ツ也。空ノ細キ物又ハ空ノ少キ物赫機也」[65]。

真空と赫機はどちらも本質は天真の気であるが、形態が異なっている。真空の細いもの、あるいはその量が少ないものが赫機である。赫機は、剣の先にあって（白井は自分の剣先からは輪が出るのだとよくいっていた）、敵の向こう何十町にも届く長竿を持っているかのように、はるか先まで伸びていって敵を打ち破るという。「赫機ノ強クキクハ錬丹ノ腹気ノ強キ故太刀ノ先ヨリ何尺トモ先ヘキク也。赫機ノ修行ハ腹ガ元トニテ空ト敵ト一躯ニ見テ遥カ先ノ空ヘ刺撃ヲナス事尖一也」[66]。赫機が強ければ、その効力は剣の先から何尺も向こうにまで及ぶ。赫機を強くする修行は、丹田を鍛えるのが基本であり、敵を空間ごと把握したうえではるか向こうの空間まで貫くようにして敵に向かって赫機を放つことだけに集中するのである。

「赫機」は「肝肺を透徹する」とか「空へ刺撃をなす」というのだが、それは敵にどのようなダメージを与えることを意味しているのだろうか。この赫機について白井自身が「夫レ赫機ノ妙、銃弾ノ虚空ヲ飛ブガ如キ之機非レバ、何ヲ以テカ坐《いなが》ラ人ヲ制セン[67]」と述べているところからすると、それはすさまじい勢いで外界に放出されるもののようである。「赫機」は「長透貫」と「遠撃淵」という二術を形成する。長透貫は、雷が雲中を迸《はし》るように敵の肺肝を透過するものであり、後者は、電光が春風を斬るように敵の全身を裂いて破裂させるものだという。ただ、これらは、敵の身体の物理的な破壊をいっているのではなく、気による敵に対する「威圧」のすさまじさをあらわす比喩的表現だと考えられる。

　学者他に向て此二術の精緻を尽さば、鋒尖《ほさき》烈火破竹の威、豈《あ》に難からんや、此兵法は広大無量、如々《にょにょ》不動なるを術とす、故に敵我に対せんとすれば、為す事なけれども、八方に身を分って囲むが如く、敵の挙動に因て須臾《しゅゆ》に円転変化し、敵我を打んとすれば、我が形体は前にあれども、真空忽焉《こつえん》として敵の後に在て、其進退を遮蔽し、赫機敵の形体を縦横に透過するが故に、向ふ者は必ず破れ、觸る者は必ず砕《くだ》くれども、更に心気を役するに非ず[68]。

「長透貫」と「遠撃淵」の精緻を尽くせば、刀の先から烈火・破竹の威力を発することができると白井は述べている。この術は、心をきわめて広くもち不動に保てないと使うことができない。敵が自分に向かってきたら、八方に自分の「身」を分けて敵を囲い、敵の動きに応じて瞬く間に自在に変化し、敵が自分を打とうとしたら、自分の身体は敵の前にあるが、「真空」はたちまち敵の後ろに回り、敵の進退をはばむ。「敵の四方を遮蔽し、動揺を膠漆《こうしつ》し、桎梏の中に在らしむる[69]」。つまり真空は敵を取り囲み、動揺させ自由を奪ってしまうのである。赫機は、敵の身体を縦横無尽に通り抜けるので、向かってくる敵は必ず敗北し、触れてくる敵は必ず崩されてしまうという。要するに、「真空」が近くの敵を囲い威圧し、心理的に動揺させ、動きを拘束するのに対し、「赫機」は空間的に離れている敵に対しても剣の先から天真の気を縦横無尽に放つことで、敵がどのような動きをしようとも、威圧して押しとどめてしまうということだと考えられる。「神気凝然として宇宙に充実せしめ、之を以て敵の挙動を遮蔽し、赫機を発つて、敵の鋭気を挫き、正に変化至霊の活動を得る事能はずんば、此技を得るとする者にあらず」[70]（傍点は引用者）というように、「鋭気を挫く」という表現も、そのことをよく示している。

白井は、こうした真空と赫機による「すさまじい」と思われるほどの威圧による勝ち方を、「対立をなくした」「制するを算段しない」「本然の勝」としている。実際の身体の動きを伴った攻防をおこなわないという意味で、「対立」と「制圧」をなくしたということなのだろう。「白刃を天機に任して、更に臂力《ひりょく》を用ひず、空中無量に活動せしむる術[71]」とか「仕體屹然《きつぜん》たる事なく、技を赫機のなる者と真空の実なる者とに任じて、其技と兵刃とを忘る[72]」といった言葉からもわかるように、天真正傳一刀流が要とするのは、あくまでも真空・赫機による「空中無量の」すなわち空中を行き交う計り知れないほどの潜在的攻撃であって、顕在的な技の行使ではないのである。「敵の未発を貫き敵の機発を以て敵の事業を制す[73]」というように、敵が技を繰り出さないうちに決着をつけることを目指すのである。

天真正傳一刀流ではこの真空と赫機の飛翔が、柳生新陰流の「転」に象徴される「敵の動きに随った自由自在な転変」に当たる。「真空泰然として、敵の前面背後に定るときは、その兵刃の触る処、天光を発する事石火の如く敵の支体を衝鬆し、その挙動を包裹《ほうか》遮蔽し、その兵刃わが鋒尖の外、縦横上下に開け靡《なびき》て、行を妨る事あたはず[74]」（敵の前面背後を覆った真空に敵の刃が触れようものなら、電光石火に敵の身体に衝撃を与え、その敵の挙動を覆い包んでしまい、我が真空は自在に靡いて、技を妨げられるようなことはない）。「真空覆状となり、機に中つて敵の斬撃刺戮の挙動に触れば、赫機・神貫径《ただ》ちに競ひ起って、肺肝気息の間を電穿《でんせん》し、踵を旋《めぐ》らす事も得ざらしめ（略）[75]」（真空が覆ったところで、その真空の気が敵の攻撃の挙動を感知すると、赫機・神貫がただちに放たれて敵の肺肝や呼吸を貫いて、敵を引き返すこともできない状態に追いやることができる）。真空に続いて赫機の技をかけることで二重に敵の動きを封じ込めるのである。「赫機発出するに従って、その矩をこゆる事なく安くして、行ひ機に任すれば、勉めずして中せざる事なく（略）[76]」。赫機が発するままに行動すれば力を尽くそうとしなくても自然とうまくいくというのである。こうして「敵に随ひて」勝つことが可能になる。

こうした自在な転変は、必ず間違いなく展開されるものとされる。「天真の環中を得て無窮に感応する事槩《き》を盤上に環らすが如く、百回千回すると云へども、其環墨を失せさるが如きの神妙を具し、従容として神貫、敵の前面背後に的然たらしめ、赫機縦横に閃電し、通力自在を得れば也[77]」。天真の気が巡るようになれば、前述のように限りなく自在に感応することが可能になるという。そこには、盤上に規則をめぐらすように、百回千回おこなってもそのめぐらされた墨付け（目印）からはずれないような神妙さがあるが、それは、神貫が敵の前面・背後を固め、赫機が縦横に貫くことによって、自在な神通力を得られるからだというのである。

真空・赫機の威力は、他流と同じように「読み」や「予期」を伴っていると考えられる。真空を介して敵と一体化することで潜在的に「同型同調」し、それによる「予期」に基づいて赫機による自在な「応答同調」が可能になっていると考えられるのである。

天真正傳一刀流は、他の流派と比較すると、かなり攻撃的な剣法であるように思われる。真空を空間全体に発して敵を包み込むことで進退をはばみ、さらに、赫機をすさまじい勢いで放って威圧し、敵の動きを完膚なきまでに封じ込めてしまうのである。当流派の「彼我一体」は、このようにかなり攻撃的にみえるが、実際の身体の動きを伴った攻防をおこなうことなく戦いを済ませようとする平和的方策であるといえる。その意味で異彩を放つといえるのではないだろうか。

刀に依らずしてこゝろを以て心をうつ——山岡鉄舟の無刀流

「彼我一体」になる稽古を徹底的に推し進めていったのが、幕末・維新の剣豪、山岡鉄舟だった。山岡鉄舟は、江戸無血開城の立役者である。官軍の陣営に単身乗り込んで東征大総督参謀・西郷隆盛に徳川慶喜の恭順の意を伝え、江戸を戦火の危機から救い、主君慶喜への忠義を貫いた。維新後は、静岡県権大参事、茨城県参事、伊万里県権令を歴任した後、明治天皇の侍従を務めた。そうした功績の背景には武士、すなわち剣術家としての気概があったことはいうまでもない。彼はとにかく剣術の虫で、そのすごみから「鬼鉄」と恐れられた。鉄舟にとって転機となったのは、浅利又七郎との立ち合いに敗北したことだった。文久三年（一八六三年）に浅利の門下に入り修行を重ねたが、浅利の気合いに押され手も足も出ず、寝ても覚めても浅利の幻影がのしかかってくる。禅に入り、やっとその幻影を克服する。浅利との立ち合いでは相対したが刃を交えることなく浅利が竹刀を置いて面を外した。向き合っただけで相互の力がわかり武装を解いたということで、前述の「相ヌケ」に終わったのである。入門から十七年がたった明治十三年（一八八〇年）のことであり、そこで一刀流の無想剣の極意が浅利から鉄舟に伝えられた。さらにその五年後の明治十八年（一八八五年）に鉄舟は新たに「無刀流」を開いた。現代の剣道家にも鉄舟のファンは多いが、それは彼の「自我を抹殺した」無心の剣法だけでなく、西郷に「命もいらぬ、名もいらぬ、金もいらぬ男だ」と言われるほどの無私の人柄によるところも大きいのだろう。

「無刀トハ何ゾヤ、心ノ外ニ刀ナキナリ、敵ト相対スル時、刀ニ依ラズシテ心ヲ以テ心ヲ打ツ、是ヲ無刀ト謂フ。其ノ修行ハ刻苦工夫スレバ、譬ヘバ水ヲ飲ンデ冷煖《れいだん》自知スルガ如ク、他ノ手ヲ借ラズ自ラ発明スベシ[78]」（無刀流の「無刀」とは、敵と向かい合ったとき、刀に頼らず我が心で相手の心を圧することであり、それに至る修行は苦労を重ねながら工夫していかなければならないものであり、例えば自分自身が水を飲んで冷たいぬるいを感じ取るように、独力で進めていかなければならない）。

「無刀とは無心と云ふが如し、無心とは心をとゞめずと云ふことなり。心をとゞむれば敵あり、心をとゞめざれば敵なし。所謂孟軻子浩然の気は天地の間に塞と云ふは則無敵の至極なり[79]」（心で相手の心を圧するというのは、無心になることにほかならない。その無心とは、心をとどめないということであり、そのように無心になれば敵はいなくなる。孟子がいう「浩然の気」――とらわれのない、のびのびとした気持ち――に満たされれば、無敵の最高境地に至る）。

　本来、剣術とは敵との対決を本質とするのに、この無敵すなわち無心はどのようにしたら可能なのだろうか。鉄舟は、「前に敵なく後に我なくして、妙応無方、朕跡を留めず[80]」というように、自分があるから敵があるので、無心になって自分がなくなれば敵もなくなると説いている。無心・無敵になるということは彼我の対立をなくすこと、つまり「彼我一体」になるということである。「夫レ剣法正伝真ノ極意者、別ニ法ナシ、敵ノ好ム処ニ随ヒテ勝ヲ得ルニアリ。敵ノ好ム処トハ何ゾヤ、両刃相対スレバ必ズ敵ヲ打タント思フ念アラザル者ナシ、故ニ我ガ体ヲ総テ敵ニ任セ、敵ノ好ム処ニ来ルニ随ヒ勝ツヲ真正ノ勝ト云フ」[81]。要するに、敵を思うがままに動かせて自分はその動きに随うことで勝ちを得る。それは、筺《かたみ》のなかにある品物を取り出す際、まず蓋をとって細かにそのなかを見てから品物を取り出すのと同じだという。剣術でも敵の動きに対応しながら観察することが「真正ノ勝」につながることになる。これは意図的な仕掛けのない戦い方なので「自然ノ勝」とも呼ばれる。鉄舟は佚斎樗山の「猫の妙術」[82]を愛読していたという。そのなかで古猫がいう最強の猫の鼠の捕り方が無刀流の基本に据えられていると思われる。その猫は、自分を忘れ、物を忘れ、何のこだわりもなくなっていて、鼠を捕ろうなどとしないのだが、近辺には鼠は一匹もいなくなっているのである。打とうとするときには必ず隙が生じる。敵に主導権を渡しながらも、敵が打ってくるときに敵に生じる隙を打つのである。敵が打ってくるときに「打たれまい」という思いがわくと、反対に自分に隙ができてしまう。また、敵の隙を打とうとねらうと自分に隙が生じる。「敵に向かい、打たれじ打たんと思う」ことを鉄舟は「無明の妄念」と呼び、捨て去るべきだとする。そして、あらゆる思慮分別が作用しない「無心」の一打を放たなければならないと主張するのである。

　このことは簡単のように思えるが、実際は決してやさしいことではない。敵に思うがままにさせるためには、「我が体を総て敵に任せ」る、すなわち我が身を投げ出さなければならない。恐怖心などの妄念を断ち切った「無心」に至らなければできないことだ。前述の「心ノ外ニ刀ナキナリ。敵ト相対スル時、刀ニ依ラズシテ心ヲ以テ心ヲ打ツ」というのは、刀で打たないということではなく、こうした「無心」の状態で敵に対処するということだ。「無心」で立ち向かい、相手の心を打ち砕き戦わずして勝ったり、浅利又七郎との立ち合いで浅利が竹刀を置いたように「相ヌケ」で引き分けたりもするが、あくまでも心で圧倒し刀で決着をつけるのが、鉄舟の無刀流の究極的目標だった。そのことは、鉄舟の『無刀流剣術修業牒序文』にもあらわれている。

往古武者修行トイフモノアリ。塚原卜伝、伊藤一刀斎、宮本武蔵、各一流ノ祖、其他数人、流儀流儀ヲ以テ皆剣術諸国ニ修行スルハ、真剣木刀敵ノ臨ミニ応ジ試合ヲナス。是真ノ修行者ニシテ一剣下ニ命ヲ落ス者少カラズ。何故ニ如此事ヲ成ス、馬鹿馬鹿敷事ノ様ナレドモ、其道ニ入ルトキハ最モ面白キ場合アリ。一事業ヲナスモノ身命ヲヲシム時ハ、何事モ極所ニ至ル事ハ決而《けっして》ナキモノナリ。其他ハ僥倖ニシテ取ルニタラズ。予ガ無刀流ノ如キハ、先師教則ヲ不失、他流ト真ノ試合修行ニハ必ズ素面、刃引木刀ヲ用ユル事ト決定ス。諸剣客此意ニ応ジ、試合ヲ望ム人アラバ、尤モ歓喜ノ至リニ不耐ト云爾《のみ》。[83]

修行のために諸国をめぐり真剣での試合も厭わなかったいにしえの剣豪たちを回顧し、鉄舟はその身命を賭けて剣術の奥義を極めようとした志を失うことなく、他流との試合には必ず素面（面をつけない）で「刃引木刀」を用いることを提唱する。このことを理解したうえで試合を求めてくる剣客があれば、歓喜の至りだというのである。ただ、こうした他流試合は、入門から三年間は禁じられた。流儀の体を備えるのが妨げられるからだった。前掲の平常無敵流や心形刀流では敵と「和する」心法が本質として強調されたにもかかわらず、その「和する」ということ、すなわち「同調」を組み込んだ具体的な実践的技術についてはあまり発展がみられなかった。それとは対照的に、鉄舟は無刀流をあくまでも剣の技術に「同調」を取り入れて勝負を争う「競技文化」としてとらえていたことが、ここから推察される。鉄舟は、「余の剣法を学ぶは、偏に心胆錬磨の術を積み、心を明めて以て己れ亦天地と同根一体の理、果して釈然たるの境に到達せんとするにあるのみ」[84]、「勝負ヲ争ハズ、心ヲ澄シ胆ヲ練リ、自然ノ勝ヲ得ルヲ要ス」[85]と述べている。「心胆錬磨」の修行を究極まで推し進めていけば、勝負を意識しなくとも「自然の勝ち」がもたらされる。「勝負を争はず（略）自然の勝を得る」というのは、敵の意思にしたがったままに勝つということである。そのためには、恐怖の妄念を断ち切った「無心」に至らなければならない。その心胆錬磨の修行が以下に述べる「立ち切り」稽古だった。心胆錬磨に際してもあくまでも剣術に即した修練に主体を置いたという意味で、鉄舟の無刀流は日本の古武術の実践性を現代に伝えてくれる最後の流派だったといえよう。

「敵ノ好ム処ニ随ヒテ」というのは、先行する敵の動作にしたがって応答同調していくことである。その応答が遅れないためには、敵との潜在的な「同型同調」に基づくしっかりとした「読み」が必要である。それを完璧に遂行するには、身体が感応的に自在にはたらくようにしなくてはならず、そのために妄念から解放された無心の境地が必要だった。源了円は、「「無心」とは、「心」が無いと言う意味ではなく、「妄念」としての心のはたらき、すなわち捉われが全くなくなった状態の心のことであり、それは人間のもっているさまざまの潜在的可能性の相対的解放をもたらすものと言ってよい[86]」と述べている。無心とは、思考や感情としての心がなくなることであって、「身体感覚」としての心は極限まで研ぎ澄まされるのである。心と身体はこの「身体感覚」を通して統合されているといえる。身体感覚としての心は、「はたらきとしての身体」として身体の境界である皮膚の外に出て、敵との同型同調を通して敵の動きを予期することによって、応答同調を可能にしているのである。

鉄舟は、この無心を得るためにすさまじい稽古を展開した。それが「立ち切り」稽古である。第一期の「請願」(立ち切り)は、その請願日から一日も怠りなく三年間稽古を積めば、終日で二百面の試合をするというものである。例えば十人の者がそれぞれ二十回ずつ代わる代わるに打ち込んでいく。第二期の請願は、その後数年の稽古を積み、三日間で六百面の試合をする。第三期の請願は、さらに数年の稽古を積み、七日間で千四百面の試合をする。これを達成すれば、目録皆伝の印可を受け、青垂(垂とは胴の下につける防具のこと)の稽古道具一式が授与される。この立ち切り稽古は、「技術の進歩をはかるのが目的ではなく、むしろ身心を打失して無我になり、至誠一片になる、つまり鉄舟のいわゆる無の心刀を磨くのが主眼とされている[87]」。これは現在も、部分的にではあるが各地で継承されている。警視庁では、警視庁武道館が竣工した昭和三十九年(一九六四年)から、毎年三月に、一日二時間ずつ七日間にわたり立ち切り稽古をおこなっている。「剣道日本」一九八六年四月号は「立ち切りで鍛える」という特集を組んでいる[88]。静岡県の剣道養心館が主催する立ち切り稽古では、三分交替で十人が元立ちに六回ずつかかっていくという形式がとられ、勝敗は決しない。茨城県の勝田若葉会や秋田県の湯沢雄勝剣道連盟が主催するものでは、三十三人が試合形式で一回ずつ対戦していき、勝敗がつけられる。一試合五分で計百六十五分となるが、交替時間を入れるとこれも約三時間になる。元立ちによれば、「動作が鈍くなっていくなかで（略）相手の動き、周囲の状況が手にとるように分かってきた」（静岡）、「相手の動きに合わせることに気を配ったためか、それ以来攻めるべき好機を的確につかむことができるようになった」（静岡）、「相手の動きが非常によく見えるようになった」（静岡）、「相手の起こりが非常によく見えるようになり、合わせて打つことがうまくできるようになった」（静岡）、「疲れてくると、打たれるのでは、という怖さがなくなり、楽にスムースに技が出せるようになった」（秋田）、「ムダな動きがなくなり、相手と和していくような状態になった」[89]（秋田）というように、無心で相手の動きに合わせて打つことができるようになったという効果を指摘している。また、山形県の左沢高校が一時間二十分の立ち切り稽古をおこなっていて、監督は「立ち切りは、なかなか自分のペースでできません。いろいろな剣風の相手に応じる必要があります。だから、相手の動きにあわせた技、つまり相打ちに強くなったようです。無我夢中でやっているうちに自然な無理のない技を出せるようになったのでしょう」[90]とコメントしている。「剣道日本」二〇〇〇年四月号が前掲の湯沢雄勝剣道連盟の立ち切り稽古を特集した記事[91]（この年から女子の二時間立ち切り稽古が開始した）には、「（立ち切りへの）覚悟によって生まれた気持ちの充実が、自身の全日本選手権優勝につながった」、「どんなタイプにも対応できるようになることこそ、立ち切りの本当の良さと言えるかもしれません。その年に昇段試験を受けた人はみんな合格しています。ここで培われた対応力が成績に結びついているのではないでしょうか」、「見えてくるから自信を持って〝捨てた打ち〟が出せるんです」、「相手が見えてきた（略）『あっ、小手に来る』という見え方でなく、自然と体が反応したという感じでした」[92]などの元立ちの感想が載っている。

元立ちは剣道家として「立ち切り」に関する予備知識があるので、敵に追随することがどんな効果をもたらすかをわかったうえでこうした感想を述べているという面もあるだろうが、それを差し引いても疲労困憊がもたらす無心が、同調を通してもたらされる予期とそれに応じた反応を鋭敏にするという論理には、一定の信憑性があることが確認されるといえよう。

注

(1) 小林英雄「三範士の試合分析」、スキージャーナル編「剣道日本」二〇〇六年一月号、スキージャーナル、四八ページ
(2) 隈元實道『武道教範』武揚館、一八九五年、渡辺一郎編『史料 明治武道史』所収、新人物往来社、一九七一年、二〇五、二五五ページ
(3) 小関教政『剣道要覧』大日本武徳会山形県支部、一九一〇年、四六―四七ページ
(4) 河合昇道『剣道修業秘法』帝国尚武会、一九一六年、中村民雄編著『史料 近代剣道史』所収、島津書房、一九八五年、二三一―二三二ページ
(5) 岡憲次郎『事理相忘』郁文館学園剣道部遊於道会、二〇〇二年、五二―五三ページ
(6) 笹森順造『一刀流極意 新装版』体育とスポーツ出版社、二〇一三年、四二九ページ
(7) 前掲『国民武道講話』一一七ページ
(8) 石垣安造『直心影流極意伝開』島津書房、二〇〇一年、二七ページ
(9) 平林滋正相「理学抄 芸術万病円」、山田次朗吉『剣道叢書』(「山田次朗吉剣道著作集」第三巻)所収、一橋剣友会、一九七六年、八六―八七ページ
(10) 小出切一雲「夕雲流剣術書」、前掲『剣術諸流心法論集』上所収、三三ページ
(11) 同史料四四ページ
(12) 同史料四二ページ
(13) 光永平章「雲弘流執行之巻」一七八六年、前掲『剣術諸流心法論集』上所収、一八〇ページ

(14) 武藤厳男／宇野東風／古城貞吉編『肥後文献叢書』別巻第一巻、歴史図書社、一九七一年、七四ページ
(15) 上野広『草深甚四郎――撃剣深甚流祖』北国新聞社、一九八九年、一一六ページ
(16) 同書一一六ページ
(17) 観世寿夫『観世寿夫著作集2 仮面の演技』平凡社、一九八一年、一四九ページ
(18) 上泉伊勢守秀綱「影目録」一五六六年、柳生厳長『正伝・新陰流』所収、島津書房、二〇一〇年、二五二ページ
(19) 長岡桃嶺「長岡房成兵法論」、今村嘉雄編『史料 柳生新陰流』下所収、新人物往来社、一九九五年、二四〇―二四一ページ
(20) 柳生延春『柳生新陰流道眼』島津書房、一九九六年、二三―二九七ページ
(21) 柳生三厳「胐問集」、前掲『史料 柳生新陰流』下所収、八三ページ
(22) 前掲『兵法家伝書』八七ページ
(23) 柳生三厳「月之抄」一六四二年、前掲『史料 柳生新陰流』下所収、二一ページ
(24) 前掲『兵法家伝書』六五ページ
(25) 前掲『柳生新陰流道眼』二六〇ページ
(26) 前掲「月之抄」四〇ページ、『外伝別書』については、前掲『柳生新陰流道眼』二六二ページから引用。
(27) 阿部鎮『歌伝剣道の極意』土屋書店、一九六五年、二六六ページ
(28) 古藤田彌平衛「一刀齋先生剣法書」一六六四年、今村嘉雄編『剣術』第二巻（「日本武道大系」第二巻）所収、同朋社、一九八二年、二六八―二六九ページ
(29) 前掲『精神としての身体』一〇七ページ
(30) 小出切一雲「天真獨露」一六八六年、前掲『剣術諸流心法論集』上所収、七五ページ
(31) 前掲「夕雲流剣術書」四〇ページ
(32) 前掲「天真獨露」九七ページ
(33) 同史料九二ページ
(34) 前掲「夕雲流剣術書」四七ページ

(35) 前掲「天真獨露」九二ページ
(36) 源徳修「撃剣叢談」一八四三年、国書刊行会編『武術叢書』(国書刊行会刊行書)所収、国書刊行会、一九一五年、一九九ページ
(37) 前林清和「わが国における伝統的人間形成論(3) 夕雲流における「道」と「心」を中心に」、神戸学院大学人文学部編「人文学部紀要」第十八号、神戸学院大学人文学部、一九九九年、三一ページ
(38) 山内甚五兵衛「平常無敵書」一六六三年、今村嘉雄編『剣術』第三巻(「日本武道大系」第三巻)所収、同朋出版、一九八二年、三七四ページ
(39) 同史料三七五ページ
(40) 筆者不詳「亦或人此書授之」、一六六五年、前掲『剣術』第三巻所収、三八五ページ
(41) 同史料三八四ページ
(42) 筆者不詳「無敵流剣術教導問答」、執筆年不詳、筑波大学武道文化研究会『剣術諸流心法論集』下(「武道伝書集成」第三集)所収、筑波大学武道文化研究会、一九八九年、五三ページ
(43) 筆者不詳「無敵流目録」、執筆年不詳、前掲『剣術』第三巻所収、四〇三ページ
(44) 同史料三九四ページ
(45) 前掲「無敵流剣術教導問答」五七―五八ページ
(46) 松浦静山「心形刀流諸目録序弁解」、今村嘉雄/小笠原清信/岸野雄三編『剣術』第一巻(「日本武道全集」第一巻)所収、人物往来社、一九六六年、三五二ページ
(47) 同史料三五二―三五三ページ
(48) 同史料三五三ページ
(49) 同史料三五三ページ
(50) 同史料三五三ページ
(51) 同史料三六〇ページ
(52) 同史料三六一ページ

(53) 松浦静山「心形刀流諸目録（弁解）」、前掲『剣術』第一巻所収、三六二ページ
(54) 同史料三六四ページ
(55) 同史料三六三ページ
(56) 同史料三六六ページ
(57) 同史料三六六ページ
(58) 前掲『兵法家伝書』五一ページ
(59) 白井義謙述（白井亨。義謙は諱《いみな》）「兵法未知志留邊」一八三四年、前掲『剣術諸流心法論集』下所収、一一七―一一八ページ
(60) 同史料一二八ページ
(61) 白井義謙述、吉田有恒写、「兵法至途宇乃千利」、執筆年不詳、前掲『剣術諸流心法論集』下所収、一七八ページ
(62) 白井義謙述、吉田有恒手写『天真白井流兵法譬咄ノ留』（一八四六年）、ページなし、富山県立図書館蔵
(63) 白井義謙述、吉田有恒手写『天真傳一刀流兵法』一八三二年、ページなし、富山県立図書館蔵
(64) 前掲「兵法未知志留邊」九六ページ
(65) 前掲『天真白井流兵法譬咄ノ留』ページなし
(66) 前掲『天真傳一刀流兵法』ページなし
(67) 白井義謙述、吉田有恒写、「兵法未知志留邊拾遺」、一八五四年、前掲『剣術諸流心法論集』下所収、一五九ページ
(68) 同史料一七〇ページ
(69) 前掲「兵法至途宇乃千利」二〇七―二〇八ページ
(70) 前掲「兵法未知志留邊」一一九ページ
(71) 前掲「兵法未知志留邊拾遺」一七三ページ
(72) 前掲「兵法未知志留邊」一四五ページ
(73) 同史料一四五ページ
(74) 前掲「兵法至途宇乃千利」二〇六ページ

(75) 同史料二〇六ページ
(76) 同史料二〇二ページ
(77) 同史料二〇三ページ
(78) 山岡鉄舟「無刀流剣術大意」、大森曹玄『山岡鉄舟』所収、春秋社、一九八三年、二四八ページ
(79) 山岡鉄舟「無刀流と称するの説」一八八五年、峯房一『一刀正伝無刀流剣道教典』所収、修文館、一九三四年、一二〇ページ
(80) 山岡鉄舟「剣術の流名を無刀流と称する譯書」、大倉精神文化研究所編『行の教育 資料篇』所収、三省堂、一九四〇年、一〇一ページ
(81) 山岡鉄舟「剣法真偽辨」一八八二年、前掲『山岡鉄舟』所収、二三〇ページ
(82) 佚斎樗山「猫の妙術」『天狗芸術論・猫の妙術 全訳注』石井邦夫訳注(講談社学術文庫)、講談社、二〇一四年
(83) 山岡鉄舟「無刀流剣術修業牒序文」一八八五年、前掲『山岡鉄舟』二四八—二四九ページ
(84) 山岡鉄舟「修心要領」一八五八年、葛生能久編『高士山岡鉄舟』所収、黒竜会出版部、一九二九年、二五—二六ページ
(85) 前掲「兵法至途宇乃千利」二四八ページ
(86) 源了円『型』(「叢書・身体の思想」第二巻)、創文社、一九八九年、二八四ページ
(87) 浅野サタ子『史談無刀流——山岡鉄舟と弟子元治郎』宝文館出版、一九七〇年、一〇六ページ
(88) 「特集 立ち切りで鍛える」、スキージャーナル編「剣道日本」一九八六年四月号、スキージャーナル、二二—四二ページ
(89) 同記事三二—三四ページ
(90) 同記事四二ページ
(91) 「特集　鍛える　立ち切りの絶対効果」、スキージャーナル編「剣道日本」二〇〇〇年四月号、スキージャーナル、二六—三〇ページ
(92) 同記事三〇ページ

第3章

「水月移写」にみられる身体感覚の二重性
——同型同調から応答同調への転換

江戸時代にさまざまな流派に分派していった剣術は、すべてが実際に生死を賭した戦いに使うために発展していったわけではないが、生死の場を前提にした技術であったことは確かである。だからこそ剣術は「必勝」を目指す技術であり、現実には不可能にしても、自らの心身の作用をすべて活用して勝つ可能性を最大限にまで高める技術でなければならなかった。

そのための方策が、「同調」という要素を取り入れることだった。そこから、二重の身体感覚をもつ必要が生じてきたのだと思われる。本章では、身体感覚のこの二重性に注目して、同型同調から応答同調への転換のメカニズムを探っていきたい。

1　「懸待」が示す身体感覚の二重性

剣術には、敵との駆け引きの根本的な原理として「懸待《けんたい》」というものがある。「懸」とは、自分から積極的に仕掛けていこうとする姿勢であり、「待」は、敵が仕掛けてくるのを慎重に待つ姿勢である。「待」は、敵の動きに合わせること、すなわち同調に必要とされる姿勢であり、「懸」は、先んじて競争を仕掛ける姿勢である。柳生新陰流は、この「懸」と「待」を「身体と太刀」のあいだで、また「心と身」のあいだで使い分けることを強調している。「身体と太刀」のあいだの使い分けでは「一、身と太刀とに懸待の道理ある事、身をば敵にちかくふりかけて懸になし、太刀をば待になして、身足手にて敵の先をおびき出して、敵に先をさせて勝つ也。ここを以て、身足は懸に、太刀は待也。身足を懸にするは、敵に先をさせむ為也[1]」とあるように、厳密には「身体と太刀」による区別ではなく、太刀を使う手とそれ以外の身体部分との区別が問われている。太刀を持った手以外の身体部分すなわち「身足」は「懸」に、太刀を持った「手」は「待」にというように、身体の部分ごとに異なった姿勢、すなわち身体感覚がわりふられているのに気づくのである。「身足」という身体部分を攻撃に向けた身体感覚にすることで敵を誘い、敵がそれに乗って攻撃をしかけてきた瞬間に「待」にしていた手の作用を発動させることで勝つのである（引用の前半で、「身足手にて敵の先をおびき出して」というように、「手」も「懸」にするように書かれているが、それでは太刀を握り太刀を「待」にしておく身体感覚の担い手がなくなってしまう。太刀を握る手を「待」にしておくべきは、次の「心と身とに懸待ある事」において明証されよう）。このように一つの身体のなかに異なった二つの身体感覚が分有される場合、それらを統合するコントロールタワーが必要であるが、それは、「待」の身体部位が引き受けることになる。

「心と身体」のあいだの使い分けについては、「一、心と身とに懸待ある事、心をば待に、身をば懸にすべし。なぜになれば、心が懸なれば、はしり過ぎて悪しき程に、心をばひかへて待に持ちて、身を懸にして、敵に先をさせて勝つべき也。心が懸なれば、人をまづきらんとして負をとる也。又の儀には、心を懸に、身を待にとも心得る也。なぜになれば、心は油断無くはたらかして、心を懸にして、太刀をば待にして、人に先をさするの心也[2]」とある。心と身体のどちらであれ、懸にしたほう（心・身）によって敵に起こりを生じさせることができれば勝つことができるということである。この場合、心と身はどのように区別されるのだろうか。初歩の状態あるいは修行が進んでいない状況では、心によって意識的に身体を動かすので、心と身の区別はむしろしやすいが、熟練の境地では、「心身一如」で「無心」であり、心と身体の区別は消え去っている。「無心」になるというが、心が全くなってしまうのではない。心に固有の作用は、「思考」や「情動」であり、それらが剣術にとっては「病」を生み出すものにほかならない。無心とは、それらが消え去った状態だが、しかし身体感覚は残っている。身体感覚は、自分の身体についての意識であり、広い意味で「心の状態」の一つにほかならない。身体感覚は、具体的には、自分の手足や内臓の状態についての意識であり、触覚・温覚・冷覚や運動感覚を含む脊髄神経系の内部知覚である「体性感覚」である。「無心」の状態では、身体感覚以外の意識は消失するが、身体感覚はむしろ非常に研ぎ澄まされたものとして存在する。そして、この身体感覚は、心と身体が出合うところであり、両者が統合されたものである。したがって「心と身に懸待あること」とは、身体感覚が二重のものとして「懸」と「待」として使い分けられているものと考えられる。また、「風水の音をきくこと」で「心身足をば、懸に手をば待にする事簡要也[3]」とも書かれているが、ここにおいては「心」と「身」と「足」をまとめて「懸」にし、残りの身体部位である手を「待」にするというように、「心」と「身体」が別種のものに扱われておらず、同じ「懸」の身体感覚の状態をもつものとされる一方で、太刀を握る「手」という身体部位には「待」の身体感覚がわりふられているのである。こうした意味でも心と身体の区別を超えた身体感覚の二重性に注目することが重要と考えられる。身体感覚のうちの一方は、実際の（生理学的）身体を拠点に生じるものであり、身体感覚の他方は他所へ移した心を拠点に生じるものである。市川浩は、「主体としての身体」は生理学的身体の限界である皮膚の表面を超え出ていき、その拡大した身体のなかに自分の感覚を備えているとする。そして、それは「はたらきとしての身体」ともいうべきものであり、拡大していった先で、対象を「素描し、かつそれに応答する[4]」。この文脈では「はたらきとしての身体」は、まさに「懸」となって外界の敵と潜在的に交互作用する「身体感覚」としてとらえることができる。ただ、「待」となった生理学的身体にも身体感覚がとどまっていて、「懸」となって出ていった身体感覚と拮抗することもあるが、こうしたとどまる身体感覚が存在しないと、敵からの「懸」に対応することができないのである。夕雲流では、「形を静にしてこなたに置、気は眼に任せて庭中の松枝を見れば、自然と気はあなたに移り[5]」といわれる。「身体」は静かにここに置いたまま、目を庭の松枝に向けると、気は自然と彼方に移っていってしまうというのである。自己はみずからを身体感覚としてはこちらとあちらに二重に存在させることができる。ここでいう「気」とは、心としての身体感覚ととらえられる。

こうした、いわば身体感覚の「転移」といえるものについては、大阪大学と国際電気通信基礎技術研究所がおこなった一連の共同研究がある。(6) それ以前にも、「ラバーハンド錯覚」というものがあることは知られていた。机の上に置かれたラバーハンド（偽の手）だけが視界にある状態で、実験参加者の腕とその偽の手を同時になでる試行を繰り返していると、偽の手がなでられるのを見るだけで、自分の腕に触れられていると錯覚するようになる。これは、偽の手という対象と同じ触覚的刺激を受けることを通して生じた「身体感覚の転移」だが、渡辺哲矢らは、そうした触覚的刺激を媒介としない転移に関する研究事例は少なく、特に対象物の「遠隔操作」による転移に関する報告はないことに注目し、アンドロイドロボット（ジェミノイドと略称）を遠隔操作することによって、操作者の身体感覚がアンドロイドに転移するかどうかを実験的に明らかにしたのである。具体的には、遠隔操作中のジェミノイドの身体に刺激が与えられると、操作者はそれを自分の刺激として感じるかどうかを探る実験である。実験参加者（操作者）の腕の動きによってジェミノイドの腕を操作し、その様子を実験参加者が観察する。その際、①操作者の動きに、ジェミノイドは遅延なく追随して動作する（Sync 条件）、②操作者の動きに、ジェミノイドは一定の遅延を伴って追随する（Delay 条件）、③操作者の動きにかかわらず、ジェミノイドは全く動かない（Still 条件）という三パターンを設定した。その後、ジェミノイドの腕に対して、痛みを伴う刺激をもたらすと感じられるような行為をおこなう。一つは、小指を反り返らせる（「指曲げ」）、もう一つは手の甲に「注射」をおこなうというものである。実験参加者は「主観評価」（「全く感じなかった」から「とても強く感じた」までの七段階）をおこない、「皮膚コンダクタンス反応」（SCR : Skin Conductance Response）を調べられた。皮膚コンダクタンス反応というのは、皮膚電気活動といって皮膚上での電気の流れやすさを測定するものである。精神的に緊張すると人は手に汗をかくが、すると電気流量が増加し電気が流れやすくなる。実験参加者が痛みを感じたかどうかを、この電気的変化で客観的に判断したのである。「注射」刺激が与えられた場合に、「主観的評価」と

「ＳＣＲ」はともに、Sync条件とStill条件のあいだで、有意差が確認された。自分の動きにジェミノイドの動きが「同調」している様を操作者が観察した場合、すなわちその「同調」を操作者が視覚的にフィードバックした場合、操作者はジェミノイドへの刺激（注射）を自分への刺激として感じるのである。つまり身体感覚の転移がなされたことになる。本書の文脈でいえば、操作者はこの視覚的フィードバックで自分の身体感覚をジェミノイドに「潜在的」に「同調」させ、「素描」し「なぞって」いるのである。ただし、剣術では、相手の同調を伴わない〝Still条件〟下でもこのような身体感覚の転移が可能であることが語られるのである。

前章までの議論を振り返ると、「捨て身」の場合は、「相討ち」という同型同調を志向しながらも、その同調をわずかにはずしながら応答同調へ向かう感覚があり、「随ひて勝つ」の場合は、敵の動きに従いながらも、同時に攻撃へと構えている身体があり、「彼我一体」の場合は、敵と非分離になった身体感覚と、分離しようとする感覚が潜在的に交錯し一致していた。いずれの場合も、「同調」する身体の感覚と「競争」する身体の感覚といった二重性をうかがうことができる。以下、こうした身体感覚の二重性について、柳生新陰流を中心に詳しく考察することにしよう。

2　「水月移写」における放心作用と身体感覚の二重性

剣術の「水月移写」についてはすでに第1章でも述べたが、ここではこれをさらに深く考察してみよう。自分から仕掛けて敵が応じてくるところにしたがって撃つことを、前章では、「先々の先」として取り上げた。これは「有形」の先々の先であるが、それに対し「無形」の先々の先には、既述の「捧心」や「手字種裏剣」のように、まだ動きとなってあらわれていない未発の心の動きといったものを潜在的な心の作用でとらえようとする「読み」が関与している。「気配」すなわち「まさに発動しようとしている気」をとらえ、敵の手が動くか動かないかの瞬間をとらえて撃つのだが、これを可能にする身体の潜在的作用がこの「水月移写」なのである。「移とは、月の水に移るがごとし。是を捧心の位と云。着くの事也。写とは、水の月を移すが如し。是を残心の位と云。離るの事也。理を以て是を示す時は、水月の伝授と云事にて、是を伝ふる時は、移写と云也[7]」。「移」というのは、月が水面に移動していくように、敵の心に自分の心を着けることである。これは「捧心」といって、心が物に着くという意味であり、柳生新陰流でいう前述の「敵の心の起こりを予期する」こととは異なっている。「写」というのは、水が月を写すように、敵の心を自分の心に写し出すことである（「映」ではなく、原文の意を尊重して、以下「写」を使用する）。これは「残心」といって、敵の心に密着していた自分の心を敵から離して戻すという意である。この一連の作用が「水月の伝授」といわれているが、「写」のほうが「明鏡止水」として一般的に知られている。一刀流の正統的伝承者である笹森順三は、「月が清く静かで心が明鏡止水のようであると、相手の姿やそのたくらみは月の光のなかの斑点も悉く見えるように手に取るように写るものである。わが心に写ると手に写り手から刀に写り、相手の隙を一刀のもとに制することができる[8]」と述べている。反対に、心が無心でなく澄んでもいず、濁って波立ち騒いでいると、敵の状態は写ったとしてもはっきりとはとらえられない。そのため、「残心」は、敵に着いた自分の心を戻すだけでなく、自分の心が敵に着くことによって生じた敵の「起こり」をも同時に写し出すものであり、「攻め」に向かうための重要なレディネス（準備）を内包したものである。「理を以て守る所を移と云、事を以て攻るを写と云なり[9]」というように、「写」が「攻め」であり、「移」が「守り」とされている。現代の剣道では、心気を相手にぶつけ相手を威圧する「移」が「攻め」を形成しているが、それとは逆になっている。

また、「水月に遠近の差別なし。若し遠近を攻んと欲する者は、却而《かえって》移を失す。（略）心は水月之不変に至り、事は敵に因て捧残の宜しきを用ふる時は、不勝と云事なし。月無心にして水に移り、水無心にして月を写す[10]」とあるように、間合いの遠近によって勝負をしようとする者は、「移」の技術を使えなくなる。心は、間合いの遠近などとは無関係に、水月の関係で敵に近づくことができるのである。「移」をなす「捧心」と「写」をなす「残心」は、間合いの理を超越した高度な技であり、その二つを敵に応じて自在に使いこなせと教えているのである。「始終不捨書」には「前ニテ勝位」と記されている。[11]「前」というのは「水月前」、すなわち一足一刀の截相の間合いの前であり、その間合いに至らなくても勝てる境地があるということを示している。
「水月移写」は、自分と敵とのあいだの心の往還作用にほかならない。それは、心気を放ちながらも、その半面自分のなかに心気を残すという点で興味深い。宮本武蔵の「兵法三十五箇条」の「残心放心の事」には次のようにある。

　残心放心は事により時にしたがふ物也。我太刀を取て、常は意のこころをはなち、心のこころをのこす物也。又敵を慥に打時は、心のこころをはなち、意のこころを残す。残心放心の見立、いろいろ在物也。能々吟味すべし。[12]

通常は――すなわち駆け引きの段階では――、「意」のこころを放ち、「心」のこころを残すが、ここぞというところで敵を打つときは、「心」のこころを放ち、「意」のこころを残すということである。こころは、「心」と「意」という二重性をもつものとしてとらえられている。
　長谷川弘一は、この放つ心と残す心の二重性に注目している。以下、長谷川の議論を参考に、資料を引きながら「同型同調による予期のメカニズム」に関する考察をおこなうことにしよう。長谷川は、「柳生宗矩兵法答書集」から次の部分を引用して論じている。

　大形此心は、いづれの習にても我に置な、皆敵にあるぞ、神妙剣は我にある習なれども、至りてはわが神妙剣をはなれて、敵の心をとりひしぐ位、放心にて候、はなつ心をしらざれば、自由は一ツもあるまじく候。[13]

「神妙剣」は本来自分のなかにあるはたらきだが、心はその神妙剣の座を離れて敵の心を「取り拉《ひし》ぐ」（押し潰す）ほどの強さで放たれなければ、自由に戦いを進めることができない、としている。この「取り拉ぐ」というのは、「天真伝一刀流」の「赫気」に通じていると考えられる。しかし、一方でこの「答書集」は以下のようにも述べている。

心をうつすに、心をあまり先へ入れんとする事悪し、此方にてよく思ひたる所、則心を入たる義也、先を打にも、敵のうごきを打にも、後太刀を打にも、此方にも能《よく》おもひたる所、則先也、其心持にては、敵へ心とれず、我が心ははつきとして、何やうにてもすたらざるもの也。(14)

長谷川は、この部分に関して、自分の心は「ははつき（母月）」として元の場所にとどめておき、放つ心（いわば子月）はあまり先に入れないようにすることで、敵に自分の心を取り込まれないようにするということだと解釈している。(15) 放った心気が敵を押し潰す一方で、その心気が放たれた元の場所、すなわち「母月」に心気を注いでいることが肝要だとされていることを指摘している。

つまり、ここでは「子月」の移し方の「強度」が問題になっているのである。これには、長谷川が指摘する以上の多様性がある。柳生延春は尾張柳生の祖である利厳が印した「始終不捨書」についての解説のなかで、「心を移す」習いには、その仕掛けすなわち「懸」の心持ちに、剛・柔・強・弱の勢位と緩・急の節機があり、精神的には強く相手に圧力をかけながら、同時に臨機応変に対応する柔軟さが必要だとしている。(16) また、「スクムルトウゴカシテ勝位ナリ。スクムルハ悪シ。ハタラカシテ勝ツガ好シ」(17) とも書かれている。強く心を移して敵に打ち出させないようにするのが「スクムル」であり、敵に打ち出させて勝つのが「ハタラカシテ勝ツ」である。前者が殺人刀、後者が活人剣であり、どちらもなくてはならないものである。争わずに勝つ活人剣のほうが上ではあるが、勝負は厳しいものだから、状況によって両者を使い分けることが重要とされている。そのため、「強く仕懸け打たんとす。その勢に恐れ受けんとす」(18)（「外伝註」）というように敵を「とりひしぐ」ほどの強い放心作用も必要とされる一方で、宗矩が「水月の心持、移す事、第一拍子、亦乗る、移る、思入る事。何れも立合の以前に定める儀なり。同じく、静かにして乗る心持也。先々、薄氷をふむ心持」[19]というように、静かに用心深く移る放心作用や、また「さきさきと思はず、ひかえてうつる心よし。ひかへてしまる所よければ、弥々西江水よき也」[20]というような、柔らかい「移」も重んじられているのである。

「新陰流兵法截相口伝書注解」で柳生厳長も、「蹴り立てて勝つ」[21]ことを強調している。以前は自分自身を「水」にして、もっぱら敵の「風」に連れ従って動くのを旨としていたが、初心者は敵の動きを写し取ろうとしすぎて敵に「著《つ》いて」しまい、逆に敵の支配を受けて自分を失い敗れてしまうこともあるので、「蹴たてて勝つ」という強い作用を推奨しているのである。

この強くであれ弱くであれ、「移した」心を敵に「着す」つまり執着させることは戒められるのである。長谷川は、「心と云物歟《か》意と云物歟」から次の部分を引用している。

石火の機とて申候。つつとはやき事也。油断の無所を石火の機と申也。石と金をはつしとあたるといなや、火がくわっと出る也。うつと火との間はなひぞ。敵のはたらきをちやつと、一目見たるは、石と金とはつしとあたつたる機也。その一目きつと見たる心を、ちゃくとひつとるは、くわつと出たる火のごとし。まかないぞ。その火をもくさへちやつとうつして手前にをくは、心を西江水へひつとる機也。[22]

長谷川は、一度放たれた心気（子月）を「ひっとる」（引き取る）ことの重要性と、引き取る場所が「西江水」であることに注目している。[23] 右の引用文のいわんとすることを解説すれば、敵のはたらき、すなわち意図を一目見た心（子月）を、石と金属がぶつかって火花が散る一瞬のうちに、西江水すなわち本心である母月に引き取らなければならないということなのである。自分の心である月を敵の水に移した後、石火の機ですぐにその月を自分の水に写すのである。「吾カ虚霊不昧之鏡ニ敵ノ争気ヲウツシ、敵ノ鏡ニ吾処女ヲウツス也。如此虚霊ナラザレハ水車ノ道ニ随テ転ルガ如クハナラザル也。水車ノ無心ニシテ自ラ能ク応ズ」[24]（欲に曇らない空の心――虚霊不昧――の鏡に敵の争気が写る。敵の鏡には穢れのない清らかな心を移す。妄念を捨てた無心の状態でなければ、敵の意図を写し出すことはできないし、敵の鏡に自分の意図が写り悟られてしまう。無心にならないと、水車が水の流れにしたがって回るように、敵の動きにしたがって転じていくことができない）。

「心と云物歟意と云物歟」は、「ひっとり」（引き取り）の重要性を示す様々な現象をあげている。[25] 例えば手鞠をつくときは、鞠が地面からすぐ弾んで上がってくるように、手で打つ。鞠が地に着いた後、止まってしまってこちら（手）に戻らないと、手は二度目を打つことができないように、対象に行き着いた心は、そのつど「ひっとらない」（引き取らない）と次の心を放つことができない。人を押し倒すにも、「ひっとる」心をもって「やっ」と押せば、相手を倒して自分は体勢を残すことができるが、「やう」と押すと相手の上に自分も倒れ込んでしまう。相手を押し倒すにしても、押す身体感覚と、それに逆らって引き戻そうとする身体感覚を同時に持たなければならないのである。また、相手が身をかわしたら、自分は前方に転んでしまう。仏法の「回向」という言葉は「回て向ふ」という意味である。放心作用によって敵に行き着いた心に生じた「曇り」すなわち血気・捧心を西江水に返して、曇りなき本心に向かうということだ。曇りが生じた心を、元の曇りのない罪なき本心に返すことによって浄化するのである。書状に顔を押し当ててしまうと全く読めないが、顔をこちらに「ひっとれ」ば（退ければ）、書状ははっきりと見えるようになる。向かってくる手に鏡をくっつけてしまうと手はあまり映らないが、鏡を「ひっとれば」（退ければ）指もはっきりと映り、手を上げたり下げたり引いたり押したりする様子もすべてよくわかる。心は「ひっとらない」と、物をよく見ることができないというのである。

心が「着」して曇ってしまうと、敵に意図をさとられてしまう。「着」あるいは「著」とは執着するとか、心が留まってしまうという意味である。心が放たれて敵に行き着いても、そこに執着してしまうと、曇りが生まれ妄念が生じ、自由自在な動きが妨げられてしまう。「観様《みよう》トスル、敵ニ着ク、窺ハズシテ只明カニ観ル。明ラカニ見エル」[26]というように、敵の太刀の様子すなわち敵のはたらきを見ることは不可欠だが、見すぎると自分の主体性を失ってしまうおそれがあるのである。

物をきつとみて、すなわち意が生ズれば、気がはつす。意と気と入るまゝにすれば敵を見そこなひ、我が所作がみだるゝ程に、みるに付てひつとり、きくに付テひつとり、おもふに付てひつとりひっとりして、もとの心へかへせば気も意もひつとられて、波の立きへてもとの水に成ことく、本心にかへりて鏡のすめるがごとく、よく物がうつりてさきとわれとひとつに成る也。敵をきつと一め見て、その見た心を西江水にひつとつて、そのひつとつた心から気をつかふ。[27]

「西江水」は『碧巌録』[28]における問答にあらわれている。唐の馬祖道一がその弟子に「万法と侶（つれ）になれる者とは、どういう人か」とたずねられたとき、「汝が西江の水を呑み尽くしたとき、教えてあげよう」と答えた。西江、すなわち揚子江という大河の水を呑み尽くすというのは、天地自然・宇宙全体と一体になることを意味している。それは、「無心」を本質とする「仏性」すなわち真の自己に至ることに他ならない。剣術諸流派では、西江水という言葉で、この「無心」の境地が示されている。

敵に行き着くことで生じた血気を西江水にひっとれば、鏡のように澄んだ心に戻すことができる。「着がはなれたれば、さきと我心と一ツになる也。着がはなるれば、一つにまじわっても意を敵にハとられぬなり」[29]。着すなわち執着することをやめれば、西江水にひっとって敵と一つになっても敵に意をとられることはなく、反対に本心は静かな澄んだ鏡のように敵の意を写し出すことができる。敵の意図は自分の鏡に写って「彼我一体」となっている。この「彼我一体」は、敵にこちらの意図を予期されずに、同型同調によって敵の意図を予期するのを可能にした状態である。敵の意図を読んでいるが自分の意図は敵に読まれていない。同型同調によるこうした「予期」と「読み」が「無形」の先々の先を成立させている。「相ヌケ」など、両者の読みが一致した「膠着状態」としての「彼我一体」とは異なっている。ただ、放った心は意図せずして、引き戻さなければならない。

ひっとれば、そのひつとらんとおもふにとらるゝなり。爰をよくよくけいこしにけば、ひツとらんとおもふにもとられず、時々にあたって、ひつとるべき所ハ我もしらずしてひつとつて、われもしらずの自由をうる也。（略）西江水へひつとつて、ひつとるとおもひひつとつたとおもへば、そこにとゞこほりて病となる。ひつとつてひつとらぬ心持よし。ひつとつてひつとらぬ心持とおもへば、またそれが病也。すつれば、そのすつるも又病なり。稽古のじゅくせぬ内ハ、いつまでもとゞこほる病たへず、此病ハ何としてさるべきそといへば、けいこ修行の功たゝ一ツ也。(30)

意識して「ひっとる」と病（妄念）が生じる。「ひっとる」には「ひっとろう」と思わないことが重要なのであるが、「ひっとろう」とはしないでそうしようと思えば、それもまた病となる。そういう気持ちを捨て去ろうと思えば、それもまた病となる。この病の無限ループを克服するのは、ただ修行だけだと柳生宗冬は説くのである。

ここで確認しておくべきは、「西江水にひっとる」すなわち本心に回帰させるものとは何か、ということである。一つは血気が生じた自分の心だろうが、もう一つは、自分の心の鏡に写し出された敵の意識だろうと思われる。長谷川も、さまざまな文献の検討から、「我自身の心の曇りとなる我が捧心」と、「我からの放心作用による「移」の攻めによって生じる敵の起こり」が「ひっとられる」のだとしている。「我が心の曇りを取り払いながら敵の起こりを捉え、敵の動きに対し磐石の対応ができるように心身の備えをしつつ攻める」(31)のである。例えば、蚤が飛ぶのを捕らえようとした場合、蚤の動きばかり見ていては捕らえることができない。自分の心をひっとって、すなわち蚤をつかまえようとはやる気持ち（血気）をいったん抑えて、蚤が畳に着地したときにそのまま押さえつければいいのだと思えば、蚤が飛び上がろうとする「起こり」に指が追いつくようになる。(32)では、心の曇りとなる血気は、どのようにして本心のなかで無害なものとして消散されるのだろうか。

「見る事きく事共に西江水へひとつれハ、さきの物と我か心と一つに成りてまぢハりて、さながらまじわらず、敵ノ所作よく見へて自由をする也。さきと我が心の一つになるハ何として成るそなれハ、着する意をひつとるゆへに着かはなるれハ也」[33]。ここからわかるのは、「ひっとった」ものと自分の心は一体になって交わっている一方で、交わってはいないということである。一つになって「交わっている」というのは、敵の起こりが自分の心の鏡に写って「彼我一体」になっているということであり、「交わっていない」というのは、心の曇りとなる血気が本心と交わらないで、本心に悪影響を及ぼしていないということである。「我が心ハ前境の」は、おもしろい例をあげて、このことを説明している[34]。不浄なものに対して「汚い」「触るまい」と思うのは、「着する」ことである。この「汚い」「触るまい」と思うことにしばらくして慣れてしまえば、「汚い」と思う心がなくなり、その不浄の物は手足につかなくなって、交わらないようになる。「汚い」と思っているあいだは心を汚されているのだが、忘れきってしまえば穢れを受けなくなる。それと同様に、病（血気）を「ひっとって」も、そんな病があることを忘れ去ることができれば病は消え去るのである。

3　「母月」と「子月」の関係性

第1節で述べたように、「心と身とに懸待ある事」によれば、心が懸であると心が走りすぎてよくないので心を待にして身を懸にするのが望ましいとされているが、このように、心と身はそれぞれ独立して作用する存在としてとらえられていた。また、放つ側の心は放たれる心があまり先へ行って敵に取り込まれてしまわないようにするとか、一度放たれた心気は元の放つ心に引き取らなければならないとされていることから、それぞれは独立した動きをしながらも放つほうが統率権を有するという関係にあることがうかがい知れる。この放つ側の心と放たれる側の心の関係について詳しく考えてみたい。

柳生新陰流の『兵法家伝書』のなかの「神妙剣」は、神と心と気の関係を論じている。「神は、心の為には主人也。神が内にありて、心を外へつかふ也。此心又気をめしつかふ也。気をめしつかひ、神の為に外にかける、此心が一所に逗留すれば、用がかくる也。然るによりて、心を一所にとゞめぬ様にするが、簡要の事也(35)」。「神妙剣」は前にも述べたように心のなかにあるはたらきだが、その座に座し心の主人となるのは神である。神は個人の内にあって、心を外界に向かって使う。そして、心が気を召し使うことによって技が発現する。ここでいう「神」あるいは「神妙剣」が「本心」「本来の面目」「西江水」であり、「母月」にあたる。「心」はそれによって放たれ制御される心、つまり「子月」であり、「気」が末端で作用するものだと解釈できる。また、「内にかまへて、おもひつめたる心を志と云ふ也。内に志有りて、外にはするを気と云ふ也。たとへば、志は主人也、気はめしつかふ者也。志内にありて気をつかふ也。気がはっし過ぎてはしれば、つまづく也。気を志に引きとめさせて、はやまり過ぎぬ様にすべき也(36)」というように、「待」の心が「志」であり、「懸」の心が「気」であると解釈される。「我が心ハ前境の」には、「意をとられまひ、気をはしりすごさせまひ為の西江水のひっとり也」、「意が生ズれば、気がはっす。意と気と入るまゝにすれば、敵を見損なひ、我が所作が乱るゝ(37)」などというように、意をとられる、あるいは意が生じるというのは、心が動揺するということであると推測される。意を生じると、気が走りすぎてしまうのである。「気」は「心」に内包されていて、心によって統御されなければならないものだということがわかる。

「放心心を具せよ」には、初重と後重の二段階にわたる心のあり方が説かれている。「初重」の段階では、「心を放ちかけてやれば、行さきにとゞまる程に、心をとゞめぬ様に、あとへちゃくちゃくとかへしかへせと教ゆるは初重の修行也。一太刀うつて、うつた所に心のとゞまるを、わが身へもとめかへせと教る也(38)」とある。すなわち初心の段階では、心を放って太刀を打つが、その心が留まらないように「わが身」へ引き取れと教えている。「わが身」が「主」となって「心」を統率しているのである。「後重」の段階では、「心を放すこゝろをもて、心を綱を付て常に引きて居ては、不自由なぞ。放しかけてやりても、とまらぬ心を放心々と云ふ。此放心々を具すれば、自由がはたらかるゝ也」[39]とある。修行が進んだ段階では、放たれた心を引き取ったりせずに、自由に動くがままにまかせよというのである。この熟練の境地でも、「わが身」としての心は「潜在的」に統合的な役割を担い続ける。沢庵によれば、達人には物事に動転しない不動の心である「諸仏不動智」が中心軸にあるので、心は左へも右へも、十方八方に動きたいように動きながら、どこにも留まらないという状況が可能になるのである。ここからも、身体感覚としての心の二重性（主―従の関係から成るもの）があることがうかがえる。

4　「水月移写」の背景的メカニズム

このように「身体感覚」としての心は二重性をもっていて、この二重性を利用することによって同型同調が可能になるのである。ここで改めて注目すべきことは、放たれた心は敵に行き着いてそこで同調するということである。「かねてひつとつてゆけば、そつともどうてんせぬハ、意をあちへとられぬ程ニ着せぬなり。着がはなれたれば、さきと我心と一ッになる也」[40]。「敵の所作に着せねば敵とまじりて一ッに成りて自由をうる也。敵の所作兵法の習いばかりにてもなく、万事万物ニついて着がはなるれば、万物とわれと一体ニ成ル也」[41]。自分の心が行き着いて敵と同型同調するが、敵に意をとられてしまうほど敵の所作に「着して」はならない、すなわち同型同調しすぎてはならない。前節で述べたように、敵に意をとられてしまわないうちに、同型同調によってとらえた敵の起こりを本心に引き取ってしまわなければならない。「着」から離れるというのは、このことである。「着がはなれたれば、さきと我心と一ッになる也」、「敵とまじりて一ッに成りて」というのは、「彼我一体」になることであり、本心すなわち「待」の状態にある身体感覚によって敵の起こりをとらえるということである。

「着してはならない」とか「同型同調しすぎてはならない」といった表現をしてきたが、これについては改めてその意味を読み解く必要があるように思える。自分の身体感覚が敵のそれに「着す」とか「同調する」というが、両者の身体感覚の境界はともに曖昧なので、「着したかどうか」「同調しきったかどうか」「感じ取ったかどうか」は微妙な問題なのである。例えば能楽の場合、謡が楽器と最も拍子を合わせる「大ノリ」でさえも、完全な一体化は避けられていることが、第1章の考察から明らかになった。これは「つかずはなれず」（不即不離）という言葉で表現されていたが、三味線と語りは「離れて付いて、付いて離れて」というように、「つかない」のではなく、「ついている」という表現がなされるのである。「水月移写」でも、「着がはなれたれば、さきと我心と一ッになる也」とか「敵の所作に着せねば敵とまじりて一ッに成りて」というように、「着す」のか「着さないのか」がはっきりしない。「着しすぎてはならない」というぐらいの解釈になるだろうが、このように表現が一定しないのは、身体感覚自体が明確に分節化してとらえきれない曖昧なものだからだ。

　したがって、自分の身体感覚が敵に同型同調するかしないかのうちに（つまり敵に着するか着しないかのうちに）、あるいは自分の身体感覚が敵に同型同調するやいなや（すなわち敵に着するやいなや）、それを「西江水にひっとり」敵の意を写し出し（予期し）、そしてその西江水を基点に応答同調に転換するということが、「着してはならない」ということなのだと理解しておこう。

　そのうえで、敵の動きを自分の心の鏡に写す「水月移写」のメカニズムを探ってみたい。

　ここには、外界知覚と内部知覚の交差という背景がある。身体感覚すなわち体性感覚は、前述のように大脳皮質を中心とした脊髄神経系の「内部知覚」だが、武術やスポーツの場合、そのうちでも触覚をはじめとする「皮膚感覚」と、筋肉感覚をはじめとする「運動感覚」が中心になる。この内部知覚としての体性感覚は、人が自分の身体の状態について内側から感じている意識である。そして、この自分の身体を内側から気づくこと（内部知覚）は、外界を知覚することと連続しているという関係にある。地面の上に立つことで人は地面という外界を知覚するわけだが、同時に内部知覚のレベルでは地面の上に立つことで自分自身の足を内側から感じている。また水泳では、スイマーは水にはたらきかけて水という外界を知覚するが、その応答として受ける水の浮力・揚力や抵抗などを通じて身体を内側から感じるのである。身体感覚による知とは、外界と相互作用することによって得られる、外界の全体相を把握する知なのである。このように外界と主体が直接触れあっている場合にかぎらず、両者の距離が離れている場合も同様である。その場合の相互作用は、「身体の拡がり」を通してなされる。市川は、はたらきとしての身体は外面的な限界をもたず、皮膚の外側へと拡がっていくものであり、「私が感覚するとき、私は感覚器の表面で世界に接触するのでもなければ、あたえられた刺激を単に受容しているのでもない(42)」という。つまり、網膜で風景に触れているのでもなく、網膜に単に風景が映るのでもなく、はたらきとしての身体は、見るとき、向こうの斜塔まで、あるいは急角度に折れまがる向こうのカーブまで伸びる。身体は斜塔に寄り添い、潜在的に斜塔の形態に類比的な姿勢をとりながら、斜塔を素描し、かつそれに応答する。主体は、身体のうちに斜塔とともに傾く力と、それに応答して復元しようとする力との緊張を感じる。カーブにさしかかったときは、ドライバーの拡大した身体は、ヘアピンコーナーのはるか手前からカーブにまで広がり、カーブにそって素描しながら、カーブのもたらす遠心力に抵抗して傾いている。こうして、はたらきとしての身体は、「能動的かつ対話的な対象把握」をおこなっていると市川はいう。対象との相互作用のなかで対象が把握されるのである。廣松渉は、こうした体験の直覚相を「能動的所知―所知的能知の渾然一体相(43)」と表現する。

身体が拡張している際は、拡張していったところで、この渾然一体相がつくられる。市川は、自分が風景を眺めているとき、ふと気がつくと、向こうからの遠近法にとらえられ配置されている（すなわち、風景によって自分が眺められている）のに気づくことがあるという例をあげている。「私の身体は、深層において、主体としての身体から〈対他物身体〉へと転換し、私が風景をとらえるのではなく、私が風景によってとらえられ、樹をみつめている私は、いつしか樹によってみつめられていることを発見するのである(44)」。主体としての身体は、遠近法でとらえられた風景の焦点まで伸びていき、そこで主客渾融の相を体験する。拡張していった身体は風景という外界を体験するとともに、風景によって自分自身を感じさせられるのである。

遠近法の基点が私から自分の外にある他所へ移動可能なことの背景には、身体の内部知覚が空間的外界の状態に潜在的に関わりうるということがある。メルロ＝ポンティがいう「習慣的身体」の層における「身体図式」は、それを可能にしている身構えのシステムだと考えられる。[45] このシステムは、認識（判断や意味作用）に先だって実存的な「指向弓」という一種の潜在的意味志向作用の束を外界に向かって投射している。それによって主体の内部知覚と外界とのあいだに潜在的な能動─受動の関係構造が形成されていると想定されるのである。湯浅泰雄は、「ポンティ流にいえば、身体の内部知覚は物理的空間に受肉しているのである」[46] と論じている。

こうしたパースペクティヴの転換は「脱中心化」として理解することもできる。「私、ここ、いま」に中心化されている拠点を、他に移すのである。「私の経験のなかで〈いま〉と〈別な時〉、ここと あそこ、〈私〉と〈もう一人の私（他者）〉が表象として保存されることによって、私のパースペクティヴは互換性を獲得し、経験は可逆的となる。私は、知覚的には、ここにとどまりつつ、表象の上では、あそこに身を移してみる」[47] と市川は述べている。ここで注目すべきは、「私は、知覚的には、ここにとどまりつつ、表象の上では、あそこに身を移してみる」というように、経験する主体の身体感覚は「ここ」と「あそこ」で二重に存在しうるということである。「知覚」というのは、「五感の感性によって受動的に外界の状態を受け取ること」であり、例えば「見る」場合は、網膜に風景が映るということである。この場合の拠点は、生理学的身体が存在する「ここ」になる。それに対して「表象」とは、「知覚した内容」であり、先ほどの例でいうならば、ドライバーが見たヘアピンコーナーである。この場合、ドライバーの拡大した身体は「脱中心化」し拠点を「あそこ」に移して、「カーブに沿ってそれを素描しつつ、遠心力に抵抗して傾いている」。このように、「表象」としての知覚内容はその身体（身体感覚）によって応答的対話的に経験されているのである。ここでいう表象的経験とは、外界の情報の受容体としての身体とは異なった、脱中心化した身体が占める空間での経験なのである。

「水月移写」とは、心を敵に接合することによって自分の心に写し出された敵の意図と自分自身に生じた血気を無の状態である本心に「ひっとる」ことである。敵に着すやいなや、すぐにその「着から離れて」、本心へと引き取り、そこで敵と自分が一体になるのである。それが、敵を本心の鏡に写すということなのである。身体論的にいえば、身体感覚の二重性に基づいて「脱中心化」することによって対象と「同型同調」し、その同調のなかで対象との相互作用を媒介に「応答的・対話的」に対象を把握するということになる。この対象把握は、「述語的統合」といえるだろう。市川は、ヘレン・ケラーが水に触れながら、教師のサリバンによって指文字で示されたW-A-T-E-Rという言葉を水という物質の名前だと理解したときの驚きをもって、「述語的統合」の例証とする。(48)この場合、主体を中心として水を対象化して把握するのではなく、脱中心化による主体と水との相互のはたらきかけのうちに、水が世界を構成する一つの主語的なものとして、主体に理解されるに至るのである。内部知覚によって感じられる、言葉にはあらわせないような微妙で曖昧な感覚内容（述語的なもの）の総合から、本心のなかに受動的に主語的なものすなわち敵の「動き」「意」が浮き出してくる。「ひっとる」とは、この「述語的統合」にほかならない。また、それは「脱中心化」から翻っての「再中心化」である。

5　ミラーニューロン──敵の動きを自分のうちに写し出す

これまでみてきたように、柳生新陰流では敵の「動き」や「意」が写る場所を「西江水」あるいは「鏡」と呼び、心が澄んで敵を写し出せる状態を「明鏡止水」という。奇しくも近年脳科学の分野では、「鏡」という名を冠した「ミラーニューロン」という神経細胞の研究が進んでいる。これは、ヒトをはじめとする霊長類の脳内にある神経細胞（ニューロン）で、他人の行動を見ているときに自分がその行動をとったのと同じような活動電位を発生させる。この存在に気づいたのは、イタリアのジャコモ・リッツォラッティらの研究グループで、マカクザルを使ったニューロンの研究中に、前頭葉の一部である腹側運動前野にこれがあることが発見された。研究者たちが休憩中にジェラートを食べていると、それを見たマカクザルの特定のニューロンが、サルが餌を口に運ぶときに活動するときと同じように反応したのである。自分がある動作をおこなわなくても、他者がその行為をおこなうのを見るだけでまるで自分もその行為をとったときのように、同一のニューロンが反応するのである。脳のなかの鏡に他人の行為を写し取ったかのように反応するので、「ミラー」と呼ばれるようになった。ここでは、「ミラーニューロン」の特徴を、鶴谷奈津子らの研究に基づいて論じてみたい(49)。

このミラーニューロンは、どんな動作に対しても反応するわけではない。例えばヒトが鉛筆を持ち上げる動作をサルが観察した場合、単につまみ上げたときにはニューロンが反応するが、字を書くための持ち方に変えると反応はみられない。つまり、自分が実際におこなったことがない動作に対しては、ニューロンは反応しないのである。また、ミラーニューロンの活動はこうした身体の動きだけでなく、行為の背景にある目的・意図の認識にも関係している。先のジェラートを食べるのを見ていた例でいうと、ミラーニューロンは、「手を伸ばし、餌をつかむ」という一連の動作の観察および実行の際に反応を示すのだが、その一連の動作を前もって観察しておいた場合は、動作のゴールである「餌をつかむ」部分を視界から遮り「手を伸ばす」部分だけを見せても、ミラーニューロンの活動が検出される。しかし、一連の動作を観察させず、「手を伸ばす」部分だけを見せた場合は、ミラーニューロンは発火しない。要するに、「動作の知覚そのものよりも、動作の目的や意図を理解したときにミラーニューロンの活動が生じる(50)」のである。ヒトの場合、解剖学的・生理学的にミラーニューロンと関係する脳の部位はサルとは若干ずれているが、そのシステムの存在をあらわすデータがはっきりと認められている。なかでも頭頂葉やブローカ野のミラーニューロンでは、自分がおこなうことのない動作の観察ではサルと同様に反応しない。

ここで、注目すべき点が二つある。一つは、ミラーニューロンが行為の目的・意図の認識に関係していることである。つまりミラーニューロンは、すでに他人の行為の「意」を内包しているのであり、その「意」を予期できるから、活動電位が生じ発火するのである。他人の動作を見た瞬間、主体はその動きを自分の動きとして「シミュレート」している。柴田健志は、こうした点からミラーニューロンを以下のように哲学的に考察している(51)。従来の「シミュレーション」は「自己との類似をもとに他者を理解する」推論という意識内での操作に基づくものであったのに対し、ミラーニューロンで起きている「シミュレーション」は脳神経の水準のものであり、ヴィットリオ・ガレーゼのいう「身体化されたシミュレーション」に相当すると述べている。それは、自動的で無意識的であり、前＝反省的なものである。他者の行為を見る、すなわち知覚することが、そのままその行為を自分でおこなうことであり、「知覚」と「運動」が「認知」を媒介せずに結び付いているのだと、柴田は述べている。では、柴田が示唆する「身体化されたシミュレーション」のなかで、相手の行為の「意」の把握はどうやって可能になるのだろうか。それを探るには、自分の脳がつかさどる身体のシステムがどのようなものかを考えていく必要がある。

もう一つの注目すべき点は、自分がおこなったことがない動作を見てもミラーニューロンは反応しないということである。ここから、脳がつかさどる身体のシステムについての推察が成り立つ。そのシステムとは、身体に沈殿した様々な「習性」の総体であり、目の前の状況に見合う習慣的行動を引き出してくる潜在的機能である。メルロ＝ポンティ流にいえば、前述の「習慣的身体」と呼ばれる「身体図式」がそれであると考えられる。主体は、実存的な「指向弓」によって内部知覚を空間的外界に潜在的に関わらせられているので、他人の動きを知覚した瞬間に、その動きに対応する習慣が瞬間的に結び付いて、他人の動作の意味が浮かび上がってくるから「予期」が可能になっているのである。他人の動きを写し出すミラーニューロンは、自分の身体が覚えこんだ技や動きのレパートリーに沿って反応しているといえる。武術の場合、流派によってこのレパートリーに幾か違いがあるため、他流試合では互いに予期できない動きがあり、最初は戦いづらいのだが、対戦するうちに互いの技・動きの流れを覚えてくると、見切るようになるのである。他人がおこなうバスケットボールのフリースローの成功の可否の予測実験（ボールリリースの瞬間まで見せ、その後に成否を予測させる）で、プロバスケットボール選手がコーチや記者、一般人より高い正答率を示すことに対して、水口暢章らは、選手たちがミラーニューロン・システムを利用して行為者の動作を自分の動作としてシミュレートしているからだと推論している。[52] 選手たちは、行為者（スローワー）の動作を身体的にシミュレートし、共感を感じれば成功を予測し、違和感を感じれば、失敗を予測しているのである。

6　自在無碍な応答同調への転換のメカニズム

自分の心が敵の心に行き着いても敵の所作に「着して」はならない。敵に生じる起こりと自分に生じた血気を自分自身の本心に引き取って、「着」を脱することによって、本心（西江水）のなかに相手の意（捧心）を写し出し、「予期」が可能になるのである。ここで、第1章で取り上げたリズムの引き込みを思い出そう。鳥は、鳥刺しが振る竿のリズムに引き込まれてしまうと、飛び立つにも飛び立てず、捕らえられてしまう。一方が他方を引き込んで生じたエントレインメントでは、引き込んだほうが有利なのである。剣術でも相撲でも、自分のリズムに引き込んで相手を自分に同調させれば優位に立てるのであった。したがって、相手に同型同調することによって「予期」を可能にする場合、相手に同調しても同調しすぎず、すなわち「着しすぎず」、逆に自分のほうに引き込んで同調させるのが重要であるといえる。「色付色随」というのは、状況に応じた色を仕掛けるが、敵が付いた色にしたがって斬る、すなわち、敵を仕掛けに引き込んで自分の動きに「着させて」（同調させて）、それにしたがって応答同調するということなのである。

柳生新陰流には、「雷刀」という技がある。雷のようにどこに落ちるかもわからないので避けることができず、落ちて物を砕くスピードはあまりに速いので目も耳もふさぐ間がないとされる、上段から打ち下ろす剣である。この雷刀は、いわば「敵も知らず我も知らない」うちに打たれるという。この技を繰り出すためには、「直立る身の位」が必要だ。力まず、構えず、伸びず、屈まず、ただ人間の性（さが）にしたがって立った身であるので、自由自在な動きへとつながる姿である。「おのづから至大至剛なる気、行往坐臥にも直立て万物を覆ハむ。如此位を得ハ、敵は吾が傀儡《かいらい》を使ふが如し、是致人而不致於人ノ位也。是を実の雷刀といふ[53]」。「直立る身の位」に至ると、至大至剛の気が万物を覆う。すなわち、万物に着いて、ひっとると万物と我は一体になる。そうなると、操り人形を扱うように敵を自在に動かすことができる。

心気が全身に満ちることで、剣士はどんな方向に対しても対処できるようになる。柳生宗矩の禅の師匠である沢庵は次のようにいう。

心をどこに置くべきぞ。我答へて云く、何処にも置かねば、我身に一ぱいに行きわたりて、全体に延びひろごりてある程に、手の入る時は、手の用を叶へ、足の入る時は、足の用を叶へ、目の入る時は目の用を叶へ、其入る所々に行きわたりてある程に、其入る所々の用を叶るなり。万一もし一所に定めて心を置くならば、一所にとられて用は欠くべきなり。(54)

同型同調によって敵の意を写し取った本心、すなわち「西江水」は、身体全体に伸び拡がった本心の分身である心を通して敵に応答同調していく。同型同調は「西江水」を基点にして応答同調へと転換されていくのである。それは手にある心や足にある心を通して、自在に対応していく。無心の心は、分別も思案もなく「感応」的に対処することができる。手にある心、足にある心というように、心というのは、身体感覚として感応する意識なのである。「儀理之評判」には、おもしろいたとえがある。(55)千の手を持つ千手観音が一つの手に心を留めたせいで残りの九百九十九の手が動かなくなったらそれは仏法にも兵法にもそむくことになるだろう。凡夫であっても、左の手に心を留めても同時に右の手をはたらかせることができるのだから、ましてや仏菩薩の九百九十九の手が働かないはずがない。千手観音の慈悲は一つの手にだけとどまるわけではないので、千の手を平等に働かせ、慈悲をあらゆる方向に施す。それと同様に、兵法では身体感覚はあらゆる方向へと対応していくのである。

「不動明王と申すも、人の一心の動かぬ所を申し候。又身を動転せぬことにて候。動転せぬとは、物事に留らぬ事にて候(56)」とあるように、「不動明王」が名に背負っているような、動転しない心すなわち本心（沢庵の言葉でいえば、諸仏不動智）が中心軸にあるからこそ、分身である手や足、全身に広がった心は、敵の動きに従いながら左へも右へも、十方八方に動けるのである。心を移して、敵に同型同調して敵の起こりを電光石火のごとく瞬時に「ひっとる」場合と同様に、西江水に写し出した敵の意を予期して応答同調する場合も、本心とその分身である心、つまり長谷川のいう「母月と子月」という心の二重性、すなわち身体感覚の二重性が考えられている。はたらきとしての身体は、主体の側に本心として残りながらも身体の各部分に広がり外界に作用する。この身体をめぐる二重の感覚が、同調を媒介にした戦いに勝利をもたらすうえで大きな意味をもつのである。こうして身体感覚の二重性を伴うことによって、「同調」と「競争」が不断の転換を通して交錯したり、まれに一致したりするという「身体的関係性」が成立しているのである。

7 放心作用の様相に基づいた剣術の分類

本章で論じてきた兵法（剣術）の原理は、こうした身体感覚の二重性に基づく心気の「移写」という往還として、三つのパターンに分類できると考えられる。その分類は、「移」すなわち放心作用の様相に基づくものである。実際には、三つのパターンは混ざり合っているが、理念型としてみておくことにする。第2節で述べたように、その放心作用の様相には剛・柔・強・弱などがあり、臨機応変に柔軟な使い分けを必要とした。ここでは、「スクムル」（威嚇する）と「ハタラカス」（すすんで撃たせる）に、「包ム」を加えた三つのパターンを考えることにする。

最も「剛」の性格を呈する「スクムル」には、天真正傳一刀流の「赫機」の作用を位置づけることができるだろう。「赫機」は第2章で述べたように天真の気の細いものであり、「銃弾の虚空を飛ぶが如き」と形容されるほどすさまじい勢いで外界に放出されるものである。「赫機先づ敵の肝肺を透貫するが故に、敵の未発を貫き敵の機発を以て敵の事業を制す、是れ必勝を敵に措く者なり」というように、赫機は「天真の気」をすさまじい勢いで放ち敵の肝肺を貫き、それによって敵を威圧し敵の動きを未発のままに封じ込めてしまう。その際に形成される二つの術が「長透貫」と「遠撃淵」である。柳生新陰流の場合は、「敵ヲスクムルハ、昔ノ気ハ肩先ト云フ位也、悪シ。今ハ何ニモ敵ヲ動カシテ勝ツ位有之[57]」というところの「殺人刀」の勝ち方が「スクムル」である。「スクムル」では、気が肩先に集中して、部位的に偏った技になってしまいがちだが、気は、全身にゆったりと充実させたほうがいいということである。時代的には、天真正傳一刀流のほうが柳生新陰流よりも二百年ほど後である。「練丹シテ腹ヲ修シ其ノ功ニテ支全モ虚体ニナリテ空ニ和シ其空機ヲ充実シテ赫機ヲ出シ[58]」というように、天真正傳一刀流の気は、丹田にためられることを通して、敵を囲い一体化する「真空」と太刀先から投射される「赫機」を形成したので、技の身体部位による偏りはない。

それに対して弱めの柔らかい放心作用として「ハタラカス」が位置づけられる。柳生新陰流では「色付色随」がこれに当たる。自分のほうから様々な色を仕掛けて、敵があらわす色にしたがって勝つのだが、これを顕在的行動の次元ではなく、潜在的な放心作用においておこなうのである。あまり圧力をかけず、静かに敵に乗っていき、敵に撃ち出させて勝つのである。これが「活人剣」の勝ち方である。修行が進んだ段階「後重」では、放った心を引き取ったりせずに、自由に動くままにまかせるというものであり、敵を「ハタラカス」ことと対応している。

第三のパターンは「スクムル」の対極の、敵を「包ム」というものである。ここに分類されるものとしては、まず天真正傳一刀流の「真空」の作用がある。「真空」は「赫機」と同じ天真の気を質としながらも形態を異にしたものであり、天真の気を一円に発し、敵を包み込んでしまうものである。敵が自分を打とうとしても、「真空」はたちまち敵の後ろに転じて、敵の進退をはばみ、「敵の四方を遮蔽し、動揺を膠漆し、桎梏の中に在らしむる」のである。包み込むというのも、「ひっとる」にほかならない。心形刀流では、「求めずして勝つ」ことや「自然に勝つ」ことが重視される。「心気充盈、敵を視る空きが若し、其の充盈の気敵を蔽ふが故に、敵其の中に在って自ら服す（略）これ自然なる者也と謂へるなり[59]」というように、自らの心気で敵を覆い、彼我一体になることによってすべてを「明鏡」に鮮明に写し出すのである。平常無敵流では、「無敵の躰は広大にして、天地の万物を包括せると云が如し」とされ、彼我の隔てをなさず立ち合うことによって、すべてを「我が心境に移し取」るのである。山岡鉄舟の無刀流は、自分の体を敵にまかせ、敵の好むところにしたがって勝つというものであり、「ハタラカス」放心作用に分類されるように思えるが、「包み込む」イメージもある。「猫之妙術」に登場する灰色の猫は、自分の心を練ることだけに長年を費やしてきた。[60] 気勢をなさず争わず、和して帷幕で包み込むように相手に対処してきたので、どんな鼠も自分に敵対することはなかったが、強鼠だけはそうした和合にも応じなかった。古猫は、そういった和は、自然の和ではなく人為的な和であるから、無心に至ってないだけに敵に察知されてしまうのだという。己を忘れ、物を忘れて無に帰することができれば、相手は敵対しようがなくなる。「技」に頼ること、気に頼ることを経て、「心」の修練へと進み、「心気和平にして物なく、潭然として常ならば」、変に応じること自在なるべしという。鉄舟は、何ももたない心、つまり無刀の心で向かうことによって、「和」に至った。何ももたない心で剣をとれば、心が着する対象である敵そのものが自分のうち（中）で一体となるのである。敵と対立せずに敵のおこりを読むことができ、「敵に随ひて」勝つことができる。これが鉄舟の無刀流が目指した境地だった。

8　「気」と「身体感覚」の問題

武術を考えようとすると、必ず「気」の問題にいきつくのだが、この問題に真正面から取り組んできたのが、天真正傳一刀流である。真空や赫機と呼ばれるものは、まさに気の威力で敵を制してしまうようなすさまじいエネルギーのことだが、これらは柳生新陰流の放心作用についての説明のなかに出てくる「敵の心を取り拉ぐ」という表現と共通する。前掲の「猫之妙術」に出てくる虎毛の猫は「気」を練り、その至強な「気」で鼠を威圧したが、強鼠が何の気配もなく往来するので、対処のしようがなかった。古猫は、一夜の洪水の如く気勢で圧倒しようとしても、「窮鼠却って猫を噛む」というように、死に物狂いで迫ってくる鼠には立ち向かいきれないのだと説く。

繰り返すことになるが、灰色の猫は、自分の心を練るのに長年を費やしてきた。気勢をなさず争わず、「気」を「和して」帷幕で包み込むように相手に対処してきたので、どんな強鼠でも自分に敵対することはなかった。しかし、強鼠だけはそうした「和合」にも応じなかった。そこで古猫は、無為自然の猫として、己を忘れ物を忘れ無に帰することができれば、自然の「気」の和を形成することで相手は敵対するものではなくなり、変に応じること自在になると説く。白井亨の天真正傳一刀流における「真空」や山岡鉄舟の無刀剣などは、これである。

このように「気」の作用の仕方に関連づけて放心作用を語ることも可能なのである。だが、「気」とは何かといった問題も生じる。現在、この「気」に関しては科学的な取り組みが多角的になされてきてはいるが、武術の「気」についてはまだ説明できているとはいえない。現象レベルで「気」の存在と作用を確認していくしかない。そこで現代の剣道を通して「気」とは何かをみていくことにしよう。

剣道の段位が上がると「先々の先」が機をつくることで、「気」の役割が強調されるようになっていく。以下は八段審査員の「気」に関するコメントの引用である。

「「始め」で勝負が始まるのではない。(略) 三歩前に出るときからすでに相手を威圧するような気迫と攻めが相互にほしいです[61]」

「相手の攻撃に対して要は先々の先の気で攻めていれば応じることもできるはずである[62]」

「まず鋭い気攻めが備わっていなければなりません。その攻め合いで優れば自分に優位な間合となって自然に相手が崩れる。そこが打突の機会であり、逃してはならないところです[63]」

「相手に隙をつくらせるという工夫が不可欠になりますが、具体的にいうと、やはり、気で攻めて崩すということになるでしょう。こちらの心に攻めがあると、相手は竹刀を抑えてくる、前に出てくる、などといった微妙な動きが表面に現れるものです[64]」

「究極的には一本を打たず、気攻めで相手を参らせることと思いますが、まずは攻めて相手に隙が生じたら打つ[65]」

どれも気で威圧し圧倒する、崩すといったことを示唆しているのが読み取れる。また、四番目の清藤範士のコメントでは、気攻めとは心で攻めることとされている。「気」で攻める場合、その「気」の発露はまず「掛声」となる。「敵を追込んだ時に、大きく声を懸ければ、敵は最早逃れぬところと思って、苦しさの余り無理な動作をするから、之を受け或は外づして勝を得るのである[66]」というように、「気」は掛け声としてあらわれると威嚇効果があると述べられている。しかし、技術が向上し、剣の位相が高まると、声は出なくなるという。「大声を出して勇気を助けたものが、一歩を進めて内に勇気を蓄へようとするのである。外に現はれる勇気は疲れ易く、内に潜めてゐる勇気は容易に疲れることがない。されば呼吸に於て之を行ひ、常に口角を閉ぢ、無声無言であることが肝要である[67]」。動きや声となって表に出る「気」は五感で把握できるので、威力には限りがある。それに対し、内に充実し外にあらわさない「気」こそが、計り知れない力をもっている。それは「静かなる」強さである。掛け声に関しては、「有声から無声に至る」ことが教えられる。この気が静かに内的に充実することで、「気位」「風格」が生み出されるのである。

「「気で攻めて理で打つ」といわれますが、高段者になれば、この理攻めの内的充実度というものが問われてきます。（略）この内的充実度が高まっていくに従い、自然に気位・風格というものがにじみ出てきます[68]」

本来「気」の十分な発動には、驚・懼・疑・惑といった「四病」のほか、あらゆる感情のコントロールが必要とされる。感情の動きにあらわれるような威圧ではなく、過度の緊張を強いられる状況のなかでの感情の抑制を通して、気の真の攻防がおこなわれるのである。そのため、気の作用というものは、「猫之妙術」が示すように、至強な威圧からより静かでより自然に相手を取り込んでいくものへと進化するのである。剣の達人と対峙すると、打つに打ち込んでいけず、動くことができない状況でひとりでに息があがり、じわじわと追い詰められて後ろに下がっていく。こういった経験は、剣道を経験したことがない者にも十分理解できる。こういう場合、一般的に「気で圧倒され身体が動かなくなる」といった表現をする。山岡鉄舟が浅利又七郎と手合わせしたとき、浅利の気にのまれて手も足も出ず、それ以来浅利の竹刀先が眼前から離れなくなり、その後十七年にわたり禅で新法を練ることでやっとその幻影を消し去ったとされる。「気」というものについての経験科学的な証明は得られていないとしても、少なくとも「気」や「気攻め」の作用といった現象があることは認めてもいいだろう。

このように静かに威力を発揮する「気」は、感情や意志を取り去っていくことによって研ぎ澄まされる「身体感覚」と非常に強く結び付いているといえるだろう。本章でみてきたところでは、身体感覚は対象の「認識」面との関わりが強いが、それに対し「気」はどちらかというと対象への「作用力」と関わりが強いといえる。いずれにせよ両者とも「主体としての身体」の潜在的機能をあらわしているものだといえる。

注

（１）前掲『兵法家伝書』三五―三六ページ

（２）同書三六ページ

（３）同書四八ページ

（４）前掲『精神としての身体』一七ページ

（５）川村弥兵衛秀東述「無住心剣辞足為経法集」一七二五年、前掲『剣術諸流心法論集』上所収、一三六―一三七ページ

（6）渡辺哲矢／西尾修一／小川浩平／石黒浩「遠隔操作によるアンドロイドへの身体感覚の転移」、電子情報通信学会編「電子情報通信学会論文誌 D 情報・システム」第九十四巻第一号、電子情報通信学会情報・システムソサイエティ、二〇一一年、八六―九三ページ、田浦康一／西尾修一／小川浩平／石黒浩「遠隔操作型アンドロイドを用いた身体感覚の転移と視点による影響の検証」Human-Agent Interaction Symposium 2011 I-2A-2、田浦康一／住岡英信／西尾修一／石黒浩「遠隔操作アンドロイドへの身体感覚転移における対話の影響」Human-Agent Interaction Symposium 2012, 2C-3

（7）前掲「一刀齋先生剣法書」二六三ページ

（8）前掲『一刀流極意 新装版』四五〇―四五一ページ

（9）前掲「一刀齋先生剣法書」二六三ページ

（10）同史料二六三ページ

（11）柳生利厳「始終不捨書」一六二〇年、前掲『柳生新陰流道眼』所収、二二八ページ

（12）宮本武蔵「兵法三十五箇条」一六四一年、前掲『剣術』第一巻所収、四四三ページ

（13）柳生宗矩「柳生宗矩兵法答書集」、筑波大学武道文化研究会『新陰流関係史料』上（「武道伝書集成」第四集）所収、筑波大学武道文化研究会、一九九〇年、一〇九ページ

（14）同史料一〇五ページ

（15）長谷川弘一「剣道におけるイメージ・呼吸法についての実践的試論Ⅸ――柳生新陰流伝書にみる極意「西江水」について」、会津大学文化研究センター編「会津大学文化研究センター研究年報」第二十一号、会津大学、二〇一五年、九三ページ

（16）前掲「始終不捨書」二四二ページ

（17）同史料二二八ページ

（18）筆者不詳「外伝註」、前掲『柳生新陰流道眼』所収、二四一ページ

（19）同書二四二ページ

（20）前掲「柳生宗矩兵法答書集」一四〇ページ

(21) 柳生厳長「新陰流兵法截相口伝書注解」、渡辺忠成編『新陰流兵法截相口伝書』所収、新陰流兵法転会出版部、出版年不明、六一ページ、筑波大学図書館蔵
(22) 筆者不詳「心と云物歟意と云物歟」、今村嘉雄編『史料 柳生新陰流』上所収、人物往来社、一九六七年、三八一ページ
(23) 前掲「剣道におけるイメージ・呼吸法についての実践的試論IX」九四ページ
(24) 長岡房成「連也翁七ヶ条解」一八三二年、前掲『史料 柳生新陰流』下所収、二三一ページ
(25) 前掲「心と云物歟意と云物歟」三八九—三九〇ページ
(26) 「外伝別書」、前掲『柳生新陰流道眼』二六二ページ
(27) 柳生宗冬「我が心ハ前境の」一六六〇年、前掲『史料 柳生新陰流』下所収、一九三ページ
(28) 克勤、朝比奈宗源訳註『碧巌録』中、(岩波文庫)、岩波書店、一九三七年、一〇三—一〇六ページ
(29) 前掲「我が心ハ前境の」一九二—一九三ページ
(30) 同史料一九三ページ
(31) 前掲「剣道におけるイメージ・呼吸法についての実践的試論IX」九七ページ
(32) 前掲「心と云物歟意と云物歟」三八六ページ
(33) 前掲「我が心ハ前境の」一九〇ページ
(34) 同史料一九〇—一九一ページ
(35) 前掲『兵法家伝書』七〇—七一ページ
(36) 同書三一ページ
(37) 前掲「我が心ハ前境の」一九〇、一九三ページ
(38) 前掲『兵法家伝書』六〇ページ
(39) 同書六一ページ
(40) 前掲「我が心ハ前境の」一九二ページ
(41) 同史料一九四—一九五ページ

(42) 前掲『精神としての身体』一六ページ
(43) 廣松渉『身心問題 増補新版』青土社、一九九四年、一八三ページ
(44) 前掲『精神としての身体』三七ページ
(45) M・メルロ＝ポンティ『知覚の現象学』第一巻、竹内芳郎／小木貞孝訳、みすず書房、一九六七年、一七二、一四八―一四九ページ
(46) 湯浅泰雄『身体――東洋的身心論の試み』（「叢書身体の思想」第四巻）、創文社、一九七七年、二一三ページ
(47) 前掲『精神としての身体』一〇四ページ
(48) 市川浩『〈身〉の構造――身体論を超えて』青土社、一九九七年、一八ページ
(49) 鶴谷奈津子／河村満「身振り・手振りを解釈する脳」、大修館書店編「言語」第三十七巻第六号、大修館書店、二〇〇八年、三六―四五ページ
(50) 同論文三八ページ
(51) 柴田健志「意識の複数性――ミラーニューロン理論に関する哲学的考察」、鹿児島大学法文学部編「人文学科論集 鹿児島大学法文学部紀要」第七十三号、鹿児島大学法文学部、二〇一一年、一〇一ページ
(52) 水口暢章／彼末一之「トップアスリートの身体運動解析」、阿江通良／岡本勉／岡本香代子／伊藤信之ほか編『進化する運動科学の研究最前線』（「アンチ・エイジングシリーズ」第四巻）所収、エヌ・ティー・エス、二〇一四年、一三八―一三九ページ
(53) 前掲「長岡房成兵法論」二四〇ページ
(54) 沢庵「不動智神妙録」、今村嘉雄／小笠原清信／岸野雄三編『神道無念流・直心影流他』（「日本武道全集」第七巻）所収、人物往来社、一九六七年、二〇ページ
(55) 湯川久右衛門「儀理之評判」、前掲『史料 柳生新陰流』下所収、二四〇ページ
(56) 前掲「不動智神妙録」一四ページ
(57) 前掲「始終不捨書」二六二ページ
(58) 前掲『天真白井流兵法譬咄ノ留』ページなし

(59) 松浦静山「心形刀流諸目録弁解」、今村嘉雄編『剣術1』(「日本武道全集」第一巻)所収、人物往来社、一九六六年、三五三ページ

(60) 前掲「猫の妙術」一六二―一七六ページ

(61) 亀井一雄「審査は品格と技価を評価していただく場である」、「剣道時代」編集部編『剣道・審査員の目』第二巻所収、体育とスポーツ出版社、二〇〇五年、四七ページ

(62) 水野仁「先々の先の気で攻めよ」、前掲『剣道・審査員の目』第二巻所収、三一ページ

(63) 田場典宣「相手の気持ちをいかに動かして打っているかを観ている」、「剣道時代」編集部編『剣道・審査員の目』所収、体育とスポーツ出版社、二〇〇四年、二六六ページ

(64) 清藤幸彦範士「審判員の目：攻められたら攻め返す気のやりとりから技を発しているか」、体育とスポーツ出版社編「剣道時代」二〇〇六年六月号、体育とスポーツ出版社、六四ページ

(65) 園田政治「究極的には一本を打たず、気攻めで」、前掲『剣道・審査員の目』所収、一四七ページ

(66) 谷田左一、高野茂義校閲『剣道神髄と指導法詳説』(「武道名著復刻シリーズ」第十巻)、体育とスポーツ出版社、二〇〇二年、四一二ページ

(67) 同書四一三ページ

(68) 古田坦「気で攻めて理で打つといわれますが」、前掲『剣道・審査員の目』所収、五五ページ

第4章　柔術——身体的関係性を操作する

柔術は「対立しない」ことを根本原理とする。正面対決を避ける、つまり力のベクトルが真っ向からぶつかるのを徹底的に避けるのである。剣術でも、平常無敵流、心形刀流、無刀流、柳生新陰流にみられるように、敵我の隔てをなさず、敵の動きにしたがって変化するという原理が一貫してみられる。いずれの流派も、基本的には自分から動作を起こすのではなく、敵の変化のなかに生じる隙を撃つというものであり、「合気」は避けるべきとされ、「対立しない」ことを原則とする点では柔術と同じである。柔術の場合、正面対決の回避は、敵が力を入れようにも入れられないようなところに仕向けていくという色合いが濃いように思われる。

起倒《きとう》流の一伝書「貍尾随筆」[1]には、次のようにある。水に瓢箪を浮かべて手で下に押すと、瓢箪は脇に飛び出してしまう。どれほど強い力で押しても、手の下に留まることはない。これと同じように敵の力に逆らってはいけない。波の上に浮かぶ木にも似ているが、少しそれとは区別すべき点がある。修練して自由自在になれば、敵がどれほど剛強でも抑えこめないことはない。この「波上浮木」と「水上の瓢箪」の違いは「波上浮木は敵に随応するの勝、水上胡虚子《ひょうたん》は敵の気外るゝ所の勝にて陰陽の明なり」[2]と表現されている。

「波上浮木」は、「浮立つ波には浮き、沈む波には沈むが如く」、敵の力の激しさに逆らわず、それに従うことで敵の気力を察して勝利を得るというものである。敵に随応することについては、柳生新陰流を中心に第2章と第3章ですでに考察した。それによれば、潜在的に敵に「同型同調」しながら、それによって得た「予期」をもとに「応答同調」しているのであり、言い換えれば敵への同型同調は応答同調に転じることができ、その転換の基点が「西江水」（本心）だということがわかった。「波上浮木」では、波の動きにしたがいながらも、波の動きを予期する自立的自己がいる。ここにもその根底には、身体感覚の二重性が存在しているのである。柳生新陰流の母月が子月を「ひっとる」という関係を持ち出せば、この身体の二重性はもっと鮮明になる。そこでは、心を敵に移すのだが、その心が敵に着さないうちに「ひっとる」ことが要請される。着すると、敵に自分の心を読まれてしまうので自己を知られないようにして、敵を知るのであり、敵に心を「移す」ことによって敵に生じた起こりを、「ひっとって」本体（母月）の鏡に「写し」出すのである。ここには、敵に移って敵に同型同調する身体感覚と、その移りによって生じた敵の動きの起こりを予期して応答同調へとつなげていく身体感覚という二重性がみられる。

「ひっとる」とは、自己を知られないようにして敵を知るという意味で、「敵の気外るゝ」ということ、すなわち敵からの「かかり」を外すということに通じている。水上の瓢箪は押されても、脇へ飛び出ることによって、その押す力を無化してしまうのである。自己は、敵に触れ組み合うなかで敵の起こりを写し出し予期して、敵の力の「かかり」を外すのである。敵の体勢を崩し、隙すなわち虚を生じさせ、自分にとって優位な状況をつくりあげるのである。ここでいう「かかり」とは、敵と自分とのあいだの身体的関係性である。敵の力に逆らわず、敵に随応するというのも、自己と敵との関係性を述べているものだ。柔術には、剣術以上にベクトルの真っ向のぶつかり合いを避ける傾向があることがうかがえる。そのために敵に隙すなわち虚をつくるための様々な関係性、すなわち空間的・時間的・心理的に戦術上優位な関係性が、探られる。こうした文脈から、「身体的関係性の操作」という観点で柔術の特徴を考察していくことにする。

1　敵に随応して勝つ

柔術の原理は中国の兵法書『三略』の「柔能制剛、弱能制強」（柔《じゅう》能《よ》く剛《ごう》を制し、弱《じゃく》能く強《きょう》を制す）からきている。先にあげた「貍尾随筆」によれば、剛強に剛強で立ち向かえば、鉄をもって鉄を、石をもって石を打つように、労多くして功少ない。それに対し、柔は自らのなかに剛を含んでいて、それによって剛を制してしまう。柳の枝が雪の重さに折れない強さをもっているのと同じで、強い暴風も、大木が受け止めるとその勢いがかえって強まるが、柔らかな尾花が受けると、その風の力は抜けていってしまう。ただし、力が強い者が無理に押し付けて勝つこともあるし、剛強な力を用いる流儀もある。

柔術と呼ばれるものは、七、八割は「剛」の術である。この剛の術に対して「請身」（受身）というものができ、これが真の「柔」だと思われているきらいもあるが、これは柔術の理を知らないといえる。「請ける」（受ける）というが、どのように請けるのかが重要な問題なのだ。以上が起倒流の書「貍尾随筆」に書かれていることである。

起倒流の「起倒」とは、「起きる・倒れる」という意味で、それぞれが「陽」と「陰」をあらわす。敵が陽である場合は、陰で勝ち、敵が陰である場合は、陽で勝つというように、「陽」と「陰」の二つを使い分けることが勝負の鍵となる。「弱にして強を制し、柔にして剛を制す」ということだが、この柔弱なるものは、「水」に似ている。水は柔弱だが、丘陵すら崩壊させる。それは、「する事なくして大にする事有るが如し」、「用る所なきを以て其用をなすが如し」というように、自分自身はこれといって作用することなく（力を入れることなく）敵に勝つようなものである。しかし、これはいたずらに剛強を忌み柔弱を好むということではなく、状況に応じて両者を使い分けることが肝要であるとされている。

自分の力を捨て、敵の力を利用して勝つことが、こうした戦い方の根本にあるといえよう。こちらが力を出さずに対応すれば、敵は力が余って自分から倒れてしまう。これが、敵の力をもって勝つということである。逆に、こちらが力を出そうとすれば、勝利は全うされない。勝つこともあるが、「必定全勝」にはならない。自分から「先」あるいは「後の先」を求めていくと、心が止まってしまう。心は「虚霊の体」で向かうと、自然と「先」や「後の先」にかなうという。勝利を確実にするには、自分の身体の動きを敵にしたがって変えながら、「神気不動にして」いること、つまり自分の心を不動にしていることが肝心なのである。この心の状態に至ることを「本体そなわれる」といい、それを可能にするのが「不動智」である。この不動智に基づいて敵に対処すれば、敵は気をのまれて迷うので、その状態におちいった敵の動きの起こりは次々と予期できる。「心正き人は狐狸も妖を為す事あたわざるにて知べし。すべて吾身を敵の餌になして向へば、取んと手を出すは定まりたる事にて、其発動の所をあしろふ迄也」というように、神気不動の自分の身を敵前に差し出して立ち向かえば、敵は必ず手を出してくるので、その「起こり」のところをあしらうことができるのである。

こうして「敵に随て勝つ」やり方は、「波上浮木」の位（イメージ）でとらえられている。「浮立つ波には浮き、沈む波には沈むがごとく、敵の気力のはげしきにさからはず、それに随ひ応じて、其の気力を察し勝利を得る」と形容されている。

以上の起倒流の「敵に随て勝つ」戦い方を整理すると、三つのポイントがあげられる。

一、力と力が真っ向からぶつからないように、敵の動きにしたがう。

二、敵の動きにしたがうには、対応が遅れてはならないので、「心気不動」と「不動智」によって敵の動きを予期する。

三、敵の動きにしたがいながら、どうやって勝つのかについては、「敵は力が余って自ら倒れる」という程度しか言及されていない。

また、「柔弱な水が丘陵を壊す」というが、どのようにして壊すのか――すなわち、どのようにして勝つか――が述べられていない。

この三点について、他流派の伝書も参照しながらより詳しく検討していくことにしよう。

力のぶつかり合いを避ける

「逆らわず、随う」という原理については、流派ごとに様々な表現がとられている。

渋川流では、「則ち柔術と云は、易経の字にて、人の気質の上でいはば、女徳のすなほにして物にさからはず、何事も手前おしなべて人次第になることなり[3]」というように、柔術の基本は相手に逆らわないことだとされている。「水の中へ油を投るごとく何んと拌《まぜ》ても混らぬと云様に、如何様の勁敵にても、我が所為に彼が力を以て争合ふことのならぬ道筋が一通り有るなり[4]」と説き、水と油のように二つのものが決してぶつかり合わない「道筋」を探求し極めるのが柔術の本質だとしている。

関口流は、「此一流専ら柔弱微力之人強敵に拉がれて勝を取る法を立つ、必敵と争ふ事に非ず、心気力を練て、弱を以て強に堪て、当之敵を亡す術也[5]」というように、弱者が強者に勝つには、争うことなく弱をもって強に堪えるのが肝心だとする。「柔」は単に柔弱なものではなく、内に強さを秘めている。「柔」は「楊柳」にたとえられ、「楊柳は、物に応じてさからわず随ひ、来るもにつれて、尽る所におゐて本体に帰るもの也。柔とは敵の力をわれにしてふりし楊の心なりけり[6]」という。楊（柳）のように可能なかぎりしなって敵の力を受け止め、その力を転じて利用し、力のぶつかり合いを避けることが基本だと説いている。

制剛《せいごう》流ではこれを、「帷幕を以て礫を受るを和身と被存候[7]」と表現している。柔術は、帷幕《いばく》すなわち垂れ幕で瓦礫を受けるように、敵の力を柔らかく吸収する。「こたゆると云ふことを不レ好して、軽く渡たり、應変無究の身を以て、敵の業に應じて、敵の力をかり可レ勝は、俰の極意なるべきと被レ存候[8]」。「こたゆる」（堪える）、すなわち敵の攻撃に対して歯をくいしばって我慢するといったことはせず、敵の力を借りて、敵の技にしたがって、臨機応変に対処する。また、制剛流は、「敵に和して柔を根として剛を以て拉《ひし》ぐ[9]」ともいう。柔を根本原理としながらも剛をもって敵をくじくとするものであり、起倒流と同様に、柔と剛、陰と陽の「調和」のなかで、勝負が決せられることを示している。

力のぶつかり合いを避けるということは、自分が敵の動きにしたがうというかたち、すなわち一つの身体的関係性をとることになる。定善流は、「此方ヨリ先ヲ懸ケテ猥ニ動事ハナク候。心ニ敵ヲ請テ先ヲ取リ、敵ノ動変ヲ待ツ心ニテ候[10]」というように、こちらから先に仕掛けていくことを禁じている。「心に敵を請けて先を取る」というのは、気を満たして、つまり自分の心を不動にして「敵ヲウツ（写）ス」ことで敵の起こりを待ち受けるということである。

他の流派においても、力の衝突を避けるために、自分が敵の動きの変化や強い力に随うことが金科玉条とされている。

神道楊心《しんとうようしん》流は「敵の変化に寄て心を御遣可ㇾ被ㇾ成候[11]」、天神真楊《てんじんしんよう》流は「敵の変に応る事第一也[12]」、真之神道《しんのしんとう》流は「敵の気力のはげしさにさからわず、それにしたがひ、応じて其気力を察し、勝利をうるなり[13]」、渋川流は「臨機ハ、敵ノウゴキニ乗ルコトナリ。応変ハ、変ニ取合ハスルコト也[14]」、起倒流は「勝負は臨機応変にして、敵と屢《しばしば》争ふ事なく、敵の力に随ひ、其業に応じて、形を放れ変化する事也[15]」、本覚克己《ほんがくこっき》流は「仕懸に応じ業に随ひて懸待表裏之術四方八面之敵に対してあくまず不滞の偉業を練らしめ、千変万化之取掛に応じ[16]」とそれぞれ記している。

敵の動きを予期する

ただ、「敵に従う」といっても、準備がなければ対応できずに負けを被ってしまう。定善流では「是ハマヅ心ニテ先ヲ取テ気ヲ満、敵ヲウツサネバ動所ニハ難キㇾ随ヒモノニテ候[17]」とされるが、「心にて先を取る」というのは、「敵ヲ呑ミカケテ移シ[18]」ということ、すなわち敵の心を「写す」ということである。「心ヲ明カ成ル鏡ノゴトク致候得バ、敵ノ業何事モ心ニ移ラズト云事ハナク候。鏡ハ本無念無想ニシテ、物ヲウツサント思フ心ナキ物ニテ候共、明カ成所ニ自然ト移リ申候[19]」というように、心を無念無想に、起倒流でいえば「神気不動」にすることで、敵がなそうとすることは自然と我が心の鏡に「写る」のである。定善流は、こういう心の境位を「不動躰[20]」と呼んでいるが、これは剣術でいう「西江水」に当たる。この不動躰は、敵の起こりを写し出すので、「ヤルベキ共可レ応、トモ不レ思、自然トソコニ応ズルニテ候[21]」、つまりやるべきこと、応じるべきことを何も考えずとも対処できるといわれる。これは身体感覚が研ぎ澄まされている境位であり、それが「予期」を可能にしている。ここから、敵に従う「後の先」は単なる反射ではなく、「心にて先を取る」というように「予期」を前提にしていることがわかる。

起倒流や扱心流では、敵がどのようにかかってきても、その「拍子」に乗らず、「正心神気」を不動にして立ち向かえば、いまだあらわれていない「敵の強弱邪正表裏遅速の兆」を察知することができるとされている[22]。これによって敵の変化に遅れず、自在な対応が可能になるというのである。

また、先の定善流の教えのなかにあった「写る」や「写す」は、剣術柳生新陰流の「ひっとる」奥義に通じる。つまり、無心で敵の心を「写す」ことにとどまらず、「移して」「写す」ことを説いているが、これはまさに「水月移写」である。渋川流では「見るやいなや敵の畢竟〆平く云た時に、敵の心に気をのせて、すきまもなきをうつすとはいふ。うつすとは畢竟〆平く云た時に、敵の心を迷はせる事也。至極の名人の境界に至れば、敵が相対したる時にどうして勝たふかと思ふやうに、我につかはれて居るゆへ、いつもするほどの事の先を潰されて請太手になりて負る也[23]」という。「移す」とは、心の攻めであり、敵の心を自在に動揺させることである。さらに、そうした迷った心を「写す」ことが求められる。制剛流は、「我は我身の備へを第一に守り、敵の掛りを待事潜龍の術を待が如し敵も容易に掛り難きゆえ、移し移りて千変万化の業を起す処、其勝口みな移《うつろい》の移口に顕れ、奇妙無量の根源なるべし[24]」としている。「移し移りて」の「移りて」は自分の心の鏡に写っているということであり、そこから予期を通した千変万化の技が可能になる。制剛流は、間が遠い場合は自分の心を敵に「写（移）す」、近いときは「四ッ手に渡る」。敵との間が遠い場合、「写（移）して見すれば」、それに対して敵は我が手を押し上げ上帯を取りにくる。その手が帯にかかろうとするところで、腰を引いて敵を十分に引き寄せる。互いに首と帯とに手を掛けると、敵が右足を引いて投げを打とうとする。その引きにしたがいながら勝つ。これが「和《やわら》」の勝ち方であるとする。この場合、敵の懸かりが「写り」、予期的な対応が可能になるのである。

このように敵の仕掛けに応じて臨機応変に対処していくのだが、敵が仕掛けてこない場合はどうするのだろうか。起倒流の「燈下問答」にも「仕掛申す事も有りや否や(25)」という問いがある。どんな場合でも待っていなければならないということではなく、「待中の懸、懸中の待」が重要で、待っているあいだにも攻撃する意識が必要だし、攻撃中でも敵の反撃に備える必要があるという。これは現代の剣道でいう「懸待一致」に当たるといえよう。

すでにみたように起倒流では、「神気不動にして」、すなわち心を不動にして正静にしていれば、勝利を得ないということはないとされている。心を不動にすることによって敵の起こりを予期できるからである。そこには潜在的な同型同調が介在していると思われる。扱心流も、「体気一ぱひに満る時は、敵の気変己が心鏡に移り、変に応じ自由なり(26)」としている。また、「刀流に十二の形ちあり。是己が形ちにあらず。敵の形ち也。唯己が心気正直に流行すれば、敵の形ちは己が明鏡に移り、間に不容髪勝負を得る事全き躰也(27)」というように、この流派は、十二の敵の形（技の型）を制定し、それらを体で覚えるように修練しておくことによって、敵の攻撃の予期の促進をはかっている。これは、前章で論じたミラーニューロンの働きに則していえば、体が覚えている動作なら他人が同様の動作をしようとすると先の動きを予期できることと通じるといえる。この予期についてさらに突きつめたのは、定善流である。「敵ノ動所ニ随テ、其動所ノ虚ニ勝ト中習ニテ候、是ハマヅ心ニテ先ヲ取テ気ヲ満、敵ヲウツサネバ動所ニハ難キ、随モノニテ候(28)」と述べているとおり、敵の動くところに随い、その動くところの虚（隙）を狙うといっても、心で先を取って気を満たし、敵を写し出さないかぎり敵の動きに随うのはむずかしい。心で先を取るというのは、「心気を静にして不動無形」になるということで、この状態は前述のように「不動躰」と呼ばれる。心静かで不動、すなわち無心になることで潜在的な同型同調が促進され、心は明鏡のように敵の技すべてを写し出す。この不動躰は、一定の形にとどまらず、心を不動に保てば、立っても座っても、寝ても起きても、どのような体勢でも不動躰は可能である。不意に敵に突き倒されたときは、倒れた状態で不動躰を保ち敵を写し出そうと、静かに敵の変化を待てば、敵は対処しづらくなる。どのような展開になろうとも、敵の動くところに随って勝つことができるのである。また、心と身体は一体化したものとしてとらえられている。

敵の動きに随いながら、どうやって勝ちにたどり着くのか

このように敵の動きを予期しそれに随っていくのが柔術では基本となっているが、決着の仕方にはどのようなイメージがもたれていたのだろうか。そこから柔術における勝利の根本原理を引き出すことができる。結論を先取りしていうならば、それは「自在無碍の流れ」である。天神真楊流は、柔術が剛強な者に勝利するイメージを、大船を水上に浮かべて一人で自由自在に動かすことにたとえている。陸上では大きな船は一人や二人の力では動かすことができないが水の上ではそれができる。状況の操作によって生じた「虚」に乗じ、その「虚」を打つことが勝利をもたらすのである。また、「極意」に達した者は、「玉」のようになるという。玉は丸いので、淀みとどまることがない。心は「よどまず、かたまらず、居つかず、ころばる玉の止ざる如の心に至れば[29]」、千変万化の術をなすことができるようになる。こうした自在な転化を遂げていくなかで、敵の虚を見いだすのである。

渋川流は、水が形を定めず、器に応じて様々に形を変えていくように、柔術の修練には気にも形なく体にも形なくなることが求められるとする。心も体も自在に形を変え敵の動きにしたがっていくことを「円活流通」と呼ぶが、その性質は、丸い物を盆に載せた場合のように、「前へモ後へモ、右へモ左へモ、動カスマヽニ滞リナク活テ働クホドニ、転化自在トウツリカハリガ自由自在[30]」なものである。不意を撃たれても、背後から仕掛けられても、睡眠中に仕掛けられても、ぴたりと詰め寄って対処することができ、その後は、動くべきときは動き、止まるべきときは止まり、進むべき場は進み、退くべき場は退く。これらは、すべて「心ヲ用ヒズシテヒトリ物ニ応ズル」ので勝敗の道で踏み違えたり仕損じたりすることはないという。こうした自在な境地のことを「柔順」と

いい、この境地に至ったならば、「敵ヲバ右ヘモ左ヘモ我ガ心儘ニ自由ニツカヒマハセドモ、我ハ敵ノ為ニ使ハレ廻サルヽト云事ハ決シテ無クシテ、柔術ノ妙境、名人ノ至極ト云モノゾト也[31]」という。要するに、敵の動きに随った対応をしていたはずなのに、この「柔順」に熟練すると、いつのまにか逆に敵を操っているということである。これは、剣術にもみられた潜在的な仕掛けであり、「主」と「従」の立場の入れ替わりが勝利に至る重要な要素になる。

さらに渋川流は、「水は形なきものゆへ、いつとても高みをよけて下にはしり、直にも曲にも地の形にしだいに流るゝもの也。兵の事もその如にて上手名人の戦をなすは、定まりたる形なくしていつとても実をよけて虚をうち、敵の変化に随て敵のしかけしだいに勝るゝやうに〆勝つ事也[32]」という。水が地形に応じて流れていき、常に高みを避けて低いほうに走るのは、敵の「実」を避けて「虚」を撃つことに通じている。低いほうへ流れるということは、水は自然に弱体なところへ向かっているということであり、それと同じように柔術では敵の動きに随いながらも、そのプロセスで生じてくる敵の「虚」に感応的に応答同調するのである。

このほかに、渋川流は、「一分之勝」という教えをあげている。「是はすべて上手名人の物をするは、敵のしかける十分の尽たる上を一分勝つゆへ、敵が残念なと思て争ひはりあふ心の少もなく〆さっぱりと負をしまふもの也。又敵のしかけの八九分なる場で勝たんとすれば、そのしかけの十二分残りて有るもので争ふていくゆへ、さっぱりと勝ちにくし[33]」というように、敵に先行させせすべてを出し尽くさせ、何もなくなったところで余裕をもって勝つことを説いたもので、敵が力を残しているうちは、簡単には勝てない。

扱心流は、「躰気一ぱいに満る時は、敵の気変己が心鏡に移り、変に応じ自由なり。躰気を正直にして敵の透間へ直に立入、敵の業にさかろう事なく、水のひくきに就くがごとくなる時は、自然と敵おのれと倒るゝの理也[34]」というように、神気不動になれば、敵の気の変化が心鏡に写るので、変化に自在に対応でき、敵の隙（透）間（虚）に入っていけば、敵と対立しなくても水が低いほうへ流れるように対処するだけで、敵は自然と倒れると説いている。

勝敗のつけ方を最も明確なイメージで示しているのが、定善流だろう。自分自身の身を水に見なして敵に非があるところで洩れ入って勝つという勝ち方を説いている。「敵ノ変形ニ随ヒ間ニ洩入ゴトク敵ノ非ニモレ入テ勝ニ不レ滞、又勢ヲ出シテ敵ノ虚ヲ取ヒシグ時ハ、水ノ勢イノゴトク致候ハヾ、能勝可レ申候[35]」。水は地形に応じて流れていくが、隙間や弱いところがあればそこに一気に押し入っていく。敵に随っていくうちにあらわれる敵の非(隙)に水が「洩れ入るように」つけ込んで、あるいは水が隙間に勢いよく「流れ込むように」攻め込めば勝つことができるというイメージである。

2 「相気」という関係性(エントレインメント)をはずして勝つ

もう一つの勝ち方は「敵の気外るゝ」というものである。それは、敵からの「かかり」を外すことであり、イメージとしては、水に浮いた瓢箪が押されても、脇に飛び出ることで自分にかかる力を無化してしまうというのがわかりやすい。ここでいう「かかり」とは敵と自己とのあいだの「身体的関係性」であり、敵と自分のあいだに形成された一種の「拮抗状態」にほかならない。あえて敵の攻撃を受け止めて一瞬であれこの「拮抗状態」をつくりだすことによって、効果的な次の「わざ」を繰り出すことができるのである。その「拮抗状態」が、当時の柔術界でいわれた「相気」である。これは同型同調と応答同調が一致した「エントレインメント」であるといえる。

渡辺一郎はこの「相気」に関して『天ノ巻辨』の「相気ニナリテ、敵ノ様子ヲ考ヘ、心ニテ色々ト求メ、如レ斯取扱ベキナド、思フ時ハ、心気滞リ、其了簡ノ如ク敵ヨリセザル時ハ、大キニ心気散乱スル也。一度乱レテハ、心気本体ニ不レ備、故ニ一身虚シクナル也[36]」というくだりを引用して、これを「取合って、敵と我との気筋があってしまい、敵の気を扱うことがむずかしくなった状態[37]」とまとめている。こうした状態は武術界では避けるべきものとされてきた。「合気」でいう「気筋」というのは、一つは「拍子」であり、もう一つは力の「方向性」である。「敵の拍子に合わさず、直立の姿勢を保ち、心を不動にして無念無想で立ち向かえば、心気は満ちあふれ、敵の強弱・邪正・表裏・遅速といった気配や、動きとなってあらわれていない意図を察することができるので、敵が秘術をふるっても、それに応じた変化をなし、勝利を得ることができる」(38)（引用者の現代語訳）というように、敵と拍子を合わさないこと、すなわち「合気」を避けることによって敵の気ざしを予期し、勝利を得るのである。「方向性」については、すでに述べたように、真正面からのぶつかり合いは断じて避けるべきとされていた。渋川流伝書「柔術目彙解」には「是はすべて上手名人の物をするは、敵の虚なる所負る所へかゝりてしむじやにずと往って勝つゆへに、何の手もなく骨折らずにかつ也。その気機のあんばいを況へば、即ち水中の投油のごとくにて、彼が相気になりて争ふ事ならず、はあはあはあはあと思ふ内にもろく負けてしまふもの也。ここが彼の形の大小、力の強弱によらず柔術の処の目当とする妙所也(39)」とある。敵の隙（虚）のあるところに仕掛けて労せず自然に勝つには、水と油が決して混じらないのと同じように、「相気」になって争わないことが鉄則である。扱心流伝書「柔術扱心流秘書」には「敵の業を請留る事なく、合気を離れて正直に向ふべし(40)」とある。敵の技を受け止めることは、拍子・方向性で「合気」になることであり、それは避けなければならないこととされていたのである。

ところが、天神真楊流の「当流大意録」に「我と敵と一体一気にして、変動の捧を打を相気とも云。又相気の先ともいふ。先の先といふは我も敵も動ざる中に奉法をするを先々の先とも、不意の先ともいふ(41)」というように、剣術に限らず柔術においても、相対する両者が同型同調しエントレインした状態で、互いの仕掛けを待ち、その起こりを打つ「後の先」や「先々の先」（「不意の先」）の技術が存在している。これは、いうまでもなく両者が真正面から向かい合ったときに生じる「合気」を利用した技術「相気の先」である。「合気」は避けるべきとは限らず、むしろそれを利用するという側面もあるということだ。柔術では、こうした合気の利用の側面が明確に把握されていないと考えられるのである。

起倒流や真之神道流などには、「前後裁断之事」という教えがある。「前念後念をたちはなす事を云、まへの心を跡へつながずして、其間を立切るべしと也、（略）敵対するに、心をうまずとゝかふらずして、力の合ぬ所にして勝を取る」[42]。要するに、敵に向かったときに生じる念（心）を留めずに（滞らせずに）、前の状況で生じた心は断ち切って次の状況に集中し、そのプロセスで敵に生じた虚（隙）を制するべしということである。「自然と敵と気の合たる時、是非其所を制せんと心をとゝむるは、住地煩悩也。其所を捨て気滅すれば敵は放心となる、爰に分別あり」[43]。敵と気が合った、すなわち「合気」となってしまったときは、その場を制することに執着せず、その場を捨てて気を消滅させれば敵は気の行き場がなくなり、放心状態になるので、その虚（隙）を撃てというのである。例えば、燈（明かり）を消すと、敵には何も見えないが、自分もまた何も見えない。しかし、この「前後裁断の理」を極めていれば、明かりがついているときの心を捨て去っているので、明かりが消えても心が動揺することはない。心は新たな状況に対応できる新たな心として存在している。それに対して敵は前の心を引きずっていて、明かりがついているときの心で明かりの消滅を迎えるので、冷静な対処ができないということになる。気も心も滅してしまうのである。

ここで重要なのは、合気をはずすことによって相手に虚（隙）を生じさせることができるということである。合気道は、柔術よりもずっと後に成立するが、それは意図的に合気の状態をつくりだして、その合気をはずすことによって相手を倒すというものである。合気道の合気も、自他一体を意味しているのはいうまでもないが、当時の柔術の「合気」とは概念的に異なる。柔術の「柔の理」を突き詰めていったところに「合気」による技があると考えられる。「天地自然の気に自分の気を合わせて一体となり、自然の運行にさからわないで自然の流れのままに従い、相手の動きに自分を同化させて相手を倒す」[44]という合気道の創始者である植芝盛平の言葉を引用して、寺田精之は「相手の力を合理的に自分の力に同化し、相手の力をも逆に利用して技をかける、まさに合気道」[45]であると述べている。ここで「合わす」のは、「動き」なのか「力」なのか、それとも「気」なのかという問題があるが、「気」が何を意味するのかの共通理解がないので、ここでは「気」が作用して「動き」や「力」として体現するものととらえ、「気」を合わせることは、「動き」や「力」も合わせることになるのだととらえておくことにしよう。また、植芝の言葉が示すように「相手」のそれら（気・動き・力）に「自分」のそれらを同化させるのか、それとも寺田がいうように逆に「相手」のそれらを「自分」のそれらに同化させるのかという問題があるが、これについては、吉丸慶雪の見解がヒントになる。彼は、宮本武蔵『五輪書』火の巻の「うつらかすということ」がすなわち「合気」であるとする。武蔵によれば、敵が心はやっているときは、それにかまわないで、ゆったりとした様子を見せれば、敵もそれにつられて気を緩めるから、その気が移った瞬間に素早く強く仕掛ければ勝利が得られるというのである。つまり、敵の「剛」の気を自分の「柔」の気に「うつらかす」のが合気なのである。その場合、まず自分が敵の「剛」の気に合わせておき、その自分の「剛」の気を滑らかに「柔」の気に移行させることによって、敵の「剛」の気も「柔」の気へ「うつらかして」合気となり、その相手が緩んだ瞬間をとらえて自分は「剛」の気に変じて勝利を得るということになる。吉丸は、敵の「剛」の気を自分の「柔」の気へと移らせるのが合気だとしているが、その前の段階で相手の「剛」の気に自分の気を合わせておくのも「合気」といったほうが整合性がある。[46] 実際には、「合わせ」たうえで「合わさせる」のである。

合気道でも、まずは向かってくる敵の力を一瞬でも受け止める必要がある。それから、敵の力をはずすのであり、敵が打ち込んできたのをいったん受け止めて「はずす」から「虚」をつくりだすことができるのである。この「外す」が「うつらかす」ということである。柔術と合気道は技のメカニズムを同じくしているものの、合気道では、その「はずす」を「合気」といい、柔術では「受け止める」のを「合気」というので、その点に違いがある。その「はずす」すなわち敵の動きを自分の動きに同化させる「合気」の動きは、円弧を描く「円運動」といわれる。寺田は次のように述べている。

> 合気道は、〝和〟の武道といわれているように、相手との無理な力の激突がない。相手が打ちこんでくれば、相手の死角（側面か後方）に、軸足を中心に回りこんで技をかけ、相手が引けば、引く力に同化しながら円運

動をおこなって相手の側面に入り込んで技をかける。

このように、合気道では、「引けば押せ」「押せば引け」というような直線的な動きはなく、もっぱら円運動が動きの中心になっている。死角（側面）に身を移動することを、合気道では「入り身」といい、重要な基本動作とされている。

軸足を中心に、円をえがくようにからだを移動する円運動こそ、合気道の大きな特色である。足の動き、腕の動き、重心の移動、すべて円をえがくように動かすことを思えば、それらの動きの軌跡は、球体を形づくる。(47)

右側面に入り身する場合には、右足を軸に左足で円弧を描くことによって相手の気・動き・力を自分に同化させて「はずす」。これが「合気」である。柔術では、この「はずす」前の「受け取る」が相気である。寺田は、「球体運動では、相手の働きかける力を球の一点で受けとめ、求心力によってその力を吸収（同化）し、自分の力と一緒に遠心力によって、激しく押し出す(48)」とも述べている。相手の力を受けとめて自分は円弧を描くように移動しながら、相手を接線方向に押し出すという動きだと解釈される。武術の場合のこうした動きについては、次節で具体的に考察するが、合気道のように「はずした」後に「剛」の気に変じることには言及されず、前述のように相手の「虚」に入っていけば、「虚なるところへ仕掛けて楽に自然に勝つ」とか「敵の業にさかろふ事なく、自然と敵おのれと倒るゝの理也」というように、あとは相手が力の入れようがなくなり自然に勝てるという説明がされているのが柔術の特徴といえる。

当時の天神真楊流の柔術書「当流大意録」には、「敵と我と体付きたる時、敵突けば我体の身隅にかかり応ゆる事、頭より腰迄柔らかに相気はなれて、敵の欲する所に随ひ、敵の勝所に負け、我がまける所に剣自然の勝ちあり、譬えば水にふくべを浮かべて押せばぬける如く、敵の体を我体に引請、只死場に行を要とす。是死を先とする時は、生其中にあり(49)」とある。敵と自分が組み合ったとき、敵が突いてくると自分の体には圧力がかかってくるが、「敵の欲する所に随ひ」て自然に勝つという。それは、例えば水の上に瓢箪を浮かべて上から押すと脇にすり抜けてしまうように、「敵の体を我体に引請け」、死に場へと向かうようなものだが、この死を先んじるなかに生があり、勝利があるという。ここでは「敵に随いて」の勝ちと「敵の気外るゝ」の勝ちは同一のことだと考えられている。しかし、「前後裁断之事」や起倒流伝書「貍尾随筆」に書かれていたこともあわせて考えると、「相気」を避けて勝つことと、「相気」を介して勝つことの間には、実際には微妙なつながりがあると思われるが、理念型としてとらえる際には区別して考えたほうがいいと思われる。

3　戦いの具体的様相——本覚克己流を例に

この節では、かかりを外して勝つことを中心に、具体的に見ていくことにしよう。平上信行[50]によると、柔術の基本的な受け方——相手の力をはずすことにつながるのだが——には、「内受け」「内引き受け」「外受け」「外引き受け」があり、それに「外回り込み受け」「内回り込み」が加えられるという。「引き受け」は最も安全度が高いが、防御はできても、攻撃力に欠ける。単に背後に引いただけでは、当て身の連打を受け続けることになるので、やや斜めに引くのが望ましいという（「当て身」というのは、肘・拳・足先などで相手の急所を打ったり突いたりする技のことである）。「受け」は「外受け」のほうが安全度が高いが、横殴りの打ち込みには弱い。最も安全で攻撃力につながる受け方は、「外回り込み受け」である。外に回り込んで敵の側面に入り込めば、攻撃をはずすと同時に即座に敵を攻撃できる。敵の背後をとることもでき、極めて有利な体勢になれる。この「外回り込み受け」は、合気道の「入り身」にも通じている。

平上は、この「受け方」に続く「受けてからの方法」として「ナヤシ」「イナシ」「ハジキ」をあげる。「イナシ」は相撲技にもあり、突っ込んでくる敵の肩口を横に突きながら身を素早くかわすものであり、「ハジキ」ははねのけることであり、「ナヤシ」は「萎し」とも書く、文字どおり力を失わせることである。三者は微妙に違うが、相手の力を殺したり受け流したりする点では共通している。以下では、江戸時代の流派の一つである本覚克己流を取り上げ、「かかりを外した」勝ち方を中心に「受け止め」と「はずし」という「身体的関係性の操作」の観点から、様々な技を具体的にみていくことにする。本来、諸流派の伝書は非常に難解だが、それらのうち本覚克己流の伝書の解説が図入りで最もわかりやすいと思われる。ただ、明確に「かかりを外した」勝ち方として把握できるものもあるが、「合気」を避けて「敵に従う」勝ち方らしいものも交じっていて、文章だけではどちらとも判断できないものもある。前述したように、二つの勝ち方は理念型としての区別であり、実戦ではこうした区別はしがたいところはあると思われる。

本覚克己流は、真極《しんごく》流を学んだ弘前藩士の添田儀左衛門尉貞定俊が寛文元年（一六六一年）に創始し、彼の著「本覚克己流和」[51]によって今日まで伝えられている。この伝書は七巻からなる。初巻は「知格之段」と「琢磨之段」に分かれる。弐之巻は「重練之段」、三之巻は「離格之段」、四之巻は「劔詰之段」、六之巻は「至格之段」であり、初歩段階から上級段階へと進む構成となっている。四之巻は白刃に立ち向かう術を含み、五之巻は「歌之書」なので武術書としては除外されている。六之巻は剣その他の道具を使った「捕組」（逮捕術）に関するものであり、七之巻は、秘伝ゆえに巻の「次第」だけしかない。こうした構成からすると、三之巻の「離格之段」までをみれば、「徒手」（格闘）の術についてはおおよそ把握できると思われる。以下は筆者による原文の解釈をもとにした分析である。

知格之段——基本技を知る

まずは、「知格之段」だが、正法（表）八・奇法（裏）八をもって「変化之序をなし初学の教となせり」とされている。奇法は、基本である正法の形を崩したものであり、正法と奇法が交り合うことで、「変化」が生じる。「格」について、同書は「実体実業」と表現している。「規則、矩」という本来の意味も含めて、それは技のきまり、すなわち「基本」である。したがって、「知格之段」というのは、技の基本を知る段階である。

①**腕流**

敵が右の手で自分の胸を取ってきたとき、その手をこちらは右手でつかみ、敵の右腕の下へ自分の身を入れ込んで、両手で敵の右腕を取る。

正面から来る敵の力を右手で受け止めて敵の右脇下に潜り込むことで、敵の力をはずすのである。

図3　腕流（表）の技
（出典：添田儀左衛門貞俊「本覚克己流和」、1661年、筑波大学武道文化研究会編『柔術関係史料』上（「武道伝書集成」第七集）所収、筑波大学武道文化研究会、1992年、74ページ）

図4　腕流（裏）の技
（出典：前掲『柔術関係史料』上79ページ）

この「裏」技では、敵が右手で急に自分の胸を突き倒そうと勢いよくやってきたら、左手で敵の腕首をつかみそこに右手を添え、左足を後ろに開くことで敵の力をはずす。左足を後ろへ開いて敵の力をはずす。「なやす」というのは、力を失わせること。敵の力をはずして、その力を失わせるのである。

②**違詰**

敵が右の手で自分の胸を取り、左手で帯を取って押し倒そうとしてきたら、右手で敵の右腕をつかみ、その右腕の下から自分の左腕を差し込んで敵の左上腕部をつかむ。左足を敵の後ろに踏み込み、右手を敵の右胴のところに掛けて、上にある左手と力を合わせて敵を後ろへ捨てる。

これは、右手で敵の右手をつかみ、左手で敵の左手をつかむことによって敵の力を受け止め、左足を踏み込むこと

図5　違詰（表）の技
（出典：同書75ページ）

図6　違詰（裏）の技
（出典：同書80ページ）

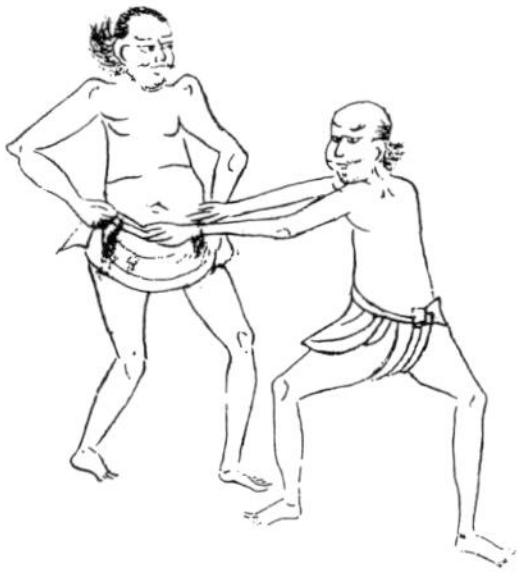

図7　朽木倒（表）の技
（出典：同書75ページ）

によって敵の力をはずしているのである。

「裏」技では、左手を敵に向かって差し込むとき、敵は踏み出した右足を引き、身を入れ替えてこちらの仕込みをはずす。そのとき、自分の腰をつかんでいる敵の右腕を右手でつかみ、左手を敵の右腕の肘に当てて、右足を後ろへ開きながら敵の力をはずす。

③朽木倒

敵が左右の手で自分の前腰に取り付いて押し倒そうとしてきたら、左手で敵の両腕の下から敵の左右の腕をからめて、敵の右手をつかみ、右足を後ろへ開いて（引いて）左の方向へ敵の力をはずす。

敵の右手をつかんで敵の力を受け止め、右足を引いて敵の力をはずすのである。

「裏」技では、敵の右腕を左手で取り、敵の前に右足を踏み込みながら、右手で敵の胸を押す。すると、敵が押し返そうとするのでその気ざしを受けて右足を後ろへ開きながら敵の力をはずす。

④梢倒

敵が頭上に切りかかってきたら、その太刀の下に深く踏み込み、右手で敵の右手を取り、左足を敵の後ろに踏み込みながら身を反転させ、左手を敵の両足のあいだに入れて、背の上に担ぎ上げて右前に投げる。

右手で敵の右手を取って受け止め、踏み込みながら身を反転させる

図8　朽木倒（裏）の技
（出典：同書80ページ）

図9　梢倒（表）の技
（出典：同書76ページ）

図10　梢倒（裏）の技
（出典：同書81ページ）

図11　行違（表）の技
（出典：同書77ページ）

図12　行違（裏）の技
（出典：同書81ページ）

ことで力をはずしているのである。

「裏」技では、敵が右手で頭頂部から切りかかってくるのを右手で受け止め、①の「腕流」の要領で引き抜く。

⑤行違

前方から来る敵と行き違うとき、互いの右腕が触れ合う瞬間に、身を反転させて左足を敵の背後に踏み込み、敵の頭上から左手を回して相手の左手をつかみ、右手を敵の大腿裏側へかけて、後ろへ投げ捨てる。

これは、「先」をとって、敵の力を作用させないままに仕掛ける形である。

「裏」技では、前方から来る敵の右方へ行き違うときに、敵の右手を右手で取り、敵の背後に回り、敵の右脇下に自分の頭が来るようにして、敵の右手を後ろに引き抜いて敵を倒す。

⑥面影

敵が後ろから来てこちらを抱き留めてきたら、右の肩を下へ抜くようにして敵の右腕を取り、右足を前に踏み込んで腰で跳ね上げるようにして前に投げる。

この場合、受け止めとはずしは、右肩を下へ抜くようにして敵の右腕を取るという一つの動作で同時におこなわれているといえる。

「裏」技では、敵が後ろから来て両肘ごと抱いてきたら、左右の肘を張り上げて自分の体を下に抜くようにし、左足を敵の後ろに踏み込み、左右の手で敵の腹胴部を抱え込んで後ろへ投げ捨てる。

図13　面影（表）の技
（出典：同書77ページ）

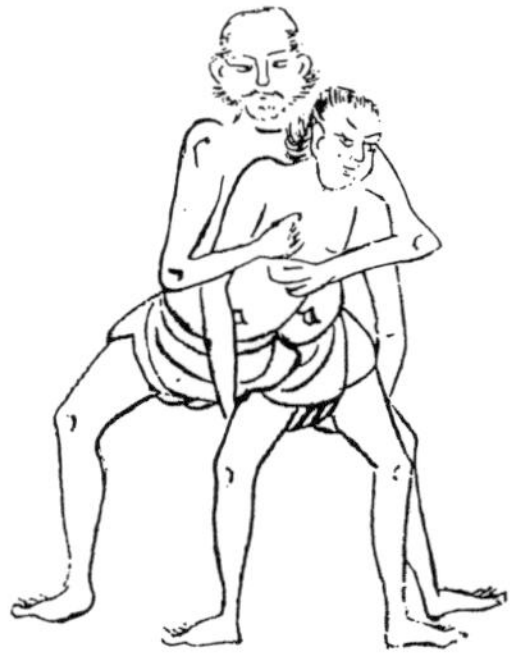

図14　面影（裏）の技
（出典：同書82ページ）

⑦三條手留

①の「腕流」のように敵が右手で自分の胸を取ってきたら、左右の手で敵の右手を取り、右足を引いて、額を敵の手に当てて「肢折《しお》る」。敵の右手を取って受け止め、右足を引いてその「かかり」をはずしている。「肢折る」については、太田尚充が『津軽のやわら』のなかで、『和骨簠簋集』に「敵の四肢にたよりて、その気、力に我が身体をのせて勝なり」という説明があると紹介している。(52) 要するに、敵の四肢を取って、そこに圧力をかけることだろうと考えられる。結果として四肢を折ることにもなるので、「肢折る」という字が当てられたのだろう。以下、「肢折る」のまま使う。

「裏」技では、敵の右手首を右手でつかみ、左腕を敵の肘部にからめて敵の腕を肢折ろうとすると、敵は手と肘を抜いてそれを阻止しようとするので、その動きを利用して打ち込み、後ろへ捨てる。

図15　三條手留（表）の技
（出典：同書78ページ）

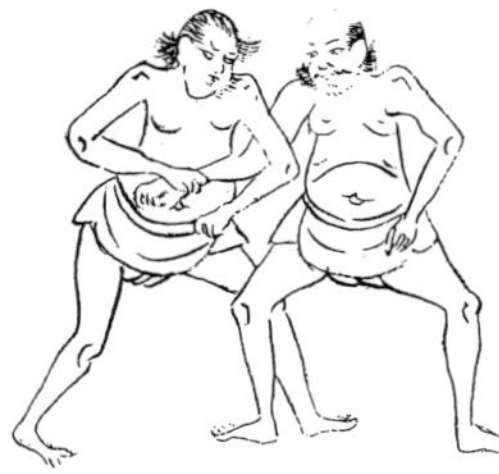

図16　三條手留（裏）の技
（出典：同書82ページ）

図17　山陰（表）の技
（出典：同書79ページ）

⑧山陰

敵が右手でこちらの胸を取ってきたら、こちらも右手で敵の右手を取り、その敵の腕の下から左手を入れて敵の胸を取って、右腕を「肢折る」。

敵の右手を取って受け止め、胸を取って敵の力をはずしている。

「裏」では、同様に敵の右手首を右手でつかみ、左腕を敵の肘部にからめて敵の腕を折ろうとすると、敵は肘を縮めて折られまいとするので、すぐに敵の身に近いほうの足を敵の後ろに深く踏み込み、敵の体を後ろへ捨てる。

腕をとって折ろうとすると、折られまいとしてあらがうのでその力の拮抗状態を、足を敵の後ろに踏み込むことによってはずしているのである。

琢磨之段――練り磨いて向上させる

「琢磨之段」にあっては、「初心の習練として、剣を研ぎ玉を磨くという精神から、この段階の名がついている」[53]という。研ぎ練り磨いて、より向上させる段階である。

①手先折

敵と膝を折って向かい合っているとき、敵が左右の手を取って指を折ろうとしてきたら、左の肘を曲げて左の膝を立てながら敵の前に踏

図18　山陰（裏）の技
（出典：同書83ページ）

図19　手先折の技
（出典：同書84ページ）

図20　乱柏の技
（出典：同書85ページ）

み込み、左の肘を敵の胸に当てようとしながらその瞬間、左に身を開く。当てがはずれた敵が自分の首筋を取ろうとするところをを引き倒し、さらには左手で敵の背中を打って勝つ。

踏み込んで左肘を敵の胸に当てて拮抗状態を強めてから身を開くから、はずしの効果が大きくなる。

②乱柏

敵が自分の右の脇から仕掛けてくる場合の技である。敵はこちらの右手を取って上に引き上げて、その開いた脇に右足をぶつけてくるので、左手でその敵の当たりをはずす。自分は右後方へ右膝を立て、敵の首筋を取って引き伏せる。そのとき、左手で敵の背中をつかみ、左に身を移して勝つ。

③仕懸面

自分から向かっていき、左右の手ですかさず敵の左右の手を取り、そのまま反転し敵に背を向けた格好になると、敵は両腕を交差させられていて力の入れようがない。すでに力をはずされているのである。自分の左足を踏み込んで腰で跳ね上げるように投げる。「先」の技である。

④四手崩

敵と（相撲のように）四ツに組む形になったら、右手で敵の左手をつ

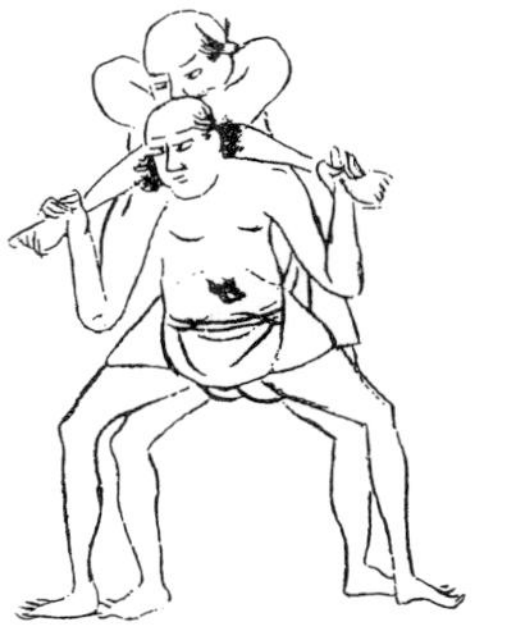

図21　仕懸面の技
（出典：同書86ページ）

図22　四手崩の技
（出典：同書86ページ）

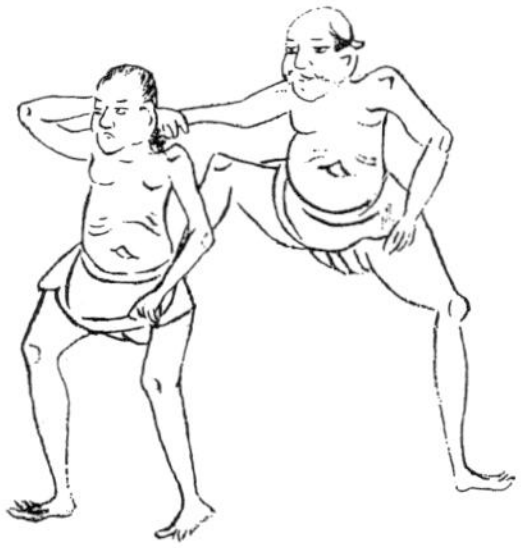

図23　繋船の技
（出典：同書87ページ）

かみ、右のほうへその手を肢折る。四ツに組んだ状態は力がぶつかりあった状態なので、敵の左手をつかんでひねることによって敵の力をはずすことになる。

⑤繋船

敵が後ろから来る場合の技である。自分の尻や髻《たぶさ》などを取り、右足を自分の腰に掛けて仰向けに引き倒そうとしてきたら、右手で敵の手を取り反転して抜ける。敵の手を折ることも、あるいは敵の力をはずすこともできる。

⑥貫木通

敵が右手で知格之段④の「梢倒」のようにこちらの頭上に打ちかかってきたら、左手で敵の手を受け止め、すぐに行き違いざまに抜いて（はずして）勝つ。

⑦腰車

敵が両手でこちらの右手を取り、手首を内側に折り、腕をねじって手前に引き付けてきたら、その手を敵に従わせながらすかさず肘をたたんで敵の脇へ押し込み、左手で敵を抱いて前に投げ落とす。敵の引き付けを利用して脇へ押し入り、攻勢に転じる。これは、「敵に随ひての勝」である。

図24　貫木通の技
（出典：同書87ページ）

図25　腰車の技
（出典：同書88ページ）

図26　左右向肢折
（出典：同書88ページ）

⑧左右向肢折

敵が左右の手で自分の刀の柄をつかんできたら、敵の右手をつかんで「肢折る」。また行き違いのときは（右にしろ左にしろ）状況に応じて敵の左右の手を「肢折って」勝つ。関節を取って「肢折り」にいくことは、勝ちをもたらさなくても、拮抗状態で敵の力をはずす重要な手立てである。

重練之段――「先」の技の導入

「重練之段」は、「修行者が奇正虚実を見分け基本を維持しながら柔術の変化技に至るのを目的にして、技のかたちと作用を示すことによって、前段階の琢磨之段の精神を失わずに、さらに重ねて技を練り磨かせる段階である」[54]とされている。

この段階では、自分から仕掛ける「先」の技が多くなる。自分から仕掛ける場合には、それを敵が受け止めるか、それとも従うかが問題になる。

①諸手突

敵が左右の手で自分の胸を急に突き倒そうとしてきたら、左右の手で敵の肘を下から受け止め、左足を後ろへ引いて身をかわして敵の力をはずす。

敵の力を受け止めてはずす勝ち方のシンプルでわかりやすい例である。

②小袖詰

敵がこちらの左右の腕を取って、どれほど強い力をもってしてもどうにもならないとき、敵に背を向けるように反転し左膝を地につけながら自分の身に敵の両手を引き寄せ、敵の右腕に自分の右手をすがらせて知格之段①の「腕流」のように引き抜いて勝つ。

知格之段④「梢倒」、琢磨之段③「仕懸面」、同⑤「繋船」でもみたように、反転ははずしの効果的な手段である。

図27　諸手突の技
（出典：同書90ページ）

図28　小袖詰の技
（出典：同書91ページ）

③相引

敵と行き違うとき、敵の右手を左右の手で取り、自分の身を敵の右脇に入れ、敵の右腕を自分の右肩に掛けて抜こうとする。敵は左手でこちらの左腰を押さえて抜かれまいとすると同時に、こちらにとられている右手を引き抜こうとする。こちらも敵の手を引くので「相引」になってつり合ってしまう。その瞬間に、右膝を折って敵の引く力をはずして勝つ。

膝を折って重心を落とすことによって、かかりをはずすことができるのである。

④鸚鵡返

これは、知格之段⑤の「行違」の「裏」のような技である。敵がこちらの右手を取り、袖の下を後ろへ引き抜こうとしたら、その途中で敵の手を取り返し、身を入れ替えて相手の力をはずす勝ち方である。敵

図29　相引の技
（出典：同書91ページ）

図30　鸚鵡返の技
（出典：同書92ページ）

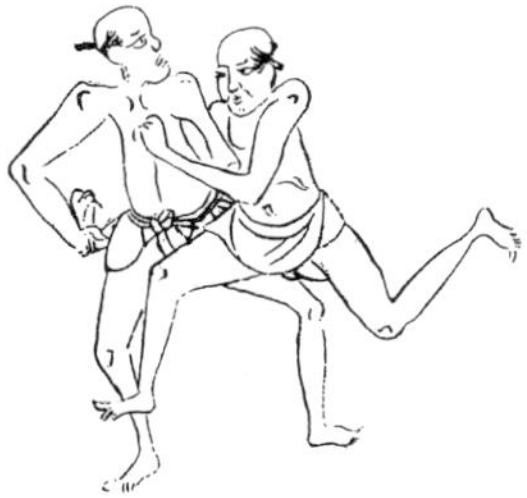

図31　小手乱の技
（出典：同書93ページ）

がかけてきた技をやり返すことで勝つので「鸚鵡返」という。
敵が手を取ってきたのを取り返すことで敵の力を受け止め、さらに身をひるがえすことで敵の力をはずして勝つのである。

⑤**小手乱**

敵が両手でこちらの右手を取り、手首を下へ折ろうとしてきたら、右足を敵の後ろに踏み込んで膝を立て、左手で敵の上巻または請筒あるいはそのあたりの衣服の一部をつかんで後ろへ投げる。敵の後ろに踏み込むことによって敵の力をはずして攻勢に出る技である（上巻とは、鎧の背部につけた飾りひもである総角《あげまき》の意か、請筒とは、背中につける筒で、指物の棹や母衣串《ほろぐし》を挿入するものである）。

⑥**小鷹返**

敵がこちらの左右の手の甲を取って指を外へ折ろうとしてきたら、自分の肘を曲げ敵の右腕の下へ身を入れて、左足を敵の後ろに踏み込み、知格之段⑥の「面影」の「裏」のように腰で張り上げるようにして前に投げる。

⑦**紅葉捨**

敵の右に添っていくとき、敵の右手の甲を左手で逆手に取り、敵の前へ身を移し、左足を寝かせて敵の力をはずす。敵の力が全く作用し

図32　小鷹返の技
（出典：同書93ページ）

図33　紅葉捨の技
（出典：同書94ページ）

図34　谷落の技
（出典：同書95ページ）

ないように手順を重ねていくのである。ここからは「先」の技が続く。

⑧谷落

敵の右側で行き違うときに、敵の前から右手で敵の左腕を取り、左手で敵の右腕を取り、敵を抱き上げて右膝の上に敵の後ろ腰を乗せて、退きざまに落とす。

⑨矢倉落

敵の胸を右手で取ると同時に、知格之段④の「梢倒」のように投げる。すなわち左足を敵の後ろに踏み込んで身を移し、左手を敵の両足のあいだに入れて、背の上に敵を担ぎ上げて投げる。

⑩鐵石落

前の「矢倉落」の所作と形は同じである。膝を地面につけて左手を敵の両足のあいだに入れ、右手は敵のあごの下に入れ、敵を持ち上げ切り倒すように投げる。右手の使い方が要であり、これに習熟していないとかえって敵の勝利になることが多い。

⑪七里引

人を引き立てて連行する方法である。敵の右手を自分の右手で取り、その敵の右腕を自分の左腕で外から内に抱えて引き立てる。敵の右腕

図35　矢倉落の技
（出典：同書95ページ）

図36　鐵石落の技
（出典：同書96ページ）

図37　七里引の技
（出典：同書96－97ページ）

を固めてしまうので、敵が抵抗するときは肢折ることができる。遠距離の間もたやすく連行できるので、「七里引」という。

⑫碇引

敵の右側で行き違うときに、敵の右腕を左手で取り、右手で敵のかいな（右手）を抱いてなやそう（力を失わそう）とすると、敵は左手で自分の襟首か髻を取って引き倒そうとするので、自分の左足を後ろに託して敵を投げる。

敵と攻め合っている最中に、こちらが足を後ろに引いて重心を移すことで敵のかかりを「はずして」いる。

⑬棚利詰

敵が胸と帯を取って、壁・戸・障子・棚などに押し付けてきた場合、自分も敵の胸と帯を取って右のほうへ身を移す。これは、放れ移り・堅福移である。腰と左右の腕の使い方が要である。

⑭剣肢折

前方から来る敵に行きかかったとき、敵が差している刀か脇差の柄を左手で取り、右手で敵の左手を取り、肢折ろうとする。この「肢折」がもたつく場合は、鞘と左手を取って試みる。

図38　碇引の技
（出典：同書97ページ）

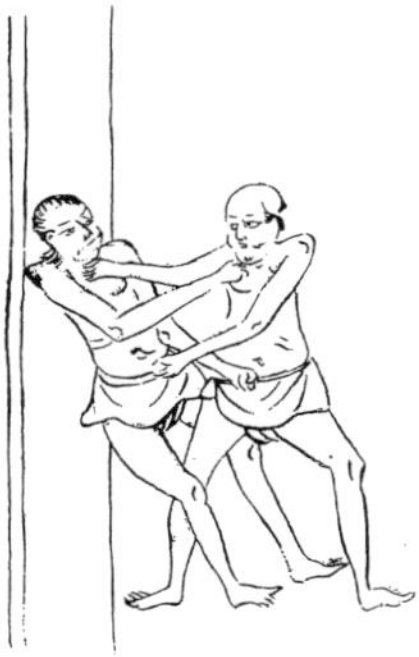

図39　棚利詰の技
（出典：同書98ページ）

図40　剣肢折の技
（出典：同書99ページ）

⑮鞠之身

敵が相撲の本腰の手で投げようとしてきた場合に、大腰をかけるのを「尾上返」という。「大腰」とは、下手を返して、十分に腰を入れて敵を自分の腰に乗せるようにして投げるものである。ここでは、敵の投げようとする力を借りて「移る」のである。この「移り」の身を指して「鞠」という。

「本腰」と「大腰」の違いは定かではないが、「本腰」を受けながら「大腰」で「返す」のを「移り」という。そして、この移りは「はずし」を伴っている。敵の力をはずして移っているのである。⑬の「棚利詰」の移りも同様である。

離格之段——千変万化に応ず

「離格之段」は「知格之段」「琢磨之段」「重練之段」で身につけた和（柔）の「実体実業」（基本）の格を離れる」という意味をもつ。「敵の仕掛けに応じ技に随って懸退表裏の策術を施し、四方八方の敵に対して決して動きを滞らせない極意を練り上げさせること、すなわち、千変万化

図41　鞠之身の技
（出典：同書100ページ）

図42　燕返の技
（出典：同書105ページ）

の攻め寄せに応じ敵と身体を密着させることになっても、やわらの基本を失わない本懐をもって、離格を習得させること、その深意はまさに教えの秘密であると心得よ」[55]とあるように、身につけた技の形に拘泥せずに、自由自在に技を使いこなす段階である。芸道でいえば「守・破・離」の「離」に当たる。同書では「挌《ママ》を離て格に逢の教行也」と表現している。

「重練之段」では前の段階より「先」の技が多かったが、この離格之段は再び敵に仕掛けさせる「後」の技を中心としたものになっている。

①燕返

座っているとき、背後から来た敵がこちらの頷（したあご）を取り、背の大骨に右足を当ててきたら、こちらは後ろに開きながら（反転しながら）右膝を立てて、敵に向かいざまに右手を逆手にとって敵の後ろ腰を押せば、敵の当てがはずれるだけでなく敵の左側の力は足だけになってしまうので、こちらは左手を敵の前腰に添えて引き、敵の力をはずして倒す。

自分が後ろに反転して右手で敵の後ろ腰を押すことで、敵の右足のかかりをはずし、敵に完全な隙をつくりだしている。

②手割

向かい合って座している場合の技である。敵がこちらの左右の腕首を取ってそのままこちらの膝の上に押し付け、こちらが手足を動かせないようにしかけてきたら、こちらは膝を寄せて敵の右腕に自分の右手をかけて肢折る。敵のほうが力が強い場合は腕はなかなか肢折れない。「飛肢折」（素早い肢折の意か）を習っておく必要がある。

膝を寄せることによって、手に力が入る体勢にもってくるものだが、完全にはずしきれていないので、肢折るには力を要する。

③小詰

座っているとき、敵がこちらの左袖口の上を右手で取り、右膝を立てて詰め寄ってきた場合の技である。これは、敵のはたらきを見て勝ちを得ようとして、敵の変化をうかがう仕掛けであり、熟練者がよくおこなうものである。右手で敵が踏み出した右膝を取って引きながら左手をすぐに敵の胸へ押しかけて倒す。敵の右膝を裏側からすくって力をはずすのである。

図43　手割の技
（出典：同書106ページ）

図44　小詰の技
（出典：同書106－107ページ）

④雷光

向かい合って座している場合の技である。敵が自分の胸を左手で取り、右手に小脇差を持って自分の腹を突こうとしてきたら、こちらは敵の手を左手でつかみ、右膝を立てて立ち上がりざまに右手を敵の左肘にかけて、敵が小脇差を突き出すところを前にうつぶせに倒す。敵が上から切りつけてくるときは右手で受け止め、ひねり返して倒す。急に突いてこられたら、右手で素早く敵の拳を押さえうつぶせに倒す。

こちらの胸を取った敵の左手を両手でつかむことで、敵が左手を通してかけてくる力をはずしてはいるが、敵は右手の小脇差で突こうとしているので、こちらが敵を前に押し伏せるのが早いか、一瞬の差を争うことになる。

図45　雷光の技
（出典：同書107－108ページ）

図46　主人の技
（出典：同書108ページ）

⑤主人

　敵が後ろから来て、座っている自分の後ろ襟を取り、小脇差の先を喉に当て、少しでも動けば突き殺そうとすることで自分を人質にとろうとしてきた場合の技である。その場合、自分は左手で敵の小脇差を持った手首を取る習わしがある。剣の切っ先が自分の身体に触れるように、上にひねる心持ちで相手の右手首をとったら、すぐに前に両手をかけて右膝を立て、知格之段④の「梢倒」の「裏」のように前に投げる。「これまた勝つ様に品々有り」というように、これには、勝ち方がいろいろある。

　敵の小脇差を持った右手首を取って上にひねってはずすのだが、刃先が自分の身体をかすめるほどの体勢でおこなうのできわどい高度な技である。

⑥弐人取

　敵が二人の場合の技である。二人が向かい合っている場合には、その間に自分が入り、どちらかに肢折をかけ、その拍子ざまにもう一方に一撃をくらわして勝つ。二人が並んでいる場合には、自分からみて左のほうを肢折にするべきである。また、二人が並んでいる場合のもう一つの方法としては、後ろから二人のあいだに入り、右の者にはあごか髻を取って当たり、左の者には右手を付け肢折るか、あるいは身を移す。

　この「弐人取」や⑤「主人」、④「雷光」などに勝ち方が様々ある点に、「格を離て格に逢」、すなわち実体実業の形を離れ自在無碍になるという「離格」の特徴があらわれている。

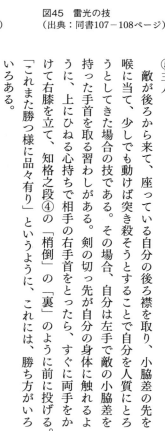

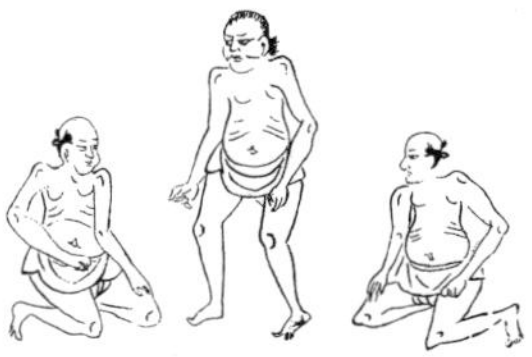
図47　弐人取の技
（出典：同書109ページ）

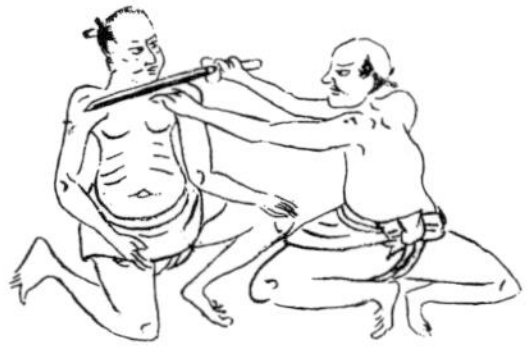
図48　捫返の技
（出典：同書110ページ）

図49　左の位 対 直身の技
（出典：同書111－112ページ）

⑦捫返

座っているときに敵が向こうから仕掛けてきた場合の技である。敵がこちらの右手を取って琢磨之段⑦の「腰車」のように右足を脇へ踏み込み、手をひねり返してきたら、敵の右手を自分の左手で取って肢折る。敵が小脇差をかざして詰め寄ってきた場合は、左手を取って外側にひねる。

図50　右の位 対 迷動の技
（出典：同書112－113ページ）

図51　退の位 対 心囲の技
（出典：同書113－114ページ）

この段の終わりに、荒木流の基礎の型「三曲」とそれをはずして対応する本覚克己流の型「和抜」（やわらのはずし技という意であろう）が、三パターン掲載されている。

・左の位（取手）　直身（和抜）

敵は右足を自分の左の膝脇外へ踏み込みながら、左手で自分の左腕を取り、続いて身を自分の左へ替わりながら右手を自分の喉に当て、自分をのけぞらせて倒す。これに対して、「直身」という「和《やわら》の抜」で対応する。こちらは、喉に当てられた敵の右手を自分の右手ではずし取って肢折る。「この技は、敵の当てをはずしての肢折なので、初心者の身のこなしでは及びがたいものだ」というように、これは「離格之段」として難度が高い「はずし技」「抜き技」とされる。

・右の位（取手）　迷動（和抜）

自分が小脇差を持って突いていく気ざしを見てとって、敵は右足を自分の右膝の脇へ踏み込みながら、右手で自分の右手首をつかみ、身を替わりざまに左手で自分の胸を取り、左膝の上に自分の腕を乗せてためて倒し込む。これに対して、「迷動」で対応する。自分は胸を取っている敵の腕をはずして、それを自分の右腕にすがらせて肢折って勝つ。

・退の位（取手）　心囲（和抜）

こちらが小脇差で敵の腹を突こうとすると、敵は腰を後ろへ引きざまに左手でこちらが突き出した手首を上からつかみ、右手を前に持っていき自分を引き伏せる。これに対して、「心囲」という「和の抜」で対応する。小脇差を持って突き出した自分の腕を敵が左手で取ったのと同時に、自分はそこに左手を添えて外へ肢折る。

「離格之段」では、敵に取らせて、その「かかり」をはずして「肢折」るというパターンが非常に多くなっているといえる。「受け止め」から「はずし」に移ることによって、「身体的関係性」を操作するのである。

4　身体的関係性の遮断・攪乱

前節でみてきたように実践の技で重要なのは、敵の「かかり」をはずすことだが、それは敵との身体的関係性の遮断・攪乱と関連している。柔術では「敵に知られることなく敵を知る」ことを目指すが、それもまた身体的関係性の操作である。こうした点について、近年の武術に関する科学的研究の成果に基づいて考察してみたい。

垂直離陸——依存的関係性の破壊

「垂直離陸」は、武術家・甲野善紀が命名した概念であり、「床から浮き上がるようにして立つ」という身体操作法である。重力による下降の動きと、それに逆らって浮き上がろうとする動きが同時に存在し、この反対方向の二つの動きを同時におこなおうとする状態を他の身体部位にも拡張しているのが「離陸」である。手の動きに適用するならば、「手を前に突き出す動きと手を後ろに引き下げる動きを同時におこなおうとする」状態ということになる。こうした身体操作法も、身体感覚の二重性に基づくものといえるだろう。

鈴木友彦らはこの垂直離陸による身体的関係性の遮断に関して、床反力計を用いた実験をおこなっている。[56] 床反力計はヒトが動作したときに加わる力を全方向にわたって検出できる。まず一人の被験者に「垂直離陸」をおこなってもらい、床反力中心位置（重心の変位とその変化速度。重心の変化が数値微分されて変化速度として定量化される）を測定すると、重心の変位と変化速度の上昇がみられた。つまり、重心動揺（身体の重心の移動）が大きくなったのである。さらに、仕手と受け手を被験者にして同じく床反力中心位置を測定すると、仕手と受け手の両者が接触しないで立っているときには重心の変化とその変化速度はそれぞれ異なっていたが、両者が組み合うと重心の変化は類似し、変化速度の相互相関関数が有意に高まった。これは、ヒトが外界の物体と触れるとそこから得られる触力覚情報に基づいて自己の姿勢を制御するからである。組み合っている仕手と受け手は、互いに触覚を通して姿勢を制御しているわけであるが、これは「同型同調」し合っている「合気」の関係にあることにほかならない。しかし、仕手が「垂直離陸」をおこなうと、相関が有意に低下し両者が接触していないときと同程度までに達した。つまり、他者と接触しているときに「垂直離陸」をおこなうと、相手との同調関係を断ち切ることができるという推測が成り立つのである。この結果について、鈴木らは次のように考察している。

「垂直離陸」を行い重心動揺が大きくなっている人の腕をつかむことで、腕をつかんでいる人は相手が通常の立位状態でいるときに比べて不安定さを感じるのではないかと考える。そして、接触点から相手の不安定さを感じることで、自身の姿勢を安定させるために、接触点から得られる触力覚情報を利用せずに、他の感覚情報だけを用いて姿勢制御を行うようになるのではないかと推測する。すなわち、「垂直離陸」という身体操作は、物理的にはカップリングしながらも相手との依存関係を断ち切り自立するという武術における一般的な原理を実現する一つの方法であると考える。(57)

仕手の重心動揺が垂直離陸によって大きくなると、受け手は普通の場合のように相手との関係で自身の姿勢を制御することができなくなるので、姿勢の安定・制御のために仕手との身体的関係性を断ち切って自立するようになると推察されているが、仕手と受手の相関の低下が伝達情報の遮断——実際に情報が伝わらなくなること——によるものではないかという可能性が排除されていない。また、相手との依存関係が断ち切られることによって、なぜ武術で自己が優位な状況を得ることができるのかは明確にされていない。

「垂直離陸」と同じ操作を他の関節や身体部位に一般化した概念が、「離陸」である。石川裕一朗らは、この「離陸」は武術以外の身体技能にも無意識的に使われているとし、例えば「醤油砂嘴《さし》の口から醤油を一滴だけ垂らそう」とするときの身体状態をあげている。(58)「醤油を垂らす方向の手の動きとそれを止めようとする手の動きが拮抗した状態」という説明は、「離陸」の特徴をよくあらわしている。

そうして、「離陸」の身体部位として手に焦点を当てる。手関節の動きでの「離陸」状態を被験者に設定し、手関節の屈曲・伸展に関わる筋（橈側手根屈筋・総指伸筋）に加えて、肘関節の屈曲・伸展に関わる筋（上腕二頭筋・上腕三頭筋）、肩関節の屈曲・伸展に関わる筋（三角筋）の活動量を測定している。この「離陸」状態、すなわち手関節の屈曲・伸展が拮抗した状態では、手首を固定した状態と比べると、手関節周りの筋活動が減弱する一方、肘関節周りの筋活動が増大するという測定結果が出されている。石川らは、この結果は、離陸状態というものが、対象とする関節周りのスティフネス（凝り）を小さく保ちながら、その関節よりも体幹側の関節周りのスティフネスを高めた状態であること、すなわち目的とする関節周りの筋を強く活性化して固めるのではなく、筋緊張はそれほど高めずに関節を比較的柔らかにした状態であることを示しているとする。そして、こうした状態をつくりだす武術の戦略的な意味は二つあるとする。一つは、筋緊張を抑制することで、どちらの向きにもすぐ動きだせる状態をつくりだしているということ。屈曲・伸展の両方に関わる筋を「固めて」おくことは身体を動けなくしてしまうことになるので、避けられなければならないのである。もう一つは、筋緊張を抑えることで、筋紡錘がもたらす筋感覚の感度を維持できるということである。

このことに関連して、日野晃は、「つかむ」という行為は相手の微妙な動きを察知することができないのに対し、「さわる」ことは相手の微妙な筋肉の動きや変化を感じ取ることができるのだと述べている。柔道でも、ふわりと力を入れないように握ることが重要とされる。また、「つかむ」と相手にこちらの意志や動きが伝わってしまう。「つかむ」と、相手と自分が連結され、自分の情報が伝わってしまうのである。「「つかむ」とは、自分の意志や目的を相手に主張することであり、「さわる」は、相手の意志や目的を探るもの（受け入れるもの）、という違いがある[59]」。「つかむ」とは対照的に「さわる」という行為は、作用部分の筋緊張を抑えることであり、「離陸」に通じるものであるともいうことができる。

吉福康郎もまた、触覚によって相手の筋肉の状況を知り、予期することができ、反対に自分の状況（触覚情報）は相手に与えず、また誤った情報で相手をだますことすらできるという[60]。例えば、相手に両手首を押さえ付けられた場合、肘の力を抜き、棒の部分（肘から先）を荷物でも預けるように、一度完全に相手に持たせてしまうと、相手は手掛かりを失ってしまうという。肘の力を抜くことによって自分の情報が相手に伝わらなくなるのである。

これらのことから武術では、相手と自分との身体的関係性を潜在的に操作し、触覚を通して相手に自分の情報（筋肉の動きや変化）を知られることなく相手の情報を知るという関係性に至ることが目指されていることがわかる。ただ石川らは、前記の実験研究では、「離陸」がなぜ相手に自分の動きの情報を伝えにくくするのかは不明だとしている。

鈴木らの前記の実験で組み合った状態にある二人の一方が「垂直離陸」をおこなうと、二者間の重心動揺の相関が減少したこと、すなわち「関係性の断絶」は、物理的にはどのようなことを意味しているのだろうか。固定された物体に触れることには「ライトタッチ効果（Light touch effect）」という身体動揺抑制（調整）効果があることが確かめられている。例えば歩行が不安定な場合に、固定された壁などに指先で軽く触れるだけで身体動揺が減少する。反対に振動しているものに触れると、身体動揺は増加するのである。こうしてヒトは、触れたものの触覚情報を身体の姿勢制御に役立てている。本書の議論に即していえば、触れたものの状態と「同調」し合うことで、身体のバランスをとろうとするといえよう。石川らは、「垂直離陸」がこのライトタッチ効果に与える影響を調べることによって、「関係性の断絶」の意味を探っている。[61]

石川らは、通常立位条件と垂直離陸条件の二つのケースで、固定された台に被験者を軽く触れさせ、床反力中心の移動軌跡を測定した。すると、どちらのケースでも床反力中心の軌跡長は有意に減少した。すなわち、重心動揺が減少したのである。このことは、「垂直離陸」をおこなっても「ライトタッチ効果」が生じることをはっきり示している。つまり、「垂直離陸」をおこなっても、固定された台の情報が触覚を通して伝えられ、身体の重心の動揺が抑えられるということである。鈴木らの実験が示すように、組み合った状態の二人の一方が「垂直離陸」すると、両者の重心動揺の相関関係が低下し、同調し合っている関係性が断絶する。しかし、振動しているものに触れると、身体動揺が増加することがこれまでのライトタッチ効果実験でわかっているし、石川らのこの実験では、垂直離陸をおこなった者もおこなっていない者も、触れた対象から情報を得ていることがわかった。つまり、鈴木らの実験にみられる、垂直離陸が関与することによって両者の重心動揺の相関関係が低下した状態でも、両者ともに互いの情報が伝えられているということになる。そのため石川らは、「垂直離陸」による「関係性の断絶」は「接触対象から得られていた感覚情報が遮断される」のではなく、「他者に依存することなく、独立してバランスを維持する状態を作り出すことを意味するかもしれない」と推測している。この文脈で考えると、一方が「垂直離陸」をおこなうことによって、それまで二者で一体となってとっていたバランス構造が崩れて、大きな重心動揺が伝えられた相手はよりどころを失い、自分自身でバランスをとらざるをえなくなる。それは、いわば技がかけられやすい「虚」の状態を一時的につくってしまうことになる。そこでは、相手は、それまで得られていた触覚情報を自ら拒否するしかなくなる。その結果として、「垂直離陸」をおこなった者は引き続き相手の触覚情報は得ることができるが、自分の触覚情報は相手に伝わらなくなるという状況が生まれるのである。

　このように考えると「垂直離陸」は、相互依存的で同調的な身体的関係性を壊すことで敵の側に「虚」を生み出すという、関係性の操作術だと考えられる。

抜重——関係性を攪乱する

　この「垂直離陸」——重力による下降と、それに逆らって浮き上がろうとする動き——は、「武術研究」領域では「抜重」または「抜き動作」と呼ばれ、素早い動きを生むとされている。このことに関しては、脇田裕久らによる身体運動学的観点からの一連の研究がある。[62]

　脇田らの実験は、被験者である女子大学生十五人が自然な直立姿勢から一歩踏み出す前進動作をおこなうのを筋放電量と床反力の測定値に基づいて分析したものだが、その動作を「抜き動作」と「蹴り動作」という二パターンでおこなわせ、両動作の差異をデータで比較検討している。ヒトは一般的に拇指球で地面を蹴って進むが、この「蹴り動作」の場合、拇指球が距骨付近にある重心落下点よりも前方にあるので、蹴って一歩前へ踏み出すためには、前傾姿勢をとり重心落下点を拇指球側に移動させるという予備動作が必要である。それに対して、「抜き動作」では膝関節を脱力させ、重心落下点より後方の踵側に足底支持点を移しておけば（解剖学的には距骨は踵骨のほぼ真上にあるので、重心落下点とここにいう足底支持点はほぼ一致しているといっていい）、予備動作なく踏み付けることができ、さらに重心が落下していく位置エネルギーを利用して一歩を踏み出すことができる。「膝関節の脱力」は「下降」と「浮き上がり」の二重の感覚（潜在的な動き）を保持した姿勢であるからこそ、落下エネルギーを直接的に利用できるのである。

「抜き動作」の筋放電量は「蹴り動作」のそれと比較して、主動筋である大腿直筋では〇・一パーセント水準の有意な増大、腓腹筋では〇・一パーセント水準の有意な減少が認められた。これは、主動筋の活動増大と末端の筋活動の減少による効率的な筋活動を示す。床反力に関しては、前進動作の場合にフォースプレートに加わる鉛直分力と水平分力が記録され、「抜き動作」の場合の鉛直分力のピーク値では「蹴り動作」のそれに比べて五パーセント水準の有意な増大が認められ、水平分力のピーク値では一パーセント水準の有意な増大が認められた。こうした床反力の増大は推進力の増大を示している。「抜き動作」で踏み出すストライドは、「蹴り動作」とのあいだに有意な差は認められなかったが、前進速度には〇・一パーセント水準の有意な増大があった。「抜き動作」における動作時間にも〇・一パーセント水準の有意な短縮がみられ、素早い動作が可能になっていることがわかる。これは前傾姿勢に移る動作時間の短縮によるものだと考えられる（「蹴り動作」に比べて一パーセント水準の有意な短縮）。

一方、金井涼らは、「中間重心立位」――足裏を爪先から踵までぴったりと床面に接地させ、足底圧が前後方向にも内側・外側方向にも偏っていない状態での立位――が、通常の立位姿勢と比べて、前進・後退にかかわらず動作に要する時間が短く、前進では動作開始の際に体幹の上下方向の無用な動きを封じ、相手に対して動作開始を検出するための視覚的手掛かりを減らす効果を生み出しているとしている。[63]「抜き動作」とは足底支持点が異なるが、動作に移行しやすい立位とされている。

また脇田らは、「横移動動作」でも、膝関節の脱力による位置エネルギーを用いた「抜き動作」は、「蹴り動作」と比較してより効果的だと報告している。[64]筋放電量では主動筋の大腿直筋で五パーセント水準の有意な増大が、末梢の筋である腓腹筋で五パーセント水準の有意な減少が認められた。鉛直分力および水平分力のピーク値では、「抜き動作」が「蹴り動作」よりも増大したが、どちらの条件下でも有意な差は認められなかった。動作時間では、

「抜き動作」が「蹴り動作」よりも〇・一〇秒短縮し、五パーセント水準の有意差が認められた。移動速度では、「抜き動作」が「蹴り動作」と比べて十五・一センチ毎秒増大し、五パーセント水準の有意さが認められた。このように、「抜き動作」は主動筋の活動を高め、短時間に素早い横移動を可能にしていると報告している。

一歩踏み出す前進動作の連続からなる歩行にも、「抜き動作」のほうが効率的で素早い動きがあらわれている。前述のように「抜き動作」は、予備動作なく重心が落下していく位置エネルギーを利用して一歩を踏み出すことができるので、主動筋である大腿筋群の筋活動の増大、下腿筋群の筋活動の軽減、制動力の減少、接地時間の短縮が効率的な連続前進を生むことになる。脇田らの実験では、「抜き動作」は「推進力」の点では「蹴り動作」に比べてピーク値で有意な減少を示しているが、それは「抜き動作」による歩行が本来的に「推進力」に依存しない歩行であることによるのではないかと、推論している。[65] 推進力には劣るが、制動力の減少および接地時間の短縮（すなわち接地の際にかかるブレーキが小さく、その時間自体も短い）によってスムーズで素早い効率的な動きを可能にしているのではないかというのである。この「抜き動作」による前進は、短距離走（スプリント）技術にも関係するという。世界のトップスプリンターは、脚を真下に踏み付けるのだが、着地前に膝を伸ばしきることなく踏み付ける。着地した足は、ほんの少し曲がったままで後方にキックするが、その膝が伸びきる前にターンオーバーされる（後ろにキックした足が前方に引き付けられる）。それに対して、日本人スプリンターは、着地前に意識的に膝を伸ばし手前に引き戻す動作をするため、膝が伸びきって着地した瞬間に膝と足が曲がり、それを伸ばして地面をキックする傾向がある。この動作の場合、脚を後方へ跳ね上げさせることになり、ターンオーバーが遅れる。これは、脇田らが小田伸午[66]を引用しながら解説していることだが、確かに二十一世紀初めごろまではみられた現象であった。このトップスプリンターの走法は、カール・ルイスとそのコーチであるトム・テレッによって完成させられたのだが、着地した瞬間に重心は着地した足に乗っているので、着地してからの重心移動に要する時間がなくなり、素早い次の一歩へとつながるのである。日本の武術特有なものと思われた「抜き動作」の原理が、アメリカをはじめ世界のトップスプリンターの最速の走りを可能にしているというのは興味深いことである。

「前方への押し動作」にも膝関節の脱力という「抜き動作」が有効であることが示されている。脇田らが、フォースプレートを使って壁押し動作の場合の圧力変化を測定したところ、主動筋である内側広筋の筋活動の増大、末梢筋である腓腹筋の筋活動の増大、壁面への前方圧力の増大、壁面への下方分力の増大、床反力の鉛直分力の増大すべてにおいて、「蹴り動作」と比べて有意な差が認められた。「抜き動作」を利用した押し動作は、「蹴り動作」による押し動作と比較して、筋活動を瞬間的に増大させることができるということがわかる。また、脇田らは「膝関節の脱力を利用した予備動作のない押し動作であるために、スポーツの身体接触場面において、相手に動きを読まれることなく、無防備な状態にある相手に大きな力を加えることができる」[67]と分析している。この「抜き動作」による押し動作は、相撲の立ち合いと四ツの体勢からの仕掛けにまさに通じるものだろう。

あらかじめ主動筋に軽度の随意的な緊張を与えた状態から急速な反応動作をおこなうと、動作に先行して筋放電の休止現象(動作前休止期間)があらわれる。この筋放電の休止期間は、「抜き動作」の脱力による随意的な反動動作でも出現し、軽度の緊張の場合以上の遅延と、急激な筋力上昇をもたらすという。この筋放電休止が「抜き動作」における前述の瞬間的な筋力増大をもたらすものと考えられる。

「抜き動作」では、予備動作なしに次の動作に移ることができ、また反応動作に移ると筋放電休止期間があるが、かえってそれが急激な筋力発揮をもたらすことになる。これは対戦相手にしてみれば非常に予期が困難な攻撃を受けることになる。武術という技を交える場では、自分と敵は互いに同型同調による予期に基づいた身体的関係性を成立させているが、「抜き動作」はその関係性の攪乱を生じさせることになるのである。技が発揮されるタイミングをめぐる両者の時間的関係性は、同時に両者の空間的関係性をも規定しているのである。

井桁原理——動きの支点を複数にする

「垂直離陸」と同様に武術家の甲野善紀が提唱した身体操法に、「井桁術理」がある。「井桁」とは、井戸の最上部入り口の縁を木で井の字の形に組んだものであり、この井の形をした正方形あるいは長方形が四つの角（支点）をずらしながら平行四辺形につぶれていくように、身体に動きの支点を複数もたせ、それらをずらしながら動作するのが「井桁術理」である。人間の動きは、一般的には一つの関節を支点におこなわれる「ヒンジ運動」だが、「井桁術理」はそれとは全く異なる。脇田らは、直立した被験者に右手に一キロの鉄アレイを持たせ、振り上げ・振り下げの動作を、肩関節だけの屈曲・伸展を用いるという条件下（ヒンジ動作）、肩関節の屈曲・伸展に股関節・膝関節・足関節の屈曲・伸展を伴わせるという条件下（井桁動作）でおこなわせ、それぞれの筋活動と床反力を測定している。[68]「井桁動作」での揺動する複数の支点をもつ動きをすることの効果について、「ヒンジ動作」との比較で以下のことが指摘されている。まずは、振り上げ動作での床反力の垂直分力が減少したということである。これは、「抜重」の値が大きく、宙に浮いているような現象であり、振り下ろしのときは、重心が落下していく位置エネルギーを利用できるので、振り下げ速度を速くすることになるが、有意な差は認められなかった。次に、主動筋の三角筋（肩関節をおおう筋肉）の活動は減少したということである。これは、肩の負担を大腿の筋で補っている。の内側広筋（大腿の前面から内側面に位置する筋肉。膝関節の伸展に作用する）の筋活動は有意に増加するが、末梢筋の三角筋（肩関節をおおう筋肉）の活動は減少したということである。これは、肩の負担を大腿の筋で補っていることを意味し、素早い振り上げと振り下げを可能にし、動作時間を有意に短縮させた。甲野善紀は、「井桁術理」では支点が複数あることによって、身体を「割って」身体の各部分を同時に動かせるので、「動きの方向性と動きはじめの気配を消す[69]」ことができると述べている。また内田樹は、支点が固定されていると、そこを中心として描かれる動きの円周は軌道が予測されてしまうが、「円の中心が絶えず移動し、円の半径が絶えず変化するような円」の円周上を動いてゆく太刀の動きは見切ることがむずかしい[70]」と指摘している。このように敵の読みを困難にさせるというのは、円周を描いて動く剣の場合に限らず、柔術でも複数の支点をずらすことによって、敵からは届かないと判断されていた打撃や蹴りが届いてしまったり、敵の予測以上に深く踏み込んだり押したりできるようになることが推測される。つまり敵に身体的関係性を見誤らせることができるのである。

武術家の黒田鉄山は、「浮き身」という語を、柔術でいうところの「無足の身体」という意味で使っている。[71]「無足」とは、「床を蹴らない」で移動する方法だが、膝の抜き動作である「抜重」を利用した動作だと考えられる。居合術の「座構え」は、右膝を立て左膝を寝かせた状態をいうが、この姿勢から腰を半分浮かし、いつでも立ち上がりながら刀を抜ける状態が「浮き身」だという。このとき、左膝に重心を移し右足で踏ん張って尻を持ち上げるようにして左膝で立つ通常のやり方ではなく、前に身体を倒れ込ませながら、その瞬間に脚を前後に開くという方法をとる。これは、正中線を左右に動揺させないためである。「浮き身」も、重心の位置エネルギーを利用した動きにほかならず、「抜き動作」による立ち姿勢からの前進・横移動動作や歩行と同じく、敵との身体的関係性を錯乱するものと考えられる。

注

（1）藤堂安貞「貍尾随筆」一八七〇年、筑波大学武道文化研究会編『柔術関係史料』上（「武道伝書集成」第七集）所収、筑波大学武道文化研究会、一九九二年、一五八―二四六ページ
（2）同史料一九七ページ
（3）渋川伴五郎時英「柔術大成録」、今村嘉雄編『柔術・空手・拳法・合気術』（「日本武道全集」第五巻）所収、人物往来社、一九六六年、三三三ページ
（4）同史料三三八ページ
（5）上滝内蔵助盛貞「死地戦 関口流柔術目録秘巻」一七八八年、筑波大学武道文化研究会編『柔術関係史料』下（「武道伝書集成」第八集）所収、筑波大学武道文化研究会、一九九二年、七六ページ
（6）河崎外司馬政信「関口流柔誘引書」一八三九年、前掲『柔術関係史料』下所収、一〇三ページ
（7）鈴木猪八郎英益「制剛流佩或問」一八三三年、前掲『柔術関係史料』上所収、四九ページ
（8）同史料四六ページ

（9）同史料四九ページ
（10）小野裕清「定善流極秘自問自答」一七〇八年、渡辺一郎編『武道の名著』所収、東京コピイ出版部、一九七九年、二一二ページ
（11）佐藤次郎兵衛「見観門」一八二九年、前掲『柔術・空手・拳法・合気術』所収、三八五ページ
（12）寺崎認之「当流大意録」、同書所収、四三七ページ
（13）筆者不詳「九箇条之極意」、同書所収、四一六ページ
（14）渋川時英「柔術大意口義」一八七四年、前掲『武道の名著』所収、二二六ページ
（15）寺田市右衛門正浄「登暇集」一七一九年、同書所収、一七九ページ
（16）添田儀左衛門貞俊「本覚克己流和」一六六一年、前掲『柔術関係史料』上所収、一〇五ページ
（17）前掲「定善流極秘自問自答」二一三ページ
（18）同史料二一三ページ
（19）同史料二一二ページ
（20）同史料二一〇ページ
（21）同史料二一二ページ
（22）前掲「貍尾随筆」一九三ページ、犬上郡兵衛永保「柔術扱心流秘書」一八三三年、老松信一／植芝吉祥丸編著『柔術・合気術』（『日本武道大系』第六巻）所収、同朋社出版、一九八二年、四七〇ページ
（23）渋川時英「柔術目彙解」一七九四年、前掲『柔術関係史料』下所収、一八七ページ
（24）前掲「制剛流俰或問」六〇ページ
（25）寺田市右衛門正浄「燈下問答」一七六四年、渡辺一郎編『武道伝書聚英』第三集所収、一九八一年、三四ページ
（26）前掲「柔術扱心流秘書」四六七ページ
（27）同史料四七六―四七九ページ
（28）前掲「定善流極秘自問自答」二一三ページ
（29）前掲「当流大意録」四三九ページ

(30) 前掲「柔術大意口義」二二六ページ
(31) 同史料二二七ページ
(32) 前掲「柔術目彙解」一七五ページ
(33) 同史料一七五―一七六ページ
(34) 前掲「柔術扱心流秘書」四六七ページ
(35) 前掲「定善流極秘自問自答」二一五―二一六ページ
(36) 筆者不詳『天ノ巻辨』、前掲『武道伝書聚英』第三巻所収、三三ページ
(37) 同書三四ページ
(38) 前掲「九箇条之極意」四一五ページ
(39) 前掲「柔術目彙解」一七四ページ
(40) 前掲「柔術扱心流秘書」四七二ページ
(41) 前掲「当流大意録」四三七ページ
(42) 前掲「貍尾随筆」二〇一ページ
(43) 同史料二〇二ページ
(44) 寺田精之『図解 合気道入門』合気ニュース、二〇〇一年、一八―一九ページ
(45) 同書一九ページ
(46) 吉丸慶雪『合気道極意の秘密』ベースボールマガジン社、二〇〇五年、一九―二三ページ
(47) 前掲『図解 合気道入門 改訂版』二一ページ
(48) 同書二一ページ
(49) 前掲「当流大意録」四三七―四三八ページ
(50) 平上信行『秘伝柔術』愛隆堂、一九九三年、六六―七九ページ
(51) 前掲「本覚克己流和」七三―一一四ページ
(52) 太田尚充『津軽のやわら――本覚克己流を読む』水星社、二〇〇九年、一六〇ページ

(53) 前掲「本覚克己流和」八九―九〇ページ
(54) 同史料一〇〇ページ
(55) 同史料一〇五ページ
(56) 鈴木友彦／井上康之／饗庭絵里子／阪口豊「武術的身体操作のダイナミクス――接触する二者の重心動揺の同期とその解消」、電子情報通信学会編「電子情報通信学会技術研究報告」第百十三巻第五百号、電子情報通信学会、二〇一四年、二五七―二六二ページ
(57) 同論文二六二ページ
(58) 石川裕一朗／金井涼／小幡哲史／阪口豊「武術における「離陸」のメカニズムの解明――相反する動作の拮抗が生み出す身体状態」、電子情報通信学会編「電子情報通信学会技術研究報告」第百十五巻第五百十四号、電子情報通信学会、二〇一六年、一六一―一六六ページ
(59) 日野晃『武術革命――真の達人に迫る超人間学 新装改訂版』ＢＡＢジャパン、二〇一四年、一三八ページ
(60) 吉福康郎『武術「奥義」の科学――最強の身体技法』（ブルーバックス）、講談社、二〇一〇年、一八三―一八五ページ
(61) 石川裕一朗／金井涼／阪口豊「武術における立位法の実験的検討――身体バランスに与える影響と接触相手との関係の断ち切り」、電子情報通信学会編「電子情報通信学会技術研究報告」第百十六巻第五百十三号、電子情報通信学会、二〇一七年、五五―六〇ページ
(62) 手島直美／脇田裕久「古武術における位置エネルギーを利用した前進動作の効果」、三重大学教育学部編「三重大学教育学部研究紀要」第五十七巻、三重大学教育学部、二〇〇六年、二一―三一ページ
(63) 金井涼／石川裕一朗／阪口豊「静止立位時の姿勢が動き出し動作の特性に与える影響」、前掲「電子情報通信学会技術研究報告」第百十六巻第五百十三号、四九―五四ページ
(64) 脇田裕久「古武術における位置エネルギーを用いた横移動動作の効果」、三重大学教育学部編「三重大学教育学部研究紀要」第五十九巻、三重大学教育学部、二〇〇八年、四九―五六ページ
(65) 脇田裕久／安藤邦男「歩行動作における接地局面の「抜重動作」の効果」、三重大学教育学部編「三重大学教育学部

研究紀要」第六十二巻、三重大学教育学部、二〇一一年、九―一七ページ
(66) 小田伸午『スポーツ選手なら知っておきたい「からだ」のこと』大修館書店、二〇〇五年、同『身体運動における右と左――筋出力における運動制御メカニズム』京都大学学術出版会、二〇〇一年、同『運動科学――アスリートのサイエンス』(京大人気講義シリーズ)、丸善、二〇〇三年
(67) 脇田裕久/冨田伊久麿「抜重動作を用いた前方への圧力変化の検討」、前掲「三重大学教育学部研究紀要」第六十二巻、一―八ページ
(68) 脇田裕久/竹内豊/佐々木拓美「古武術における井桁術理を用いた振り上げ・振り下げ動作の解明」、三重大学教育学部編「三重大学教育学部研究紀要」第六十巻、三重大学教育学部、二〇〇九年、二五―三一ページ
(69) 甲野善紀「古武術の世界――支点をなくす動き」、日本体育学会編「体育の科学」第四十九巻第六号、杏林書院、一九九九年、四七五―四七九ページ
(70) 内田樹「非中枢的身体論――武道の科学を求めて」、神戸女学院大学研究所編「神戸女学院大学論集」第四十七巻第三号、神戸女学院大学研究所、二〇〇一年、一一二―一一四ページ
(71) 黒田鉄山「伝統武術の技を探る」「Training Journal」二〇〇一年五月号、ブックハウス・エイチディ、二六―二九ページ

第5章

剣術における「精神修養」の目的化――剣道界の自己矛盾

前章までは、本来生死を賭けた戦いである武術に「彼我一体」という「同調」原理を取り入れることによって、どんな状況でも勝利を獲得しようとする武術特有の戦い方について考察してきた。「彼我一体」とは、敵と一体になるという、ある意味リスクも伴う。相手に合わせるということは、自分の身を相手にあずけることにほかならないからである。鉄舟の無刀流で「我が体を敵にまかす」というように、敵を恐れずに我が身を投げ出すのである。しかし、身をあずけながらも、あるいは身をあずけることによって、「勝機」をとらえようとする志向性がそこには存在している。敵の動きに意識的にではなく感応的に「応答同調」しようと構えているのであり、潜在的なレベルで「同調」と「競争」――「同型同調」と「応答同調」――が交錯し、両者のあいだの緊張が極限に至っている。それが「捨て身」の状態としての「構え」なのである。この「構え」は潜在的行動といえるだろうが、その状態からくりだされる顕在的行動、すなわち「捨て身」の一撃というものも、「相討ちのなかに勝機を得る」という表現が示すように、相討ちという同調（エントレインメント）の可能性も含みながらも、それをはずした勝ちを目指している。「捨て身」とは、「あとは野となれ山となれ」といった刹那主義的なものではなく、あくまでも勝つための冷静な算段に基づく構えと行動なのである。この構えを保ち、行動に移るのを可能にするためには、自己に打ち勝つ強い精神の力が必要とされる。ところが、こうした勝つための手段としての「彼我一体」や「捨て身」の精神は、明治時代に入るにつれてそれ自体が目的になっていく。すなわち、相討ちというエントレインメントをはずして勝つという側面は次第に薄れ、戦争へと時代が突入していくなかで、勝負を度外視されエントレインメント自体が強調されるようになっていく。「捨て身」になって相討ちを目指すことが「精神修養」をもたらすと考えられたからである。このことによって、剣道界に一つの自己矛盾が生じていくことになる。

1 剣術衰退・復興のなかであらわれた「精神修養説」

明治になって、剣術は衰退した。明治四年(一八七一年)に廃藩置県が実施され、明治九年(一八七六年)には廃刀令が公布されると、武士は困窮し道場の維持も困難になっていった。民間では剣術を興行化する動きがあらわれた。直心影流の榊原健吉が、明治六年(一八七三年)四月に東京・浅草見附で晴天十日興行を始めたのを皮切りに、他の武芸者によっても全国各地で興行がおこなわれるようになっていった。一時は、相撲や芝居をしのぐほどの盛況を博したが、次第に衰退していった。一方、明治三年(一八七〇年)に敷かれた兵制では、片手軍刀を扱うフランス式剣術が取り入れられたものの、明治十年(一八七七年)の西南戦争での薩摩軍の抜刀兵や官軍の抜刀隊の活躍を契機に、洋式の片手軍刀術よりも日本古来の両手剣術の強さが再認識され、剣道の再興につながっていった。このことが影響して、警視庁で巡査に剣術が教えられるようになり、撃剣会がつくられたのを契機に明治十七年(一八八四年)から彌生社全国撃剣大会が開催されるようになる。しかし、同年には陸軍戸山学校にフランス軍の剣術指導者が招聘され、フランス式剣術の教育が始まる。その後、フランス式の剣術の弱点を補うために、日本古来の剣術や槍術の方式も取り入れたより実践的な軍隊剣術の研究が重ねられていくが、明治二十七年(一八九四年)にできあがった『剣術教範』[1]では剣術区分は軍刀術と銃剣術となっていて、軍刀術は片手軍刀術であり、古来の剣術である両手剣術は含まれていなかった。両手軍刀術が『剣術教範』に取り入れられ採用されるのは大正四年(一九一五年)のことである。[2] 銃剣術、両手軍刀術、片手軍刀術が階級と役割に応じて使い分けられた（片手軍刀術は騎兵科だけで教えられた）。

明治二十八年（一八九五年）、桓武天皇平安遷都千百年を記念し、「武道を奨励し、武徳を涵養し、国民の士気を振作する」ことを目的に、京都で大日本武徳会が結成され、各都道府県に支部がつくられ、毎年五月に大演武会が京都で開催されるようになった。何といっても、この大日本武徳会こそが、古来伝統の武術を引き継いでいった組織なのである。古来からの両手剣術は、明治時代には衰退したにはちがいないが、大日本武徳会によって保護され、軍部の直接的影響を受けずに独自に展開していったといえるだろう。その大日本武徳会の山形県支部の剣道教士である小関教政は、明治四十三年（一九一〇年）に『剣道要覧』を著し、そのなかで次のように述べている。

夫兵法は心の妙徳也。我国精華の発する所。平素直きを以て之れを養ひ、身躰之れに因りて鍛られ、精神之れに因りて練らる。徳義は之に因りて重せられ、勇気之に因りて養わる。修行は始めより勝を求むるにあらず、剛毅難に当り、勇敢衝に立ち、耐忍久しきに堪へ、（略）心静に身を守り己を全ふし、敵を制するにあり。勝は自然にして修練の功により求めずして自然に得らるゝ者也。[3]

精神を修練し身体を鍛えることで、徳義は重くなり勇気が備わるので、こうした修行を重ねていくことで勝利は自然に得られるようになると説いている。修行、特に心の修練はどの流派にも共通して重要なものだった。「勝は敵の好む所に随て勝を得るにあり。敵の好む所とは何ぞや。両刃相対すれば、必ず敵を撃たんとの思念起らざる者なし。故に我躰を総て敵に任せ、敵の好む所に来るに随ひて勝つを真正勝とす[4]」というように、小関も鉄舟の無刀流の教え、すなわち「妄念を断ち切って我体を敵に任す」境地を重視している。

このように、剣術の技を高めるには心胆の修練が必要であり、また剣術の技を高めることによって心胆の修練がもたらされる。そこには、目的と手段が相互に入れ替わりながら密接に結び付いている関係があった。しかし、明治以降、時代が下るとともに、技術の向上とその目的である勝利が次第に等閑視され、精神の修養が剣術の主たる目的として強調されるようになる。

隈元實道は、父から直心影流を、山岡鉄舟から無刀流を習い、西南戦争で「抜刀隊」を率いた剣道家である。振気館道場を開き、現役軍人と軍人志望の学生を門下生とした。しかし、軍隊剣術へと寄っていったのではなく、古来の剣術の基礎的なところを軍隊剣術に提供していった。隈元は、「元来、武道は、修身及び体育を主眼とす。而して勝負は、目的とせざるものなり」[5]という。勝負を目的としない理由について耳を貸そう。人は護身の権利をもち、生まれながらにして「攻防の気概」を有している。例えば、赤子（人民）に向かってばかと言えば、拳を固めて打ってくるし、小さな虫が目に入りそうになれば、瞼を閉じて防ごうとする。このように勝負は自然に生じてくる。もしこうした勝負を武道の第一目的とするならば、勝負を争うことをやめられなくなってしまい、武道の本質をわきまえられなくなり、思想が卑劣になってしまう。勝負を目的とすると心の内に貪恣さが生まれ、外に対しては狡猾にふるまってそれを隠そうとするが隠しきれるものではない。こうした弊害は、技芸の面だけにとどまらず、人の性善を害し、風紀を乱し、徳義もすこぶる廃頽する。したがって、勝負というものは、はからずも「進歩」の程度をはかるために試み合うべきものだというのである。

こうした考え方は、大日本武徳会の大演武会での試合にも反映されていた。大演武会の様子は「武徳誌」や「武徳会誌」に記されているが、優勝を争ったりするのではなく、紅白に分かれて技量が同程度の者同士が対戦し、三本勝負で二本先取したほうが勝ちとなる試合を一回だけおこなうのである（ただし「競争試合之部」として年齢別の勝ち抜き戦もあった）。無理に勝負はつけられず、「引き分け」が非常に多かった。例えば、明治三十九年（一九〇六年）の大演武会では、二百七十三試合中四分の一近い六十四試合が引き分けだった。[6]一年間の修練の成果を披露し、評価しあうのが目的の大会で、評価されるのは剣の技術とそれを可能にする精神が修養されているかということであった。また、明治三十八年（一九〇五年）の第十回大会から、範士・教士の試合には審判を附せず勝負をつけないことになったが、明治四十二年（一九〇九年）には再び審判をつけることにしたところ、「教士試合を審判するが如きは、甚だ不都合也、宜しく模範試合として審判すべからず[7]」という反発が起こり、教士は全員出場を拒否した。

拒否の理由は、教士たちが本部に提出した建議書をみると明らかになる。[8] それによれば、武士道修養を目的とする「講武の道」は年々退歩し、どのような手段を用いても勝とうとする風潮が目立ってきたので、それを正すために教士以上の試合には審判を附さず、後進の徒に試合の模範を示し剣風の矯正に重きを置いてきたのに、どうしていまさら審判を附す規則を制定したのか、という抗議だった。これに対し「武徳誌」は、競技で勝敗を争う場合、競技者自身が審判の資格を有しないのは世間の通議であって、「必ずしも競技者が自己の技倆を自覚的に判断する能力無しと云ふに非ず[9]」としている。そして、審判を附さない模範試合は、本部が指定して別途残すということだった。自分たちは正しい戦いをしているので自らの技は自分で判断できるという教士のプライドに障ったというところもあったのだろう。「兵事雑誌」に、「勝敗ノ判定ハ相互ノ撃突ニ依リテ各自ノ禮譲ノ精神ニ訴ヘテ之ヲ裁決シタルモノナリ（略）若シ高潔ナル精神ト禮譲ノ精神ノ敗頽ヨリ敗ケヲ敗ケトセズ勝タザルヲ勝チトシテ勝敗ヲ争フニ至リタル結果審判者ヲ設クルノ止ムナキニ至リタリトセバ精神修養上大ニ戒ムベキコトナリトス[10]」とあるように、判定は本来対戦者同士の武道者としての裁量と良心によっていたのに、精神の退廃が原因で第三者である審判を設けるに至ったとすると、精神修養上戒めるべきことだというとらえ方がなされている。教士たちが、かつての理想としての審判なしの試合にこだわったことの意義が、ここから推測されるのである。

山岡鉄舟の弟子で「立ち切り」を達成した柳多元治郎は、明治四十四年（一九一一年）にその著『剣道教範』で「試合の時、敵我が肉を断らば、我敵の骨を斬り、敵我骨を断らば我は敵の心を断て落す覚悟なるを要す[11]」と、生死をかけた捨て身の境地に至ることが剣道では重要だと論じている。その一方で、「精神修養に重きを置き技術上の勝敗を成べく決せざるを可とする[12]」と、勝敗を決しないほうがいいとも述べているが、その理由は、初心者のうちは思いがけなく偶然に勝つことに固執するあまり、正確な刀法や適切な姿勢が崩れてしまい、心術の鍛錬の方法をないがしろにすることで、真正に勝つ道理を見誤ってしまうからだという。生死の観念を超越した精神を練るのが精神修養であり、そうした精神に基づいて勝つのが「真正に勝つ」ことだと主張しているのである。

　この点については、武徳会武道専門学校で剣道の主任教授を務めた内藤高治も同じ考えだった。内藤は、前述の明治四十二年（一九〇九年）の武徳会大演武会で、審判に勝負を判定されることに反対し出場を拒否した教士の一人である。内藤からすると、胴や小手を打ちたがるのは、勝負に固執するからだという。胴や小手は打ちやすいが、面と突きは非常にむずかしい。体を捨ててかからなければならないからだ。「面と突を身を捨てゝ打込み又突くべきものである、所が身を惜む為めに胴を撃度くなるから稽古がますます固着して伸た稽古が出来ない、従って其の人の精神も雄大で無く狐鼠々々《こそこそ》したるものに為って武士道とか精神修養とか云ふやうな太刀業で無くなる」[13]という。勝負にこだわるのが悪いのは、打ちやすく当てやすい小手・胴を打つ練習ばかりして、身を捨てた面打ちや突きを避けてしまい、精神修養にならないからだ。内藤は、武道専門学校の学生には試合をあまり勧めなかった。剣道が競技化するのを憂慮していて、のちに昭和天覧試合の開催にまで強く反対したが、「勅命」で押し切られ、「これで日本の剣道はほろびる」[14]と嘆いている。

　伯爵の称号をもつ海軍元帥である伊東祐亨は、剣道を自衛防御の必要から人を倒すための手段と見なしたり、単に体育技術の一つととらえるのは、剣道に対する正当な解釈ではないと述べている。「剣道は道なり、芸にあらず、心を正しくし思を清くする所の精神修養上離るべからざる道である」[15]というのが伊東の主張であり、その精神修養とは、士風を勃興し正気の儼存をはかるために、心胆を養い「確乎不抜《かっこふばつ》の精神」をもって猛進する覚悟をもつことであるとしている。

　そうした修行には、内藤も主張しているように、恐怖を克服するための「面技」狙いが重視された。隈元は、明治二十八年（一八九五年）刊の『武道教範』で「兵字構え」という上段の構えが重要だとしている。「常に兵字に構えたるまゝ、始終徐々と攻め掛け、若し敵に先んぜられたらんには、我れは必らず敵の面を一刀両断すべし。敵より突き来るも、我れは必らず敵の面を撃て相打にすべし。敵より胴へ来るも、我れは必らず面を撃て相打にすべし」[16]というように、どのように攻められても、敵の面を打って相討ちを狙うべきで、たとえ、勝負に負けても敵は相討ちの強打に懲りて次は先を仕掛けることができなくなる。面打ちに習熟すれば、小手や胴打ちは習練工夫をしなくても、苦もなく打てるようになるし、審判による判定でも、「面」のほうが高い得点がつけられるというのである。隈元によれば、面が十点、「軽くあたった、または反り仰いでいるが、面金に深く打ち込んだ面」には九点、兵字小手には八点、軽い兵字小手には七点、胴には六点、「軽い胴」には五点、「面の垂れ」には四点、「面の垂れに軽く、または面金に触れる」場合には三点、「晴眼小手」には二点、「軽くあたるか、中柄もしくは拳を撃った晴眼小手」には一点というように、ずいぶんと細かく分類され、得点差も面を優位に大きく差別化されている。また、胸への突きや小手や胴より遅れて当たっても面の勝ちとされる。これに対して前記の小関教政の『剣道要覧』（一九一〇年刊）では、先に胴を打ち、少し遅れて面を打った場合は「相討ち」となり、右小手を先に打ち、遅れて左手で横面を打った場合も、「相討ち」とされていて、面打ちのアドバンテージは十五年の間に小さくなっている。[17]

2　戦争との関連を強めていく剣術——実戦技術として、心身鍛錬として

両手軍刀術の導入は明治後半から論議されていたが、大正四年（一九一五年）に『剣術教範』に「軍隊剣術」として取り入れられることになった。陸軍大佐である児玉市蔵は、「近時剣道ノ世道人心ニ及ホス効用漸ク識者ノ間ニ了解セラレ軍陣ニ於テハ我国祖先伝来ノ戦法タル白兵主義ノ勃興トナリ国民教育ニ於テハ斯道ヲ以テ特性ヲ涵養セントスルニ至ル[18]」と、両手軍刀術である剣道の実戦（白兵戦）上の意義と国民教育としての必要性を強調している。こうして、戦地での戦いを想定した剣道の心構えや技術が重視されるようになっていく。

大正時代には、心身修練の背景に戦争を前提とした国家への忠誠という目的意識が浮上してくる。大正三年（一九一四年）に、日本は第一次世界大戦に参戦するが、鉄舟の門下生であり日本武道会会長である千葉長作は、当

時『国民剣道教範』で、「今や世界強国の伍班に列し、世界大戦の舞台に参加したる我が国民が、体力精神共に柔弱に陥って、年々其の消耗を示しつゝある」[19]と嘆き、健剛なる体力と武的胆力を養うために武術の奨励が必要であると説いたうえで、武道をおこなう者は「常に忠君愛国の念を主とし一朝緩急ありたるときは義勇公に報じ」なければならないと主張している。

堀正平は、大日本武徳会武術教員養成所（のちの武道専門学校）を卒業したのち、武者修行の旅を通して剣の技を磨くことに生涯をかけた剣道家で、『大日本剣道史』[20]を著している。彼は、『剣道の真諦』で、剣道は「国民の道」であり、国民はこぞってこれを学ぶことで心身を錬磨し、「帝国の国運を発達せしめなくては成らぬ」[21]と主張している。そして、「忠君愛国」のためには、剣道を通して心身ともに一点の曇りもない名刀のようになって、潔く「義勇奉公」をなすべきだと述べる。

不動館主の牧野秀は、『剣道修業乃栞』で、国民皆兵制を通して国力の充実をはかるためには、国民は階級を問わず皆「武」を鍛錬しなければならないと述べている。[22]なかでも剣道は「国民教化」と「国体擁護」に欠くことができない武道であるので、国民は「此の国粋の技を発揮し光輝ある帝国の名誉を発揚せざるべからず[23]」という。こうして、剣道界でも「戦技」としての剣術の意義が強調されるようになっていった。

「心身鍛錬」をその本質として強調することによって武術を「武道」に変更したのは西久保弘道だった。彼もまた山岡鉄舟から無刀流の薫陶を受けた剣道家であり、福島県知事、北海道長官および警視総監などの要職を経た後、武徳会副会長や武道専門学校校長を務めた。西久保の剣道の思想は近代剣道の基礎を固めるうえで大きな影響力をもったと思われる。「武道講話[24]」は、警察官のための参考資料として「警察協会雑誌」に連載されたものだが、「軍人や警察官ばかりでなく、国民一般に対しても亦大に奨励しなければならぬ」といっているように、一般の武道家も意識して書かれたものだと思われる。実際、のち武徳会や武術専門学校を通して西久保の考えは様々な形で浸透していったのである。西久保は、武道本来の目的は、「肉体を完全に鍛え、精神を充分に練る」という心身錬磨にあると考えていた。「炎威赫赫金をも溶かす様な盛夏にも、寒威凛烈肌を裂く様な厳寒にも、毫《いささか》も屈しない剛健なる身体を練ると共に、敵前に在っても鼾声《かんせい》雷の如く平気で眠ることが出来る様な胆力即ち如何なる場合に於ても毫も動じないといふ度胸を養ふ[25]」というように、戦地で役立つことが想定されていないわけではないが、直接戦争に言及することはなく（また、警察官の具体的な職務と直接関係させることもあまりなく）、武道で国民一般を強化するという色あいのほうが強い。また、武道は「大和魂」を養うためのものだというが、その大和魂とは「自分の思ふことを死を以て決行すると云ふ度胸」や「目的を貫徹せずんば止まざる気魄[26]」であるというように、強固な覚悟や意志であることが強調される。ただ同時に、この大和魂は「道理に合う」ことを必ずしも必要としないとされている。つまり、目的が理にかなっているかどうか──目的の合理性──は必ずしも問われないのであり、こうした点で戦意高揚に利用されやすかったことはある意味では自明だった。

西久保は、大和魂を養うためには度胸がすわるようにならなければいけないので、竹刀を真剣だと心得る必要があるという。剣道が精神修養になるのは、「触れれば斬れる刃物であると思」い「その刃物の下を出入りする」からなのである。当時は、組み打ちが認められていたが、その際相手の竹刀を抱いてしまう者がいたが、西久保は「竹刀を刃物と思って組み打ちせよ」と注意をうながしている。現代の剣道でも、この竹刀は真剣だという想定は規則に反映されていて、例えば「相手の竹刀を握るまたは自分の竹刀の刃部を握る、相手の肩に故意に竹刀をかける」（細則第十六条）ことは禁止行為とされている。しかしこうした規則違反は、竹刀を真剣と見なすことができないから生じるのであり、実際には竹刀を真剣と思いこむのは無理があるといえよう。

先に取り上げた勝負の問題に関しては、西久保も認めるべきではないという立場だった。強いて勝負を求めようとするならば、「体力を鍛え胆力を練ることが出来たものが勝であって」、そうできなかった者が負けとするべきだと主張している。世間一般でいう勝負とは「稽古を奨励するため」の一つの区切りにすぎないのであって、ちょうど学校での試験のようなものだと西久保はいう。武徳会の大演武会「競争試合之部」での対戦は年齢別でおこなわれるが、勝ちたいがために年齢を偽って出場を申請する者がいることは、武道の神聖を汚すものだと強く非難している。自分が「勝負」や「仕合」などという言葉を使わないのは、瑣末な技術に拘泥していたずらに勝負にこだわり、武道本来の目的を忘却する弊風を是正しようという趣旨からだとも述べている。[27] ここで、一つの問題を提起しておこう。すなわち、勝負なるものを度外視して胆力は練れるだろうかと。

西久保にみられる「竹刀を真剣と見なす」態度と「勝ち負けを求めない」志向性とは密接に関連している。弘前高等学校嘱託剣道教師だった山形幸四郎は、「仕合を為すに当りては技術の巧妙を衒はず、勝敗の末に心を奪はれず、撃突撃退一に道を違はざるを期し、真剣の下死地に臨むの覚悟を懐き、満身の力を尽くし、斃《たお》れて後止むの決心を以て闘はざるべからず[28]」と述べている。剣道の試合では、勝ち負けにこだわらず、真剣を交えているつもりで倒れて死ぬまで戦う覚悟をもたなければいけないという。勝負を度外視するからこそ死ぬ覚悟で戦えるのであって、死ぬ覚悟で戦うためには勝負の結果など考えてはいけない。その結果として勝つことが大事だというのである。これは真剣を想定した「捨て身」の戦いをすることによって、「心身鍛錬」が可能になるという論理である。堀田捨次郎も、「如上の如く肉体的精神的苟《いやしく》も竹刀を持ときは白兵刀尖に生死を決するを要す此心によって身体を練り勇敢なる気象を養成し得べし若し竹刀を棒として練習するときは只だ技術上の一方に走り徒らに人を叩くだけ[29]」と同じ主旨のことを述べている。敵を殺して自分だけは助かろうとすれば、その助かりたいという気持ちの分だけ力を尽くすことができないが、生も死も意識しなければ、自在無碍のはたらきをすることができるというのである。

ここで、違和感を感じないだろうか。このことは、命がかかっている実際の戦争では当てはまる。しかし、命がかかっていない剣道の試合でその「生死」に対応する「勝負」なるものを度外視して胆力を練ることができるだろうか。児玉は、「剣道ハ死生ヲ脱シ胆力を練ルヲ必要トスルヲ以テ試合ニ臨ミ未ダ刃ヲ接セザルニ先チ心ニ身ヲ捨テヽ敗ルヽモ死スルヽモ念頭ニ置カザルノ覚悟ヲ定メテ後立合フベシ[30]」という。剣道の試合では、確かに「生きるか死ぬか」は現実的には想定しなくてもすむ問題だが、「勝つか負けるか」を念頭に置かなければ何の緊張感もなくなってしまう。堀田は別の著書『剣道手ほどき』では前記とは矛盾するが、「一翳《いちえい》ノ竹刀ヲ霜呼ブ白刃ニ擬ラヘテ身命ヲ的ニ輸贏ヲ争フハ却ッテ其真髄デハ無カラウカ[31]」と述べている。すなわち、竹刀を真剣になぞらえて命をかけて「輸贏《しゅえい》」つまり勝ち負けを争うことが剣道の神髄だというのである。このように勝負に対する考え方は、矛盾をはらんだものだった。

3　「死ぬ覚悟」を養う鍛錬としての剣道

昭和に入ると、いよいよ戦時色が濃くなっていく。昭和二年（一九二七年）には南京事件を機に三度の山東出兵がおこなわれ、昭和三年（一九二八年）の関東軍による張作霖暗殺事件、昭和六年（一九三一年）の満州事変、昭和七年（一九三二年）の「満州国」建設と中国への侵出が進み、昭和十二年（一九三七年）には盧溝橋事件を皮切りに日中戦争（支那事変）が勃発し、昭和十六年（一九四一年）十二月の日本による真珠湾攻撃を皮切りに太平洋戦争へと戦局が拡大していくのである。日中戦争以降太平洋戦争を含む戦争は現在は十五年戦争と呼ばれるが、当時はそれは「聖戦」と呼ばれていた。これは、大元帥にして現人神たる天皇の「聖旨」による戦争という意であり、戦勝のための身を捨てた奉公が、兵士だけでなく国民全員に求められるようになっていった。その媒体の一つになったのが武道だった。当時の陸軍大将である荒木貞夫は、「君国の為には、身を捨て、家を忘れて、たゞ一途、たゞ一心、ひたすらに、真向に、勇往邁進する」[32]精神、つまり大和魂を養いうるのが、剣道をはじめとする武道であると述べている。また、武道専門学校を卒業し中等学校の剣道教育にあたっていた縄田忠雄は「唯だ君命のまゝに動く全く利己心を捨て尽くした一点私心なき純一無雑なる忠君愛国の至誠こそ我等が日夜習練する剣道之極致なのである」[33]とし、それを目指した全人格の陶冶と強靭な身体の鍛錬の必要性を強調している。

また、こうした戦時の要請への順応とともに、武道は学校教育のなかに定着していく。以前は、明治四十四年（一九一一年）に柔道・剣道が中等学校の正科として「体操」の一つに加えられていたが、昭和六年（一九三一年）には中等学校必須科目とされ、昭和十四年（一九三九年）には小学校の準正課（教授時間外での実施）になった。そして、太平洋戦争が始まる昭和十六年（一九四一年）には「国民学校体錬科武道」として柔道と剣道、および薙刀が正課となった。「献身奉公の実践力を培うことを根本とし、心身を鍛練し特に旺盛な気魄を錬磨し礼節を尚び、廉恥を重んずる習慣を涵養する」[34]（「體錬科教授要項」）というのがその目的だった。

また、武道は、歴代天皇がたどってきたとされる「神武の道」と関連づけて、その本義が語られた。佐藤堅司は、天照大神に始まり瓊瓊杵尊《ににぎのみこと》、および神武天皇以降の歴代天皇の「御稜威」の道、すなわち「神武の道」にまつろい奉ることが「大義武士道」であるとした。[35] その大義武士道を実践する、すなわち天皇の陵威を輝かせ、天皇の魂の御楯となるために錬磨し行使することが、日本武道の本義であると、佐藤は主張している。武道の攻撃精神は大元帥陛下（昭和天皇）への忠節の至誠から発するものだと強調することで、イデオロギー上の明確な正当化がなされたのである。

　こうした忠君愛国のための心身の鍛錬として、剣道はどのように利用されたのだろうか。ここで重要になるのが、「勝負を第一としてはならない」ということである。柔道家の倉田太一は、日本武道精神の「本領」として「武道の試合において勝敗を第一としてはならぬといふことの意味は死することによって生きる道を会得せねばならぬからである。死を決した者には勝敗は勿論一世の毀誉褒貶《きよほうへん》すら何等患ひとならぬのである」[36]と述べている。武道は死を決意することが本領であり、そうなれば勝敗を思い悩む必要は全くない。剣道教士の今井新造は、「竹刀打ちの稽古に於ては打たれても突かれても別段怪我もなく勿論生命に係はる心配がないので自然心にたるみが生じ心の鍛練といふ点に於て欠けてをるのです。それが真剣の場合は生命に関するので心に恐怖を感じ自然進退度を失ひ、業は凝って充分の働きが出来ない事となるので、竹刀打の業など少々劣っても心の出来た者が結局勝利を得る」[37]と述べている。確かに、剣道の試合で勝ち負けを決定する細かな技術のほとんどは、戦場では役に立たないし、恐怖感でそうした技術は発揮しえなくなってしまう。そのため、捨て身になって思い切って打ち込んでいける者が戦場で勝ちを拾う。剣道の稽古も、真剣でのやりとりを想定し、捨て身で打ち込める勇気や胆力を養うことが大事だという。

前記の荒木も、「剣道は真剣味を生命とする。白刃一下敵を斬るか、自分が斬らるゝか、一つよりない生命のやりとりの間の修行である。全身全霊をたゞこの真剣味に集中したる人格の純粋統一である[38]」と述べている。剣道は、真剣による命のやりとりを想定して、全身全霊の一撃を加えることを修行とする。国民学校体錬科の剣道教育でも「真剣でなければ剣道教育の本質は失はれるとさへ考へられる。手段としての木刀竹刀が真剣として働かねばならない。木刀竹刀に如何にして真剣の意味を感ぜしめるかといふことが剣道教育上最も重要な技術である[39]」ということが、廣川正治によって提唱されている。可能なかぎり真剣や刃引を用いる必要があり、真剣の気分のままで木刀や竹刀を持たせるよう、廣川は勧めている。「古武士の真剣を持って君国の為に生命を賭して戦ったあの死の境に立つ[40]」のだというのである。国民学校では、「簡易なる基礎動作」の習得が中心であった。国民学校体錬科武道の剣道は、『国民学校體錬科教授要項』（昭和十七年〔一九四二年〕）によると「高等科」では、「基本動作」「応用動作」「稽古」に分かれていて、「基本動作」は、礼法・構え・体の運用（全身・後退などの身体の移動）と「斬突」からなる。[41]「斬突」は、「面の斬撃」「右籠手の斬撃」「右胴の斬撃」「左（右）面の斬撃」「突」「二段斬突」「連続斬突」「切返」の八つである。それに対して「応用動作」は、「面ノ斬撃ニ対シ右ヨリ摺上げ面ノ斬撃」「右籠手ノ斬撃ニ対シ抜キ面ノ斬撃」「突ニ対シ摺上ゲ面ノ斬撃」「右胴ノ斬撃ニ対シ切落シ面ノ斬撃」「突ニ対シナヤシ入レ突」の五つである。これら十三の技は、一撃必殺の技か、「次へ次へ」と攻めたてる怒濤の連続攻撃である。後者に該当するのは、「二段斬突」「連続斬突」「切返」で、「連続斬突」は、中段に戻さずに連続して斬撃するものであり、前進と後退を繰り返しながら面および左右面の斬撃を本体とする。応用動作の五つは、「先」をとられ打ち込まれてもその防御が即攻撃となる「攻防一致」の技をあらわしていて、「一刀一殺ノ精神ニテ行フコト」とされている。基本動作の「斬突」の修練は、架空の相手を想定しておこなう「空間の斬突」（敵を仮想してのもの）、児童同士の「相対の斬突」および「打込台及び打込棒に対する斬突」という形式をとった。応用動作は、「指導者対児童全体」「指導者対児童一人」「児童対児童」の相対動作だった。これらは、木刀または竹刀を用い、防具は着けずにおこなわれた。防具を着けるのは「稽古」においてであり、自由な斬突で鍛錬がおこなわれていたのでである。

このように国民学校の正課である剣道では、身を捨てた果敢な攻撃の連続だけが教えられた。神武天皇の東征で歌われた出陣・戦勝の歌である「撃ちてし止まん」は、太平洋戦争時には決戦標語となり、「陸・海軍礼式歌」として斉唱されたが、そのなかに出てくる「一歩半歩も敵に後ろを見せぬ、後退しない、進撃の精神」や「前撃精神」(42)は国民学校の正課剣道や当時の相撲に相通じるものがある。

福島県武道師範の小川文章は「敵を一刀両断にしなければならぬところの精神気力を以て一定の方法によって錬磨の効を積めば精神も技術も共々熟達するもので積めば積む程心は沈着剛胆になって一切恐怖の念など起こらなくなるのであります」(43)と説いている。敵を一刀両断するには捨て身にならなければならないが、その精神気力で錬磨を積めば、剛胆となり恐怖の念を払拭できるというのである。

この自分を捨てて敵を倒すというのが、当時の武道の特色をなしている。「こちらも斬られる、然し向ふは必ず切る、彼我共に刺しちがへて死ぬといふ精神、所謂相打の勝、我が身の生死の如きは問題でない、たゞ目指す敵を討ちさへすればよい、これが日本武道の真精神である。この精神によって突進すれば、後は彼我鍛練の技倆の差が、事を決するのだ」(44)

沖縄県会議員で空手家の仲宗根源話は、「如何に優れた者でも、「死」の覚悟の出来ていない武術家はいざといふ時には技術の劣った者のためにむざむざやられてしまふ実例は枚挙にいとまがない。(略)武道の修練とは身体的には「技術」の修練であり、精神的には「死の覚悟」の鍛錬である」(45)と述べている。武道では、いざというとき、すなわち戦場で生死の境に立ち合ったときに「死の覚悟」ができるように鍛錬することが求められるというのである。そのためには、捨て身の攻撃で修練を続けなければならない。ここには、剣道の試合では勝利を志向せずに真剣を交えているつもりで死ぬ覚悟で戦えという教えから、戦地での実際の死の覚悟を体得せよという教えへの、さらなる自己犠牲の深化(強化)がみられるのである。「「死ぬ」と覚悟のきまった時ほど強いものはない。その強さは超人的の強さであって、従って、却って余裕が出来、智が輝き出して死中に活路を見出すことさへある。（略）生きて居ながら直に「死ぬこと」が出来れば、その境地こそ禅学に言ふ悟道の極致であって、流通無擬、神通自在の妙境である」[46]と仲宗根は説いているが、死ぬ覚悟が人の潜在力を引き出すという考え方は、古流剣術に共通してみられるものだった。しかし、「捨て身による相討ちというエントレインメントをはずして勝つ」算段が全くなされないままに、またそうした稽古がなされないままに、ただ盲目的にそのエントレインメントがもたらす死へと向かわせようとしていたのが、戦時下の武道の教えだったといえよう。

ここで、「勝つことを第一としてはならない」という言説に戻ろう。確かに「戦場」では、勝敗にとらわれずに捨て身になることが人の技術・能力を存分に展開させることになる。しかしながら、実戦の場「戦場」ではないところの、剣道の「試合」や「稽古」で、技術上の勝敗は度外視して「捨て身」の精神で打てというのは、はたして精神の錬磨につながるだろうか。野間恒は以下のように述べている。

どうしたら生死を賭けた真剣勝負により近き精神状態を味はい得るか、武術としての剣道を活かし得るかといふと、それは勝敗を重んずるといふことであります。武道は勝敗を第一とせねばなりません。勝敗を度外に置くという考へも、時には必要な場合もありますが、勝敗を死生と心得て、たとひ竹刀の試合であっても、敗けたならば命を取られたのであると感ずることが肝要であります。[47]

剣道では、勝負にこだわることではじめて真剣でのやりとりに近い精神状況が生じるのである。

そうした剣道の場では、実際は真剣でのやりとりはなく生死に関わることがない。そのうえに勝っても負けてもいいというのである。そういうところで「捨て身」になるという論は成立しない。何の緊張感もないところでは、真の「捨て身」は成立せず、修行とはなりえないのである。「どうしたら勝てるかと、工夫し考えるところに道があるのであります。いひ換へれば、かうすれば勝てるといふその手段方法を有形にまた無形に思念して工夫し、やがてこれを体得する、それが道であらうと思ひます」[48]。あくまでも勝負に固執し、負けることは命をとられることだと思うことが重要であって、それによって勝つための技が磨かれていく。その勝つための技術とは、古流剣術でみられたように、「捨て身」の一撃なのである。それは、「あとは野となれ山となれ」という射倖的なものではなく、冷静な「読み」に基づいたものにほかならなかった。「我が体を敵に任す」捨て身になることではじめて、同型同調を通した「読み」が可能となるのであった。剣道の稽古の場でそういう技を修練していなければ、戦場で捨て身になってもさほどの威力は発揮できないことは容易に察しがつく（もちろん戦争という目的を肯定しているのではなく、あくまでもそうした目的の合理性を傍らにおいた形式的合理性について論じているにすぎない）。剣道で勝つことに固執することのなかに、捨て身の技を位置づけていく必要があるのである。

野間は、「道」という語には、神意、天則、真理という意味も含まれているので、剣の道を究めれば、「自ら剣道以外の総ての道にも通ずるのであります[49]」という。剣で勝つ術を体得することは、他の道にも応用可能な技を身につけたことを意味し、戦場という修羅場にもその勝つ術が汎用されるのである。この一道を究めればすべてに通じるという言説は、「兵法の理にまかせて諸芸諸能の道となせば万事に於て我に師匠なし」という宮本武蔵の言葉や、山岡鉄舟の『剣法邪正弁』にもあらわれているとされる。鉄舟によれば、「此法は単に剣法の極意のみならず、人間処生の万事、一つも此規定を失すべからず。この呼吸を得て以て軍陣に臨み、之を得て以て大政に参与し、之を得て以て外交に当り、之を得て以て教育、宗教に施し、之を得て以て商工、耕作に従事せば、往くとして善ならざるはなし。是れ余が所謂剣法の真理は、万物大極の理を究むると云ふ所以なり[50]」というように、万道は一如なのである。野間は、二十九歳で大日本雄弁会講談社（現在の講談社）の第二代社長に就任した実業家であると同時に、武徳会から剣道精錬証を授与されたり、昭和九年（一九三四年）には天覧試合の府県選士の部で優勝を遂げた名剣士だった。祖父と父も剣道家である。実業に携わっていたことが、当時の武道家らとは異なった剣道観形成に影響したのかもしれない。

4　伝統武道から新武道へ

戦局が悪化していくにつれて、こうした古流剣術の伝統を引く剣道をめぐる論議とは別の武道のあり方をめぐる新たな動きも生じてきた。一つは、「新武道」という戦場での実戦のための戦闘術である。例えば、陸軍省兵務局兵務課長陸軍大佐の児玉市蔵がそうした方向を志向していたが、彼は大日本武徳会の機関誌のなかで次のように述べている。(51)古来の武道は、先祖が精魂を傾倒し士魂を錬磨し護国の大義に精進してきたものであり、いまもなお、先人の志を引き継いで心身修練に資するところが大なので、これを尊重してますます振興していくべきだが、それに対して「新武道」というものは、戦争の様相に「即応」し武力として直接的に寄与するものであり、国防との現実的関係で緊急不可欠なものである。総合的武道である「新武道」の動作は、陸海空戦闘の基礎である戦闘教練をなすものであり、特に戦闘経過の大部分を占める「射撃」と戦闘に決着をつける突撃の「銃剣術」はその主要な武技である。この児玉による銃剣術と射撃の振興・普及の提唱は、昭和十九年（一九四四年）二月に「武道章検定」として制度化された。「大東亜戦争の真っただ中に錬武の象徴たる武道章は敵米英撃滅へ敢然として進軍する皇国青少年の胸に燦《さん》として輝くのだ(52)」といわれたように、これは近い将来戦場に挺身すべき十五歳から二十歳の青少年を対象とするものであり、銃剣術と射撃を必須課目とし、古来の剣道・柔道・相撲・弓道を選択課目として（初級は、剣道・柔道相撲の基礎動作をおこなう）、その気魄・態度・技量などを検定するというものだった。また、同年三月に「国民戦技武道基本訓練要項(53)」が厚生省から公布され、四月にはその講習会が全国各地でおこなわれた。国民戦技も、「実戦即応」のもので「実戦ノ要求ヲ充分ニ参酌」して、銃剣道と射撃道が中心を占め、剣道・柔道は補足にとどまり、剣道の技は「縦斬」「右（左）斜斬」「右（左）斜揭斬」「右（左）横斬」と「突き」だけである。「戦局ハ益々苛烈悽愴ヲ極メ一億国民悉ク戦闘配置ニ就キタルノ秋、皇国民ヲシテ皇国伝統ノ武道精神ニ徹シ、実戦即応ノ戦技基礎能力ヲ修得セシムル」[54]というように、戦局が悪化するにつれ、武道も危機状況に直結したものへと変貌し、伝統的な古流武術からは離れていったのである。

もう一つの新たな動きは、日常生活のあらゆる方面に武道の修練の効果を浸透させようとするものである。武道専門学校一期生で範士の近藤知善は、実戦即応の声に便乗してただ「敵を倒せ」というのでは、武道の神髄を誤らせてしまうと、大日本武徳会の「武徳」で述べている。[55]尚武精神は、武的方面だけでなく、あらゆる場合に様々な形となり力となって発動することを知らなければならない。戦陣にあっては「撃ちてし止まん烈々たる気魄を以て」敵を殲滅《せんめつ》するまでやまず、銃後にあっては培った礼儀の精神で人と温かく接し、稽古と同じ心がけで業務に熱心に取り組み、心身の活動を機敏確実にし、能率を上げることが、武道の修練のたまものだとしている。また、近藤の論考が掲載された次の号の「武徳」には「家庭の武徳」に関する議論が取り上げられている。家庭で一日の仕事を終えて床に入るとき、翌日の予定をよく考える（どこから台所に立つか、客が来たらすぐに玄関に出られるか、ご飯をこしらえ、縫い物、拭き掃除をどうするかなどを勘案する）こととか、何かが必要になったとき、あるいはいざというとき、きちんと効率的に対処することなどは、武道によって鍛錬された精神によるものであると、論じられている。[56]このように「銃後」の武道は、「職域奉公」や「国民精神総動員」のスローガンに合致した戦争協力の方向へと向かっていったのである。

5　剣道界の自己矛盾

戦時下の剣道は、忠君愛国のために身命を捧げるという思想のもとに、勝負に固執することなく捨て身で戦うことがあるべき姿だとされたと考えられる。つまるところそれは死ぬ覚悟で戦地に行かせるための準備だったといえる。古流剣術では、勝負に勝つことが目的であり、捨て身でかかることはあくまでその手段だった。しかし、近代以降、心身の修練が強調されるようになり、勝つことよりも捨て身で思いきった技を繰り出すこと自体が目的として重んじられるようになった。その究極のかたちが戦時下の武道だったといえるだろう。だが、剣道で勝ちを求めずに捨て身でかかっても胆力の修養にはならない。勝ち負けを争う緊張感がないまま稽古や試合を重ねても精神の鍛錬にはならない。ただ「死にに行け」と命じられるに等しい状態に置かれては、臆することなく強く戦う精神の養成には決してなりようがない。むやみに打つことを習慣づけられるだけでは技術も向上しない。こうして、武道界（剣道界）には自己矛盾が生まれていった。

この自己矛盾は、「理合」の剣道をめぐる問題というかたちをとって、戦後も受け継がれていくことになる。理合とは、剣道が踏襲すべきとされている「真剣」の本質的技術、すなわち「真剣ならではの技術」を規定するもので、こういう状況をつくればこう勝てるといった必然の道理である。それは、生きるか死ぬかの修羅場をくぐり抜けるために練り上げられてきた武術家の知力の結晶であり、それは、敗北しても次回に再起できるスポーツなどの「非日常」の世界とは違い、敗北は死につながる日常の「実」の世界で、闘争を生き抜くための必勝の理であり、古流剣術の伝統を受け継ぐものである。「剣道試合審判規則第一条」は「剣の理法を全うしつつ」とし、剣道が真剣の操作法を踏襲することを謳っているが、「刃筋正しく打突し」（同規則第十二条）や「打突部は、物打を中心とした刃部（弦の反対部）とする」（同規則第十三条）といった部分にしか、真剣の扱いに準ずる規則はみられない。弦を張り、その反対側を刃部とし、その刃部で刃筋正しく打つという表現をすることによって、力強いしっかりとした打突を規定しているが、真剣技術の本質、すなわち競争と同調の統合に言及することになってはいない。以下に「理合」の代表的なものをあげるが、それらが同調という関係性をとり入れた戦術であることがわかるだろう。

まず「間合いの理合」では、一歩踏み込めば打突できる「間」を「一足一刀の間」と呼び、この間合いを相手にとらせずに自分がとることができれば、「敵より遠く我より近く」戦えて、勝機をつかむことができるとされている。これに基づいて打突に至るまでに互いの「間」を予期し合う攻防がなされる。

次に「捨て身の理合」では、浅い打ち込みでは人は斬れないのでリスクを負っても、敵の近くに飛び込んでしっかりと踏み込んだ強い一撃が必要だとされている。「身をすてて踏み込めばかえって安全なるものと知るべし」(57)というように、危険を冒した攻撃でありながら、見極めをつけて思い切っていくことで、かえって確実なものになる。

「正中線の理合」では、自分の正中線で相手をとらえるのが最も力を入れやすいので、相討ちになっても、相手の刀をはじいて勝つことができるとされる。柳生新陰流の「合撃」や「十文字勝」という技は、相手より遅れて正中線を斬り下ろし、相手の太刀に自分の太刀を打ち乗せて勝つというものであり、正中線でとらえることの重要性を如実に物語っている。

「打突の機の理合」では、相手が動くところに生じる隙を打つ「後の先」と、相手を動かして隙をつくりそこを打つ「先々の先」が有効な兵法だとされている。柳生新陰流の活人剣は「転」を極意とし、丸い玉が転がるように、相手の動きに応じて自由自在に動く戦法だが、これは幕末の剣豪・山岡鉄舟の無刀流にも引き継がれ、さらにその弟子・高野佐三郎によって「敵に従うの勝」として近代剣道にも継承されている。

このように理合の剣道とは、いわば関係性の技術で、空間的・時間的関係性をめぐる敵との攻防についての戦略といえる。相手の動きとの関連性のなかで自分はどう動くかを判断し、自分の動きとの関連性のなかで相手の動きを予測するための基本が理合だと考えられる。お互いの動きは相手の動きとの関係のなかで相対的なものとして認識され、自分に優位な関係性になったと判断したとき、捨て身で打って出ることで勝つのである。

理合の剣が気品と風格をもち、また心を鍛えるのは、自我を抑制する強さを必要とするからである。「合撃」や「十文字勝」といった技では相手と正面から向き合って、相手よりもあえて一瞬遅れて打つのは、相当な恐怖を伴う。「相メン」の稽古などは、相手から打突を受けることの恐怖感をぬぐい去り「見切り」をつけるためのものである。驚・懼・疑・惑といった「四病」が生じたり、沢庵がいう「有心」や「妄心」のように眼前の一つのことに心がとらわれたりすると、隙が生まれ、逡巡《しゅんじゅん》し動作が遅れ好機を逃す。思いこみや感情にとらわれた、むやみで無鉄砲な打ち込みを排除し、過度の緊張を強いられる状況のなかでの感情の抑制を通して、「関係性」の攻防をおこなうのが、理合に基づく剣道といえる。

ところが、戦後になり竹刀剣道としてスポーツ化（競技化）が進むにつれて、こうした理合の拘束から解放され、積極的で自由な動きと新しい技術が展開されるようになっていく。「先」の技のほうが有効性を発揮するようになり、遠間からの飛び込み面なども出てくる。これらは決して一概に否定されてはならないものだが、「小手先の当てっこ」、「ガムシャラに打ちまくる、ムダが多い」、「つばぜり合いが多い」、「タイミング・パワーにたよる」など、批判の声もあがってくるようになった。こうした新しい剣道が「勝つ剣道」として戦後に台頭してきた。このスポーツ化された剣道は同調性を排除し競争性を先鋭化させた剣道にほかならない。そして、正当とされてきた理合の剣道――「打って勝つ剣道」――は、この「打って勝つ剣道」に必ずしも勝てなくなっていったのである。

こうして、剣道界の競技化への自己展開のなかで、正しいとされてきた「理合の剣道」が、台頭してきた「勝つ剣道」すなわちスポーツ化された剣道と相克し合うという自己矛盾が生じてきた。そして、試合では「勝つ剣道」をして、称号・段位審査では「理合の剣道」をするという使い分けもなされるようになった。称号・段位審査は、明治期以前では各流派でおこない段級を決めていたが、近代になると、柔道では、明治十六年（一八八三年）に講道館で富田常治郎と西郷四郎に初段が与えられ、剣道では明治十八年（一八八五年）に警視庁で七級から一級が定められたのを皮切りに流派統一の方向へと向かう（富田の次男は柔道小説『姿三四郎』の著者・富田常雄で、西郷は主人公のモデルといわれる。富田常治郎と西郷はそれぞれ講道館四天王の一員と称された）。大正六年（一九一七年）には、大日本武徳会によって「剣道柔道階級規定」がつくられ、現在では日本剣道連盟と講道館が段位の認定をしている。段位は、歴史的にみても、試合・「形」・学科・人格などが総合的に評価されてきたものであり、現在では、打突がルールに規定された「有効打突」ではなく「理合」にかなっているかどうかが重視されている。高段者になるほど、その理合の内的充実度が求められ、それが剣道での剣の理法の修練による人間形成につながるものとされる。

段位審査では、こうして真剣を想定した剣道が純粋に求められるのである。しかし、ここにどうしても矛盾を感じざるをえない。審査は立合二分間、勝負なしである。勝ったから合格するわけではないし、負けたから不合格になるわけでもない。勝負をつけることが目的でないところで、真剣による命のやりとりを想定した剣道すなわち理合の剣道をやれというのは、明らかに矛盾している。これは、戦前・戦中の剣道修練で勝敗を度外視して捨て身でやれというのと同じである。

段位審査では、試合には存在した「勝つ」という目的がなくなり、あるいはかなり薄れ、命のやりとりを想定した剣の操作を披露するといった言い方がふさわしくなるのではないだろうか。正しい剣道を身につけるための稽古としておこなわれたり、昇段審査を受けるときにその演武が求められる剣道形は、一本とられるほうの「打太刀」と一本とるほうの「仕太刀」がそれぞれ役割としてあらかじめ決められた演技をするが、この審査の際の立合では、そうした役割は決められていないにせよ、その剣道形を含む剣道の理合の型の臨機応変の（いわばアドリブの）演技がなされているといわれてもしかたがない。段位審査の剣道は競争性を弱体化させ同調性へと偏向したものである。

生死を賭けてということなく、さらには勝負を決することを第一義としないという、戦いの本質から二重に離れてしまった場で、真剣での戦いを想定した技術――それは「捨て身」につながる多様なものだが――を演じることは、剣道理念にある剣の理法の修練による人間形成にどれほどつながっていくのだろうか。審査では、勝負が問われないことによって本来の戦いが生み出す緊迫感が骨抜きにされるのである。勝つか負けるかの修羅場で、どうしたら勝てるかを考え実践し見極めていくことが、はじめて精神を鍛えていくことになるのである。

武道は人間形成を第一義とするといわれる（日本武道協議会「武道の理念」）。「単なる技術の修練や勝敗の結果にだけおぼれず、武道の真髄から逸脱することのないよう自省する」（「武道憲章」）ことが武道を学ぶ意義であり、「武道の真髄」とは、「心身の鍛練を通じて人格を磨き、識見を高め、有為の人物を育成する」（同第一条）こと、すなわち人間形成とされている点から、「技術の修練や勝敗の結果にだけおぼれず」というのは当然理解できる。とはいえ、武道は「技術の修練と勝敗の結果」を求めることを通して人間形成がなされるということは、しっかりとふまえるべきである。そうでないと、武道は武道たるゆえんを失う。「理合の剣道」を現在のように称号・段位審査で展開するのでは、それは形式的な伝統的技術として伝えていくことはできても、競争性が薄れ実践性をなくしてしまう。あくまでも、「理合の剣道」は、一瞬の隙と一瞬の判断が勝負を分けるという緊張感が張り詰めた「試合」のなかで威力を発揮するものでなければならない。「理合の剣道」は、競争と同調を統合することによって、本来どのような攻撃にも自在に対応できるのを旨としているはずである。

注

（1）陸軍大臣伯爵大山巌『剣術教範』川流堂、一八九四年、一―二八ページ
（2）兼坂弘道「軍隊剣術の変遷２」、防衛大学校編「防衛大学校紀要 人文・社会科学編」第三十七号、防衛大学校、一九七八年、一九七ページ
（3）前掲『剣道要覧』一ページ
（4）同書一―二ページ
（5）前掲『武道教範』二一六ページ
（6）大日本武徳会編「武徳誌」一九〇六年八月号、大日本武徳会、一―三ページ、大日本武徳会編『武徳誌――明治三九年六月―明治四二年一二月』第一巻、雄松堂出版、一九八五年、六二―六五ページ
（7）全日本剣道連盟編『全日本剣道演武大会のあゆみ――明治期にみる武徳祭大演武会 通算100回大会記念出版』全日本剣道連盟、二〇〇四年、一二五、一四〇ページ
（8）大日本武徳会編「武徳誌」一九〇九年十二月号、大日本武徳会、四―九ページ、大日本武徳会編『武徳会誌――明

治三九年六月―明治四二年一二月』第六巻、雄松堂出版、一九八五年、四七―四八ページ

(9) 同書四七ページ

(10) 兵事雑誌社編「兵事雑誌」第十六巻第三号、兵事雑誌社、一九一二年、二九―三〇ページ

(11) 柳多元治郎『剣道教範』宝文館、一九一一年、三〇ページ

(12) 同書三一ページ

(13) 大日本武徳会編「武徳会誌」一九一〇年九月号、大日本武徳会、九ページ、大日本武徳会編『武徳会誌』第二巻、雄松堂出版、一九八五年、六〇―六一ページ

(14) 武道専門学校剣道同窓会編『大日本武徳会武道専門学校史』武道専門学校剣道同窓会、一九八四年、一五六ページ

(15) 伊東祐亨「大に剣道教育を振起すべし」、高橋静虎編『精神教育談』第六集所収、軍事教育会、一九〇八年、六〇ページ

(16) 前掲「武道教範」二〇五ページ

(17) 前掲『剣道要覧』四六―四七ページ

(18) 児玉市蔵『剣道ノ術理』前編、和田忠次郎、一九一四年、三ページ

(19) 千葉長作『国民剣道教範』西東社出版部、一九一六年、一、二九ページ

(20) 堀正平『大日本剣道史』剣道書刊行会、一九三四年

(21) 堀正平『剣道の真諦』剣道の真諦発行事務所、一九二三年、三、四〇ページ

(22) 牧野秀『剣道修業乃栞』非売品、一九一六年、七ページ

(23) 同書七ページ

(24) 西久保弘道「武道講話」一―七、警察協会編「警察協会雑誌」一九一四年八月―一九一五年三月号、警察協会

(25) 同論文(一)、「警察協会雑誌」一九一四年八月号、二三ページ

(26) 同論文(五)、「警察協会雑誌」一九一四年十二月号、一〇ページ

(27) 西久保弘道述、岡本学編『西久保氏武道訓』良書刊行会、一九一六年、九八ページ

(28) 山形幸四郎『剣道教範』山形幸四郎、一九二一年、七六ページ

(29) 堀田捨次郎『剣道之趣味』中川大正印刷舎、一九一五年、一二三ページ
(30) 前掲『剣道の栞』八九ページ
(31) 堀田捨次郎『剣道手ほどき』田中館、一九一八年、二ページ
(32) 荒木貞夫「剣道と皇道精神」、大日本雄弁会講談社編『武道宝鑑』所収、大日本雄弁会講談社、一九三四年、二ページ
(33) 縄田忠雄『剣道の理論と実際』六盟館、一九三八年、四六ページ
(34) 馬場豊二『国民学校剣道教授の研究』明治図書、一九四三年、一三ページ
(35) 佐藤堅司「日本武道の本義」、大日本武徳会編「武徳」第百四十三号、大日本武徳会、一九四三年、三―八ページ
(36) 倉田太一「日本武道精神の本領」、大阪毎日新聞社編『学問の新体制』目黒書店、一九四一年、一三一―一三二ページ
(37) 今井新造「剣道雑話」上、軍警会編「憲友」第三十一巻第九号、軍警会、一九三七年、九六ページ
(38) 前掲「剣道と皇道精神」二ページ
(39) 廣川正治『国民学校体練科剣道精義』教育科学社、一九四四年、二七ページ
(40) 同書三三―三四ページ
(41) 熊本県学務課編『国民学校体錬科教授要項並に国民学校体錬科教授要項実施細目 昭和18年』熊本県総務部税務課、一九四三年、一七―一八、一八九ページ
(42) 「野球界」第三十二巻第二十三号、野球界社、一九四二年、一四ページ
(43) 小川文章『剣道の学理と実験』旭堂、一九二六年、一二―一三ページ
(44) 前掲『国民武道講話』八ページ
(45) 仲宗根源和『武道物語』万里閣、一九四三年、三ページ
(46) 同書三ページ
(47) 野間恒『剣道読本』大日本雄弁会講談社、一九三九年、一〇ページ
(48) 同書一〇ページ

(49) 同書一〇一一三ページ
(50) 山岡鉄舟「剣法邪正弁」、安部正人編『鉄舟随感録』所収、PHP研究所、二〇一二年、一八九ページ
(51) 大日本武徳会編「武徳」第百三十九号、大日本武徳会、一九四三年、中村民雄編『機関紙『武徳』――武道綜合団体大日本武徳会の機関誌(『武徳』)』(「大日本武徳会研究資料集成」第十巻)、島津書房、二〇一〇年、二四九ページ
(52) 大日本武徳会編「武徳」第百四十五号、大日本武徳会、一九四四年、三五六ページ
(53) 大日本武徳会編「武徳」第百四十八号、大日本武徳会、一九四四年、四〇四―四一八ページ、大日本武徳会編「武徳」第百四十九号、大日本武徳会、一九四四年、四三一―四三三ページ
(54) 前掲「武徳」第百四十八号、四〇四ページ
(55) 大日本武徳会編「武徳」第百四十号、大日本武徳会、一九四三年、二七九―二八一ページ
(56) 大日本武徳会編「武徳」第百四十一号、大日本武徳会、一九四三年、二九六―二九七ページ
(57) 高野佐三郎「剣道」一九一五年、高野佐三郎／千葉長作／牧野秀『近代剣道名著大系』第三巻所収、同朋舎出版、一九八六年、一一九ページ

終章　研究の要約と敷衍

本書では「同調」に基づく武術の戦術について考察してきたが、そこにはどのような身体の潜在的作用があるのかを最後にまとめてみたい。

そのうえで、そうした武術の戦術が、他の日本の競技文化にも共通するのかどうかを考察し、欧米由来のスポーツ文化にも敷衍できる部分があるのかについても考えてみたい。

1　身体の潜在的作用

メルロ＝ポンティのいう「身体の二重感覚」[1]とは、私が自分の左手で右手に触れるとき、触れられる対象（客体）としての右手も触れる主体となりうるというものである。二つの手が交互に触れるものと触れられるものに転換する関係がそこにある。身体は主体であり客体でもある。本書で論じてきた「身体感覚の二重性」は、こうした身体における主体―客体の変換ではなく、「中心化」―「脱中心化」の原理に沿った身体の潜在的作用を示している。

武術には、二重の身体感覚をもとにして「技」が構成されるという特徴がある。身体感覚は、「思考」「情動」

とともに「心」の一つの状態であるが、「思考」と「情動」は剣術では動きの自由を奪う「病」の源であり、それを払拭した「無心」の状態になるとこの身体感覚が非常に研ぎ澄まされる。この身体感覚は二重性をもち、一方は「待」に、他方は「懸」にする。両者は、それぞれ自立した存在だが、「待」にあるほうの身体感覚が「本心」として「懸」の身体感覚との関係を制御する統合的役割を果たしている。ここにあるのは、それぞれ自立しながらも主従関係を残存させるという関係である。「懸」の身体感覚は、「はたらきとしての身体」として身体の外面的境界である皮膚の外へと「転移」するとともに「拡張」していき、敵をなぞり、素描するかたちで潜在的に同型同調をおこなう。経験の拠点を、ここ（自分）からあそこ（敵）へと脱中心化させるのである。この転移による同型同調は、「スクムル」とか「ハタラカス」というように威嚇したり誘いかけて敵の反応を引き起こす行為も含んでいる。いわば、この同型同調において、自己の身体感覚と敵とのあいだに主客混融の相が生じるのである。「本心」は、そのなかで得られた感覚内容（敵の意識という情報）を自らのもとに「ひっとり」自己の「鏡」に写し出す。それが「水月移写」と呼ばれるものである。そこで、自己は敵と一つになる（彼我一体）ことによって、敵の「意」と「おこり」を予期する。脱中心化し、広がっていった先で敵と同型同調することによって知覚される、言葉にはあらわされないような微妙で曖昧な感覚内容（述語的なもの）の統合から、本心のなかに受動的に「主語的なもの」、すなわち敵の「意」と「おこり」が浮き出してくるのである。この「述語的統合」を、「ひっとる」こととととらえていいだろう。「脱中心化」していたものを「再中心化」するのだともいえる。こうして成立する予期に基づいて感応的な「応答同調」が自在に可能になる。この剣術でいう「ひっとる」は、芸能にも通じるものである。太夫が三味線の「糸につく」。音につく」、すなわち拍子につくことは避けるべきとされたことは第1章で述べたが、それは、「不即不離《つかずはなれず》」――離れて付いて、付いて離れて――といわれるように、付いたままでは相方の拍子に引きずり込まれ、個性的な独自なリズムをなくしてしまうので、それを回避しつつ調和するための心得なのである。剣術で心が敵に「着す」やいなや「ひっとる」のと同じように、太夫は三味線に付いたらすぐ離れて自分の拍子で謡うのである。しかも、相方の次の拍子を予期して、それとずらして自分の拍子をとっているのである。地唄舞の武原はんと清元の宮川栄寿朗は舞台で「付いて離れる」ことによって互いに拍子を読み合い、技と拍子をはずし合う技芸を見せたが、「離れる」ことが、応答同調への転換点になるのである。「離れる」とは、まさに「ひっとる」ことである。

剣術の場合は、あくまでも敵に自分の「意」を予期されないようにしながら敵の「意」を同型同調によって自分の鏡に写し出すのであり、そこには、敵の「意」を予期するための戦略的な同型同調としての「彼我一体」というものが成立している。この身体の潜在的作用は、古流武術の中心的特徴である。夕雲流、平常無敵流、心形刀流、雲弘流、深甚流、無刀流などの剣術諸流派に一貫してみられ、特に柳生新陰流の「転」に典型的にみられる。また、柔術諸流派にも、例えば「波上浮木」の「敵に随う」戦術に、同型同調としての「彼我一体」の戦略が存在する。こうした剣術・柔術にみられる敵の気ざしの予期は、敵と拍子を合わさないこと、すなわち合気にならないことによって可能になるものだった。「合気」を避けることをめぐる言説についてはすでに第4章などで論じたが、さらに追加するならば夕雲流では「我流は敵の気にはづれて出る故に、よくあてゝくるものは能はづるゝ也、我は能はづれて出る故に我太刀は能く敵へあたるとなり[2]」とされ、直心影流では「相気モ同ジ故勝負ムズカシク、依テ相気ヲハズシ、クジク事心得稽古肝要也[3]」とされた。明治以降でも、『剣道の栞』に「合気ヲ外シテ闘フヲ肝要トス[4]」とされていて、高野佐三郎も「剛と剛」は避け、「石金に対しては綿[5]」というように、合気を戒めている。

それに対して、同型同調によってとらえられた敵の動きと、こちらが応答同調によっておこなおうとしている動き（それは敵が同型同調によってとらえているこちらの動きでもある）が潜在的なレベルで一致している場合がある。これが、「合気」すなわち「エントレインメント」であり、互いの「意」が一致した完全な「彼我一体」にほかならない。これは、現代剣道で推奨される戦い方の基本になっている。合気をはずすと、打たれるリスクは軽減するが、それは忌避される。五段と六段の差は、「合気」になることであり、合気になって攻め合い技につなげることとされる。[6]また、「合気」をはずさない我慢の稽古、下がらない稽古が尊ばれるのである。[7]「合気」になると相討ちの可能性が高くなるので、生死を賭けた剣術では「合気」はできれば避けたいところだが、現代剣道では相討ちはお互い一本にならない「無効打突」で済むので、勝負がつきにくい「合気」をはずした勝負よりも、「合気」からの際どい勝負が好まれ美学とされると考えられる。「合気をはずせ」といわれた明治・大正期から、いつのまにか合気からの勝負が格調高いものとされるようになったのである。

ミラーニューロンの研究は、敵の「意」を自己の鏡に写す「水月移写」に脳科学的な説明を与えると考えられる。敵の動作を見た瞬間、敵の動きを自分の動きとしてシミュレート（模擬検証）できる脳神経システムが存在するということは、知覚と運動が認知を媒介せずに結び付くことであり、「身体化されたシミュレーション」が可能になっていることを証明する。そこでは、敵の動作を見た瞬間に、その動きに対応する習慣的行動が結び付いて、敵の動きを意識して予期しようとしなくても予期が可能になっている。メルロ＝ポンティの「習慣的身体」ともいうべき身体図式が想定されるのである。

「本心」としての身体感覚は「待」としてとどまりながらも、「懸」の身体感覚を移して敵に同型同調するというように、そこには身体感覚の二重性が想定された。また、その同型同調によって得られた感覚内容を「本心」に「ひっとる」ということであったわけだが、相手に心を着す場合、その着す感覚と「ひっとる」感覚を二重に併せ持つことによって相手に取り込まれたりせず、自分の体勢を残すことができるのである。それと同様に、「ひっとる」ことで予期された「意」に基づいて敵に対して応答同調する場合も、「本心」あるいは「西江水」は、身体全体に伸び広がった心を通して応答同調していく。手にある心、足にある心を通して自在に対応していくのである。同型同調は、「西江水」あるいは「本心」を媒介にして応答同調に切り替わるのである。この同型同調と応答同調の交錯が繰り返される過程で両者が一致するのが、「合気」すなわち「エントレインメント」である（図55）。本心が不動であるからこそ、手・足・全身に広がった心は敵の動きにしたがいながら自由自在に動けるのである。はたらきとしての身体は、主体の側に本心として残りながらも身体の各部分に広がり外界に作用する。この身体に関する二重の意識が、同調を媒介とした勝率が高い戦いを可能にするのである。このように身体感覚の二重性を

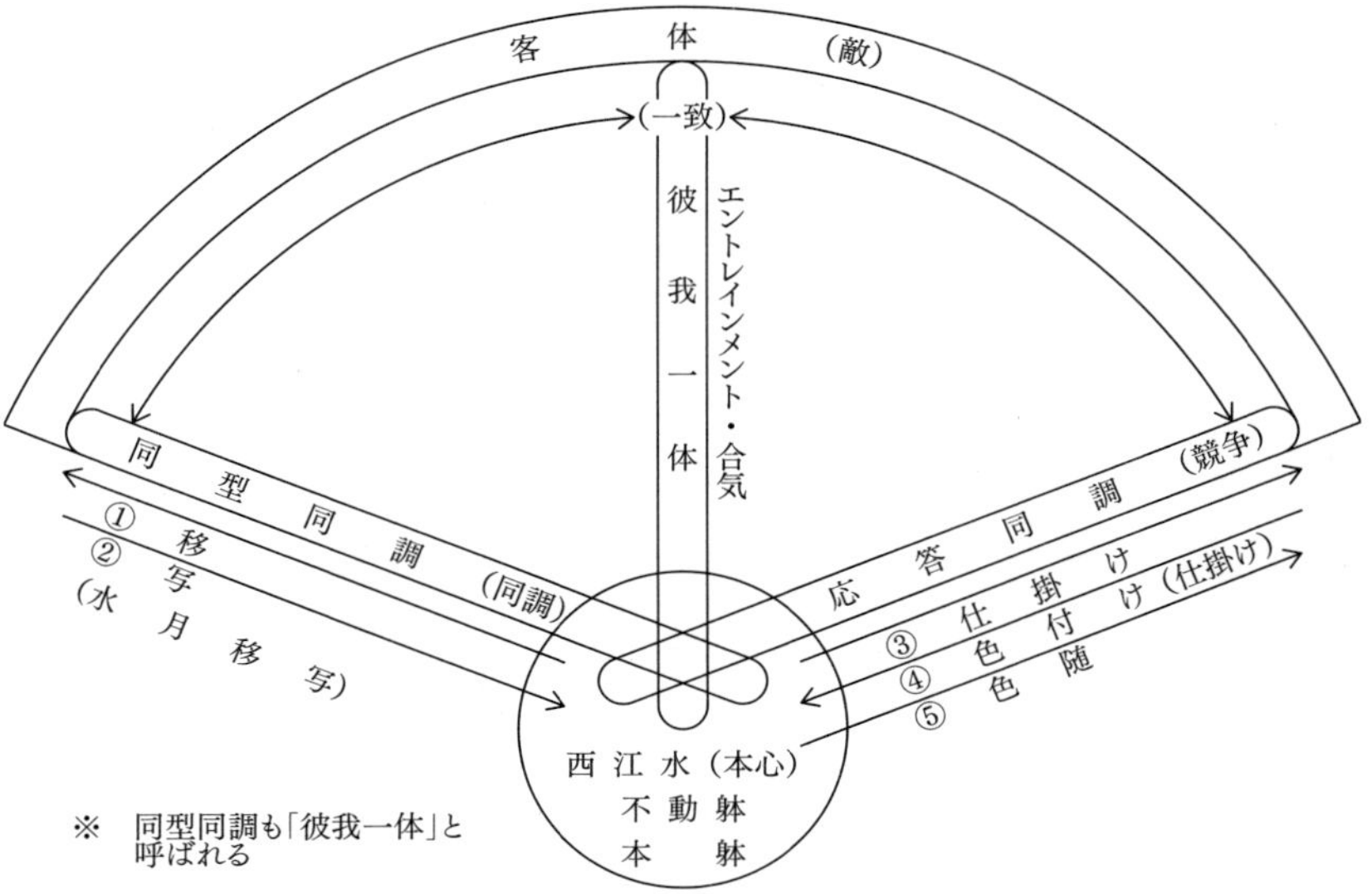

図55　武術での「同調」と「競争」
「無形」の先々の先　①→②→⑤
「移」とは、一方で自己の側に心を「本心」として残しながらも、他方で心を放ち、敵にその心を着けることであり、「写」とは、それによって生じた敵の心の起こりをひっとって、自分の「本心」に写し出すことである。そうして可能になる予期（読み）に基づいた（随った）応答同調として技が繰り出される。
「有形」の先々の先　③→④→⑤
「色付色随」であらわされる。自己から仕掛けてみて、敵がそれに応じてきたところに随って撃つ。自己の色の仕掛け方によって、敵の色の付き方（応じ方）を予測している。
後の先　①→②→④→⑤
　敵の仕掛けに随って、「反射」的に応答同調として技を繰り出す。ただ、放心作用（水月移写）による潜在的な同型同調による予期がなされる場合も考えられる。

同型同調と応答同調は西江水（本心）を基点に不断に転換する。

伴うことによって、「同調」と「競争」が交錯し、あるいはまれに一致するという「身体的関係性」が成立しているのである。

柔術では、身体的関係性の操作という点が注目された。敵に随う戦い方にもかかりを外す戦い方にもやはり身体感覚の二重性が関係している。敵に随いながらも、同時に虚をつき隙に洩れ入ることができるのが「自然な勝ち方」として評価され、「合気」となりながらも、その合気の「かかり」をはずすことが感覚として意識できることが重視された。「垂直離陸」や「離陸」は、反対方向の動きを同時におこなおうとする身体操法であり、「井桁術理」は、身体に動きの支点を複数持たせ、身体の各部分を同時に動かす技法であった。これらも、身体感覚の二重性を利用することによって、敵との身体的関係性を操作し、敵の予期を困難にするための技術だった。

武術の戦いは、環境のなかでどのように自己が自由を得るかに関わっているといえる。市川浩は、生体は環境の意味に応じて行動や身体状況を変化させるが、環境の意味も生体の行動や身体状況の変化に応じて変わるというように、両者は絶えざる生成のうちにあるとする。(8) 身体と精神は、そうした環境を指向する生体の生成的構造の統合レベルに還元したところの、人間的現実の二つの局面にほかならない。環境を指向する生体の生成的構造の統合が極めて高く、環境の支配からよりいっそう解放されるとき、生体は「精神」を自覚し、逆に統合の程度が低く現実的刺激としての環境に支配され自由度が狭められたときに、生体は「身体」を感じる。精神を感じるのは、「脱中心化」がすすみ、世界に対する関わり方を自由に変換し、自らの構造を自在に変更することが可能になる場合である。古流武術は、敵を含む戦いの場という環境に「脱中心化」を通して自由自在に関わっていったという点で、まさに内面的「精神」性が高いものといえる。武術、とりわけ剣術が「心法」として発展していったのは、まさにこのためである。

その一方で、近代化された身体といわれるものは、環境に支配され拘束された身体である。ミシェル・フーコーは、古典主義時代（十七—十八世紀）に身体は権力による取り締まりの対象・標的にされ、兵士の育成に向けて規律と訓練によって「従順な身体」へと作り替えられていったと指摘する。その取り締まりは、身体の細部にわたって強制権を行使し、力学の水準そのものにおける運動・動作・姿勢・速さを確実に与えていくものになった。例えば、行為を一つの連鎖の始めから終わりまで拘束することになる。「行為は諸要素に分解され、身体の、手足の、関節の位置は規定され、一つ一つの動作には方向と広がりと所要時間が指示されて、それらの順序が定められる。時間が身体深くにしみわたるのである」(9)。また、身体＝客体の有機的配置が規律・訓練によって規定される。動かす身体の諸要素（右手、左手、それぞれの指、膝、目、肱など）と、操作する客体の諸要素（銃身、照門、撃鉄、ボルトなど）とが、単純な身振りによって関連させられ、標準的な連続したつながりが定着していく。身体行為は、機械化され一律化され、身体のなかに権力が入り込んでくるのである。

日本でも、明治になって伝統的身体は近代的身体へと矯正されていった。三浦雅士は、運動会や兵式体操による日本人の身体の近代化について論じている(10)。運動会の競技で身体（の能力）が数値として計測されるようになり、運動会の亜鈴体操や兵式体操によって、号令のもとに一斉に動く身体が形成されていった。西南戦争での官軍の苦戦から、国民の運動や姿勢の矯正の必要を感じた初代文部大臣・森有礼は、明治十八年（一八八五年）に体操伝習所で兵式体操実施教員の養成に着手し、義務教育への兵式体操の導入に乗り出していくのである。こうして、敵の動きにしたがって脱中心化を繰り返し自在な関わり方を展開していた武術の身体とは異質な身体が登場するようになる。前述したように、古流武術では、「合気」は嫌われ外すことが強調されたのに対し、近代剣道では、「合気」になって攻め合うことが推奨されている。しかし「合気」を外し続ける戦い方のほうが、より自由な場への関わり方を伴い、生成的構造の統合度が高いといえる。近代剣道が戦いの自由度を狭めていったのは、身体の近代化が背景になっているという側面もある。大日本武徳会や武術専門学校は剣道の競技化に反対したが、近代のスポーツ隆盛の流れと相まって剣道もチャンピオンシップを目指すものになった。その過程で、判定を確たるものにするためにより客観的なルールで試合のなかでの行為を制御し、一定の時間内で試合を終わらせるために、「合気」を外すような戦い方は敬遠されるようになっていったというのが、現代に至るまでの変遷だったととらえることができるかもしれない。この点は、さらに詳しい考察を要するだろう。

2　同調を重視する競技文化としての将棋・囲碁

日本の他の競技文化で、武術と共通する「同調」を取り入れているものを探ろう。将棋と囲碁といった盤上の競技も、「敵に随応して戦う」ことを特徴とする。将棋も囲碁も、後手（番）になると、不利を被る。囲碁の場合は、後手の白石が六目半のコミ（ハンディ）を与えられることで不利は緩和されるが、将棋の場合はどうしても不利は拭いきれず、「後手番それなり」の戦いを強いられる。羽生善治十九世名人によれば、[11]後手番というのは、持ち時間を一時間ぐらい多く消費しなければならないほどのハンディを背負うことになるので、主導権を取りにくくには無理があるという。「だから普通についていって、先手番が得が生きないような指し方（略）例えば持久戦模様になれば得が生きないでしょう。あるいは先手が一手早く指しているために形を決め過ぎてるとか、そういうのをとがめるような指し方でないとダメなような気がします」。相手にしたがっていく戦い方には「定跡」があって、「振り飛車」「矢倉」「居飛車」「相居飛車」などがその例だが、それぞれの長所・欠点が指摘される。「振り飛車」は、局面が長引けば確かに有利だが、相手の攻めへの様々な対応策が要求される。「矢倉」は、自分の王将の近くで「受け」一方の展開になることが多いから非常に辛抱が必要になる。公式戦では、平成二十年度（二〇〇八年度）に後手番が勝ち越したが、これは日本将棋連盟が統計をとり始めた昭和四十二年度（一九六七年度）以来初めてのことである。羽生の言葉は平成七年（一九九五年）のものだが、それ以降「後手番」の作戦が磨かれていったといえよう。

また、「後手番」になった場合に限らず、相手に先行させることは有効な作戦としてよく用いられる。「手を渡す」という戦法があるが、これは自分が何もしないで相手に手を渡す、すなわち相手の出方を見てから指すという作戦だが、羽生はこれが非常に武術に似ていると指摘する。「後の先」や「先々の先」と共通するのである。「攻めていくために非常に力が必要なのです。守るときは相手の指した手に対応すればいいわけで、割合に楽なんです」[12]。（序盤・中盤で）戦略を組み立てていく段階では主導権を握り、終盤になって斬り合い（攻め合い）になったときに手番を渡すと有効になるという。大山康晴十五世名人は、この「手を渡す」をもとにした「受け将棋」で知られていた。羽生によれば、「（大山名人の）受け将棋といっても、ただ受けている感じではない。常に相手にプレッシャーをかけながら受けている」[13]というが、これはまさに「先々の先」である。これについて金子金五郎八段は、「大山さんには、相手とあるところまでいっしょに歩いているうちに、自分一人で読んだって、むこうはオレのヨムとおりやってこないんだから、悪くしなけりゃいいんだという考え方がある」[14]と述べている。いい手で勝つ場合よりも、相手が悪い手を出したことで勝てる場合が多いから、「受けて」「待って」勝機を見いだすというのである。

米長邦雄棋聖も、序盤・中盤は無理をせずに「相手にどこまでなら点数を与えても許されるか、つまり許容範囲で捉えていく」[15]ほうがいいと主張している。そうでないと、定跡を打つ段階を過ぎて自分の力だけで指さなければならなくなる中盤以降で疲れてしまって実力を発揮できなくなってしまうからである。ある程度相手に走らせておいて、ここぞと思ったときに一気にいくのである。「待っていられる」ということも実力のうちで、しかもそれが重要だと指摘している。強い人のほうから先行すると、弱い人でもそれなりに付いていくが、弱い人が強い人によって主導権を与えられ先行させられると、どの道を選べばいいのか、自分で考えなければならなくなるので、迷った末に消耗してミスを犯してしまうというのである。

羽生は、それは「怖いことです。だから、その怖さに打ち勝って相手にうまく手を渡す」、いわば「首を差し出す」[16]のだという。将棋は、指したい手の選択肢が非常に少なく、お互いに相手の指したい手を消しにいくので、どちらも身動きができないような膠着状態になってしまう。その場合、手番を持っているほうが悩むことになるので、こちらから手番を渡す、つまり危険を伴うのを覚悟で「首を差し出す」のである。これはいわば武術の「捨て身」である。

将棋の「定跡」と囲碁の「定石」とは、局面ごとに両者にとって最善とされるパターン化された打ち方・指し方である。それは、お互い了解し合っているパターンであり、それに従えばある局面では互角の結果が生じる場合が多い。これは両者が「彼我一体」となって進んでいるといえる。相手の動きに応じながら、両者が一体となって流れを理解していく。相手と自分が反発していない「調和」の状態が形成されていくが、どこかでそのパターンから外れて「実力」勝負になる。しかし、自分に都合のいい展開にするのは簡単ではない。いきなり調和を壊す手を出すと、「勝手読み」となり手痛い反撃をくらう。強引に攻めたり、受けを間違えると調和が崩れ、敵にとっての突破口になってしまう危険がある。

『玄玄碁経』は、中国元代に著された囲碁全書ともいうべき書物であり、日本の囲碁に大きな影響を与えたが、そのなかに以下のような記述がある。

戦いは碁の本質ではない。やむを得ず行われるものである。余りむさぼらずに自陣を確保し、しっかりと形を作り、地をよく守る事が出来ればむやみに戦う事もなく、実を得るというものである。形勢がいいという事であればこそ安心というものである。つまり自陣をしっかりとしてから相手の薄みを攻め、安全を保ってから敵の乱れを待つという態度であれば、攻めても成功し、勝つ事が出来るのである。(17)

定石をしっかりと踏まえ、調和をつくり、相手が調和を乱すのを待ってそれを勝機とするのが必勝法だということになる。

近代囲碁で「調和」をことさらに強調したのが呉清源だった。呉は、中国の北京碁界の天才少年と謳われ昭和三年(一九二八年)に十四歳で渡日するとその後日本に帰化し、日本棋院九段となった。彼がいうには、一つ一つの石にははたらき・力があり、それらが調和を保つと統合的な力をもち、相手もそれにつとめると相手の石と自分の石の間に調和が生まれる。調和が保たれているあいだは、互いに力を発揮できるが、その調和を破ると、破ったほうが負ける。この点は『玄玄碁経』と全くといっていいほど同じである。「白黒の両方が調和を保ってゆけば、先に打った方に、必ず残るものなのです。途中でへたばったり、不合理なことさえしなければ、黒に何目か残る。（略）碁の勝負は普通の勝負と、ちょっとちがうと、私は思います。そこには人為的なものが少なく、ほとんど自然の現象というべきで、自然の現象を、ただ勝負と名づけただけではないでしょうか[18]」。定石にしたがって互いに調和を保っていけば、先手である黒石が六目半ほど残る。これは、『易経』でいう陰と陽が融和した結果である。呉によれば、人間の性質は火の性を受けるか水の性を受けるか、どちらかに偏ることを宿命としているが、「この火と水が調和するところに本当の働きというものが生じて来るのです[19]」という。呉はその好例として、火と水の調和から水蒸気が生じ汽車が走りだすことをあげている。彼は、このような碁を「六合の碁」と呼ぶが、「六合」とは宇宙のことであり、盤上に宇宙を体現するのである。囲碁では、対決する相手と自分が調和することによって高次なものが形成される。菅野礼司は、囲碁は「手談」であるとする。「二人の対局者が相互に応答しながら、相手の出方（着手）に依存してこちらの次の着手が決まる。囲碁ゲームは、相互依存的に自己発展するシステムである[20]」。調和を崩したほうが負けていき、調和を保ち続けたほうが勝つのは、その形成過程での中途の現象にすぎないのである。そういう意味で、勝ちは人為的でない自然の現象としての勝ちということなのである。

一方的に勝とうとするのは、勝つ者と負ける者のどちらにとってもためにならないうえに、それ自体が敗因になる。『玄玄碁経』にも「自重して貪らぬ者は得をし、軽薄で得ばかり計りたがる者は損をする[21]」と貪りの戒めがある。日本棋院所属の女流棋士・梅沢由香里は「大切なのは、相手にも与える発想。勝つためには、最終的に自分の取り分がちょっとだけ多ければいいので、ある程度は相手に与えるという発想が必要です[22]」と述べる。「地」（陣地）を一方的に広げていけばいいというわけではなく、「厚み」とのバランスが重要だといわれる。「厚く打つ」というのは、石をつなげるということだが、石がつながると弱い石がなくなり石をとられたり地を囲われにくくなり、その局面では「地」に関しては相手にリードを与えるが、最終的には大きな地を形成することにつながっていく。

要するに囲碁では、大勝ちを狙わず調和を保ち続け、結果として僅差での勝ちに到達すること、また目先の得(地の拡大)にしがみつくのではなく、「地」を分断されないように石をしっかりつなげていく長期的展望をもつことが、求められるといえるだろう。

しかし、このような定石や定跡がもたらす予定調和は必ずしも理にかなったものではない。「定石を覚えて二子《もく》弱くなり」というように、定石どおり打ってもかえって悪い結果になることもある。囲碁でも、周囲の状況によって、定石が通用しない場合もある。将棋の定跡を打ち破ろうとしたのが、羽生善治だった。雑誌「将棋世界」には一九九七年七月号(日本将棋連盟)から三年半にわたって、羽生の「変わりゆく現代将棋」が連載されたが、そこには定跡という名の将棋界の常識、すなわちあらかじめ決められた手順をなぞって中盤まで指していくという戦い方に真っ向から挑戦した羽生の考え方が反映されている。「矢倉」戦を材料にして、定跡局面がもたらす予定調和が本当に理にかなったものかどうかを三年半かけて検証しようとしたのである。その一連の経緯について、梅田望夫が『シリコンバレーから将棋を観る』(23)でまとめているので、それを参考にしながら詳しくみていきたい。

現代矢倉の基本図ができあがるまで、後手が手順どおり無難に駒組みを進めるところに予定調和が生じている。しかし、後手がその予定調和を嫌い、「矢倉戦にしましょうね」という暗黙裏の約束に追随せず、隙あらばいつでも襲いかかるぞという不退転の決意をもって、先手の一手一手をとがめよう(相手の緩手や悪手に乗じて攻めること)としたら、どうなるかという点に、羽生の関心があった。その先には新しい将棋の世界が広がっているのではないかという問題提起である。その後現代将棋の世界は、羽生の予言どおりに推移していった。羽生が初めての七冠になった平成八年(一九九六年)当時は、将棋界全体の戦法の幅が狭く、どんな戦型でも中盤は指定局面になることが多く、羽生自身も序盤よりも終盤を重視する将棋を指していた。しかし、その初めての七冠達成後すぐに序盤で個性を発揮する現代将棋の構築に向かって「変わりゆく現代将棋」を書き始め、自らが実戦で指す将棋自体も変化させていった。そして、「オートマティックに三十手くらい進む」傾向が将棋界全体から消えていき、最初の十手目から勝負どころを迎えて九十手で終わる将棋があらわれた。「邪道だ」とか「器が小さい」、「格が低い」、「堂々としろ」、「変な駒の取り方」、「スケールが小さい」とかの曖昧な概念で、定跡からかけ離れた将棋を酷評する先輩棋士は減っていった。

　定跡がもたらす予定調和が本当に理にかなったものなのかについて考察してみよう。武術の場合、敵に同調し彼我一体になることは、敵の動きを読めるという意味で効果をもった。それは、勝つために理にかなったものだったといえるだろう。将棋の定跡で、手順どおり駒組が進められていく予定調和は、手順どおり指せば「負けない」、「不利を被らず対等を保っていける」というものである。そこでは、互いの動き（指す手）を読まずともすでに互いの動きがあらかじめわかっている。そのため、戦型（例えば矢倉）の基本図をつくり、臨戦態勢を整えていけるので、確かに理にかなったものといえる。しかし、囲碁の場合と同じように、周囲の状況によって定跡の理が綻びを示すこともある。序盤から自由に仕掛けていく羽生の戦法は、そうした定跡の綻びを積極的に探し、そこを衝いていくやり方であり、これもまた理にかなったものである。ただ、これを展開させるにはあらゆる戦型に精通していなければならず、少しでも苦手な戦型が立ちはだかると、これまた綻びを生じさせてしまう。異なった理同士がぶつかることによって、どちらかが破綻を示し、有利・不利の差が生まれる。平成三十年（二〇一八年）十月に史上五人目の公式戦通算千三百勝を達成した谷川浩司九段は、羽生のそうしたオールラウンドプレーヤー思想に触れ、「そのときどきで一番興味のある戦型を採用し、相手の指し手に自然に合わせているのがいまの羽生さんの将棋です。相手の出方を見ながら、これが最善だと思った方向に手を進めていく[24]」と言っている。羽生が身をもって示した将棋は、柳生心陰流の「転」を典型とする「敵に随って勝つ」戦術に通じているといえるだろう。

　また、この将棋界の状況は、理合の剣道、いやもっと限定して高位の昇段審査で勝負抜きで求められる理合の剣道と、試合でのスポーツ的な「勝つ」剣道との対照を思い起こさせるだろう。「勝つ」剣道は、「小手先」の「当てっこ」と批判されることはあるが、ルールの許容範囲内で自由に手を尽くして勝ちを求めていく点では、羽生が示した現代将棋と方向性を同じくしている。武術と共通するもう一つの点は、将棋の定跡には、予定調和を続けた場合、仕掛けたほうが負けるので「千日手」すなわち引き分けにならざるをえないということである。先手後手同型の「総矢倉」や相手の攻撃を受けきる「風車」などがそれに当たるが、「風車」は伊東果八段（平成二十三年〔二〇一一年〕引退）が居飛車穴熊に対抗するために考案した戦法であり、「勝つ」ことよりも「負けない」こと、「攻めない」ことを信条とするものである。(25)相手の攻めに対して防御に徹し、自分からは攻撃しないので、最終的に引き分けの方向に向かう。後手番ならその千日手（引き分け）で再戦は先手になるので、確かなアドバンテージを得るが、伊東は先手でも「風車」で立ち向かった。「千日手でいい」といいながら、二十代後半の頃は、「風車」で勝率七割から八割の好成績をあげた。この千日手狙いは、剣術の「相抜け」に似ている。

3　連(つらなり)のなかで

連歌は、同調と競争が同時的かつ未分化に融合した芸能である。第1章でみたように、伝統芸能は同調のなかに競争を取り入れるのを基礎としているが、連歌は、この二つの要素がどちらからということなく溶け込んでいる。そのことは、連歌で幽玄美がどのように表出されていくかに反映されているように思われる。

連歌は、前句に付句を加えることによって成り立つが、前句と付句は互いに独立した意味内容をもちながらも、意味の連続性・関連性を保持するものである。前句は発想の場になり、一句（前句と付句でできあがった一句）の前提になることで自由性を有するが、その半面、付句に対してあまり明確で狭い意味限定をおこなうことは控えなければならない。一方、付句は前句の意味世界によって限定を受けながらも、逆にそれを自分の意味世界のなかに摂取し転化させるのである。

東山文化の代表的存在である連歌師・心敬は、こうした連歌の基本的性格について、仏法が説く理法との関連から、幽玄の表現様式としての余情体とその美の内容である冷厳の重要性を語っている。「連歌は必ず上の句を言ひ残して下の句にゆづり、下の句に言わせはつべき者と見えたり。おのおのに言ひはてたる句には、感情秀逸なかるべしといへり」[26]というように、上の句（前句）ではあまり限定的に言わず言い残して、「余情」を下の句（付句）に譲り、下の句は下の句で言い尽くさないようにして、上の句に言い尽くさせるべきであるというのである。言い換えれば、下の句は上の句の意味世界をないがしろにせずに十分に下の句のなかに反映させるということである。それぞれが言い過ぎている句には、深い感動を引き起こすような優れた作品はない。要するに、前句と付句それぞれがなす意味表現には、「個」としての主張（競争）と互いに対する「同調」が同時的に存在する。互いに対する「同調」は抑制を通して互いの「個」を引き立て、互いの「個」としての主張（競争）は抑制を通して互いへの「同調」を志向しているのである。「同調」し合うなかで、それぞれが「個」として生きてくるのであり、それぞれが「個」として主張するなかで、両者の「同調」が生じてくる。こうした「同調」と「競争」を融合させる媒体は抑制であり、それによって「同調」と「競争」を通して互いが響き合う調和の世界を一句のなかに表出していくのである。

心敬は、この前句と付句の付け方が句にさらに深みを与えると述べている。[27]前句と付句の続き具合が密接なものは「親句」といい、それに対して両者がそれぞれ外見的には別々のことを表現しているようにみえるが、内面深いところで続き合っているものは「疎句」と呼ばれる。心敬は、この連歌の親句と疎句との関係を仏法でいう「有相の理」と「無相の理」の関係になぞらえて説明する。「有相の理」とは、形態・様相のあるもの（有）の生滅無常の理であり、言語や思慮をもって説明できるものであるのに対し、「無相の理」とは、形態や様相をもたないもの（無）、すなわち有無の対立・差別を超越した絶対の空を意味するところの、永遠不変の絶対の真理であり、言語・思慮をもって説明しえないものである。

「無相の理」は、言葉や姿にはあらわされない、形なき余情に通じている。「疎句」が表出する深い趣は、前句と付句が互いに響き合う余情のなかで対立・差別をなくすことによって生じるものである。「無相の理」では、「同調」も「競争」も区別なく未分化のままに統合されているのである。そこでは、自我執着を払拭した「しみこほり」た「寒くやせたる」心が必要だが、そのためには詠まれる対象のほうも「冷え凍った」属性をもつものが求められる。「昔の歌仙にある人の、歌をばいかやうに詠むべき物ぞと尋ね侍れば、「枯野のすすき、有明の月」と答え侍り。これは言はぬ所に心をかけ、冷え寂びたるかたを悟り知れとなり。さかひに入りはてたる人の句は、此の風情のみなるべし[28]」というように、言葉には表現されていない余情に心をかけて、寒々とした情趣を悟り知ることが肝要である。最高の境地に至った人の句は、枯れ野のすすきや有明の月といったものの醸し出す冷えた風情に徹するようになる。冷え寂びた対象を好んで題材にし、それらに「同調」することで己の心を冷え凍らせ自我執着を払拭する。「無相の理」はそのようにして体現されるので、幽玄美の内容は、「冷厳」を中心としたものになっていくのである。江戸中期の武士で戯作者の佚斎樗山《いっさいちょざん》の『天狗芸術論』は、剣術について「敵に向って生を忘れ死をわすれ敵をわすれ我を忘れて、念の動ぜず意を作さず、無心にして自然の威に任するときは、變化自在にして應用無碍なり[29]」と述べている。これは、まさに「無相」の剣というべきものであって、「疎句」はこの剣に通じるものだろう。

　前句と付句が互いに独立した意味を主張しながらも、同調し合う意味をその関係のなかに見いだすことによって連続していく連歌の性質は、連（つらなり）というものを日本文化（和歌・狂歌・物語・小説・絵画・演劇・音楽）の一特徴として指摘する田中優子の議論にも通じる。「つけることと離れることのあわいを、綱わたりしながら連ねていく」、「個々の要素が明確で個性的であるにもかかわらず、同時に他に向かって開かれ、他のものとの関係の中で生命を得る[30]」。

　蹴鞠にも、スポーツ性と芸能性が混融している。渡辺融は、「興を共にする心」でおこなわれるのが「連携プレー」で、「競う心」でおこなわれるのが「勝負鞠」だと分類してそれぞれ説明している[31]。「連携プレー」には、「一段三足」と称される、相互に協力し合う「和」の作法がみられ、蹴足（プレーヤー）は三回続けて蹴るのだが、一つ目は相手から鞠をもらうために軽く蹴るもので、横からパスされてくる鞠の軌道を上方に変換する調整のキックである。二つ目が自分の頭上高く一丈五尺（約四・五メートル）くらいに上げるキックであり、三番目が次の人に鞠を渡すためのパスのキックである。そのため、互いに受け取りやすいように緩く低い弧を描くように送るよう協力し合うことが求められる。「勝負鞠」では、左右二チームをつくり、地面に落とさない連続鞠数を競う。「連携プレー」では、鞠を受けるほうは鞠を送るほうに潜在的に「同型同調」することによって、鞠を受けるという「応答同調」をしているのであり、これはキャッチボールの場合と同じである。一方「勝負鞠」では、チーム間で「競争」がおこなわれているわけだが、二つのチームが直接対面しているわけではないので、そこでは敵対するチーム間に「同調」は生じていない。つまり、チーム間では、「同調」を取り入れた「競争」はおこなわれていない。ここで問題にすべきは、「連携プレー」でおこなわれている「同調」と「競争」である。渡辺は、二つ目のキックについて鞠を「うるはしく上げる」ことが「花」であって、蹴足の技の見せ場であり、それができれば人目を引く高度なプレーを形成したことになると述べている。[32]また、「見せる心」ではプレー全体が「たをやか」や「艶」といった言葉であらわされる優雅さによって評価され、観客もそれを美意識にしたという。そのため当時は他人が蹴るべき鞠を奪うような過度な自己顕示欲の発現いわばスタンドプレーも付きものだったから「一段三足」という作法が設けられたという。つまり蹴足個人としては蹴り上げる技術の高度さを発揮するなかに、「競争」心を凝集させたといえる。しかし、「勝負鞠」ではチームで鞠数を競うことで、「花を捨てて実を取る」ことになり、「うるはしく」蹴ることはあきらめて、着実に蹴ることを重視するようになる。この場合は、蹴足個人の優秀さは顕示しがたくなる。一方「連携プレー」では蹴足は、鞠を受け取る第一キック、上方に高く蹴り上げる第二キック、次の者にパスする第三キックを含む一連の動作を、前後の蹴手（鞠をパスしてくる蹴手と鞠をパスする先の蹴手）への潜在的な「同型同調」を根底に据えた「応答同調」としながら、そのなかになお優雅さを同時に張り合うという「競争」的要素を含ませているといえるだろう。また、蹴鞠の場を形成するために四方に「懸」の木が植えられたが、その木に鞠がかかって様々な落ち方をするので非常に高度な技術を要した。その鞠の落下にタイミングを合わせ、忙しく足踏みを踏む一方で、上体は力まずまっすぐに保ち「長閑《のどか》に」見えるようにするのが上手の振る舞いとして評価されたという。[33] つまり、「和」を志向する「連携プレー」のなかでも蹴足個人間では熾烈な「競争」がおこなわれていたといえるだろう。ここでも、連歌と同じく「つながり」のなかで「競争」と「同調」が統合されている。

「歌合」は、左右から何組にもわたって歌を出し合ってその優劣を競う「競技文化」だった。しかし、その「合わせ」には、「持」と呼ばれる引き分けが非常に多いのである。「重家朝臣家歌合」[34]永万二年（一一六六年）では七十七歌中三十三、「住吉社歌合」[35]嘉応二年（一一七〇年）では五十首中十七、「御裳濯河《みもすそかわ》歌合」[36]文治三年（一一八七年）では三十六首中十七、「宮河歌合」[37]文治三年（一一八七年）では三十六首中十三、「慈鎮和尚自歌合」[38]（一一九〇年代）では七十五首中二十二、「後京極殿御自歌合」[39]建久九年（一一九八年）では百首中二十六が引き分けだった。徳原茂美は、「あふ」の本義は「二つ以上のものが関係をもつこと」、「相会する事」、「遭遇する事」であって、その言葉自身に「戦ふ」という意味はなく、「歌を合わす」とは、二首以上の歌の「対照の妙や調和の妙を味わう」のが「歌を合わす」楽しみだったとする。[40] 峯岸義秋も、「天徳四年内裏歌合」で、参加者の服装が美麗を極め、左の人々が赤色系統のものを着て、右の人々が青色系統のものを着た対照的配色は、「調和と平和とを愛好したこの時代精神を象徴し、また歌合儀の本来の姿勢を示すものと言えよう」[41]としている。また、総じての勝負は左方の勝ちだったが、奏楽は両方がおこなうという和気あいあいとしたものだったことも指摘している（奏楽は原則として勝ったほうがおこなうことになっていた）。

徳原は、何らかの条件に応じて歌の優劣を競うのが歌合の本質と見なされるようになったのは、延喜十三年（九一三年）の「亭子院歌合」に始まると考えている。[42] この歌合で、判者が定められ、判詞が付されるようになったからである。しかしそれ以降も、いくつかの歌合は古い歌合の名残をとどめているという。前記の「持」（引き分け）の多さもその名残ではないかと推測される。萩谷朴は、歌合は各種の物合（草木花虫貝などの物質を比べ競うもの）から派生したものではなく、歌合と物合は「先後継承の関係でもなく、上下包括の関係でもなく、互に並行して交渉しあったものとして考えなければならない」[43]という。そして、その関わり合い方に応じて、「純粋歌合」「物合的要素の附加した歌合」「物合の附加した歌合」「物合と並立した歌合」「物合化した歌合」「物合に付随した歌合」「歌合的要素の附加した物合」「和歌と関連のある物合」に分類している。こうした関わりのプロセスで、歌合は、「物合的要素」の比較・競争に迎合していったのではないかと考えられる。

また萩谷は、歌合では和歌の文芸としての本質とは何ら関係がない要素を基準に、優劣判定がなされていたことを指摘する。(44)「御製は負けず」、「一番左歌は負けず」、「祝の心のある歌は負けず」、「神威に寄せた歌は負けず」、「陰性の歌を忌む」、「前例を重んじる」、「周囲の思惑を気がねする」、「勝負の数を調整する」などという文芸批評とは無関係な制限がつけられていたという（御製というのは、天皇や皇族が詠んだ歌のことである）。つまり、歌合は純粋な競争ではなく、歌合の場を形成する人々の互譲協和の精神、言い換えれば「同調」の精神によって支えられていたのである。そう考えると、歌合は競争のなかに互いに響き合う「同調」的要素を含むものだったといえそうである。

活花――池坊を中心とする流派――では、若松を「しん」として立て、その本木に「下草」として草木花を添える。岡田幸三(45)によると、「しん」は真すぐなもので花瓶の高さを基準に「凡そ一タケ半」とされるが、そこには「のび」や「はずみ」という目に見えない動きを表現する「半」の感覚がこめられており、また左右に張り出す下草も同じ寸法にしないことによって長い枝は短く短い草は長く見えるように直覚させ、その長短を同じ長さに見せることが秘法だという。「しん」の「凡そ一タケ半」というのは、花瓶の高さへの同調とより伸びていこうとする競合との緊張状態を醸成し、不ぞろいの下草は競合のなかに「のび」や「はずみ」という目に見えない「同調」への動きを表現することによって、宇宙的な調和をもたらすのだといえよう。

4 「同調」的要素はスポーツにおいてどう組み込まれるか

スポーツでは、先手をとり主導権をできるだけ維持することが有利だとされる。しかし、相手の動きをよく見て対応することも重要である。テニスでは、相手のボールのスピードや回転に合わないで思ったような返球ができない場合、相手のボールとの関係性をはかり、自分の技術を調整する。相手に同調するなかで相手の動きを把握し、それに対応しながら自己に優位な関係性を見極めていくのだが、相手を見すぎると後手に回ってしまい、不利を被ることになる。そのため、潜在的な「同型同調」によって予期的に相手の動きをとらえ、それによって、感応的な応答同調を可能にしようとする。こうした戦略は、スポーツにどのように組み込まれているのだろうか。また、スポーツへの応用は今後どのようにしたら可能になるだろうか。

一般的には、卓球、バドミントン、バレーボール、バスケットボールなど多数の得点の積み上げを競うゲームでは、早攻め・遅攻めを混ぜることが有効である。いろいろと試みながら、総じて成功を多くすればいいからである。柔道や剣道のように、一、二回のラリーで勝負が決まってしまう場合は、相手をよく見ながらじっくり対応することはかなり意味をもつ。

サッカーには、守備を主体にした「カウンター戦術」がある。平成三十年（二〇一八年）のワールドカップ決勝トーナメントでベスト8をかけた日本対ベルギー戦がおこなわれたとき、アディショナルタイムにベルギーからカウンター攻撃を受けて日本が逆転負けしたのは、記憶に新しい。自陣にほとんどの選手が戻って堅固な守備態勢を敷き、日本チームにあえて攻撃させるなかで、ミスをとらえボールを奪うやいなや、守備が手薄になっている敵陣に速攻をかけたベルギーチームの勝利は、剣術と同じく、「敵に随いて」勝つ戦術だったといえる。この場合、スピードのあるストライカーがいることが不可欠だが、イタリアではこの「カウンター戦術」は「カテナッチョ」と呼ばれ、伝統的な戦術とされてきた。世界の強豪チームも、これを採用しているところが多い。このカウンター戦術と対照的なのが、「ポゼッション」である。これは、バルセロナやスペインがとってきたスタイルであり、ボールをできるかぎり持ち続け、自チームの守備時間を減らす一方、敵チームの攻撃時間と攻撃機会を減らすもので、剣術でいう「先」の技である。もちろんどちらにも長所・短所がある。サッカーは先にあげた卓球などとは違い、得点数が少ないスポーツなので、カウンター戦術では、守備を固め失点を最小限に抑えれば勝つも引き分けるも可能になるが、自チームの守備時間が長くなり、敵に振り回され体力を消耗することになりかねないというデメリットをもつ。

バスケットボールは、サッカーと比べるとはるかにハイスコアゲームなので、守備を主体とした戦術は適さないため、一般的には攻撃回数を増やす戦術がとられ、特に「速攻」が主体になる。しかし、自チームの攻撃回数を減らし敵チームの攻撃回数も減らすという戦術もある。ゆっくり攻める「遅攻」を重ねることで自他両チームの攻撃回数を減らすのである。これはディレイオフェンスといわれるもので、チーム全員でパスを回し合いながら、ショットクロック（ショットまでの制限時間）を最大限使って攻撃する。このディレイオフェンスを基本に据えたものとして、モーションオフェンスやフレックスオフェンスがある。モーションオフェンスは、フォーメーションやセットプレーと違って決まった動きがないので、相手に予期されにくい。ディフェンスの状況や味方の位置に応じて自在に展開されていき、判断はすべて選手に委ねられる。フレックスオフェンスはモーションディフェンスの一つであり、攻撃のペースを落とし、敵の状況に応じながらスペーシング、カット、スクリーン、パス回しなどを複雑に絡ませ多彩な攻撃を仕掛ける。しかもそこでは、すべての選手がオールラウンダーとしてあらゆるポジションをこなすのである。これは、全日本女子バレーボールで、眞鍋政義監督が試みたハイブリッド6に通じている。したがって、このフレックスオフェンスでは、敵の動きにしたがいながら、敵に読まれにくい技を仕掛ける可能性を高めていくのである。

ラグビーでは、シャローディフェンスというものが「同調」とかかわってくる戦術として注目される。昭和十二年（一九三七年）、早稲田大学ラグビー部の主将だった川越藤一郎が世界に先駆けて考案したものであり、それによって早稲田大学は全国制覇を達成するなどの黄金期を迎えた。「シャロー」というのは「浅い」「狭い」という意味で、防御側が防御ライン全体を前に押し上げるのである。このディフェンスでは防御側のプレーヤーは横一線に並んで飛び出す。以前は、防御側も攻撃側と同じように「深い」ラインを敷く傾向にあったが、現在ではブレイクダウン（ラック）から素早くボールを出す攻撃が主流になってきたので、前に出ていかないと防御のポジショニングが間に合わなくなる。防御ラインを素早く前に上げることによって、敵側のスペースを少なくし、プレッシャーをかけて、勢いを打ち消して動きを潰してしまうのである。この一斉にラインを上げるというのは、敵の陣形に組織的に素早く「同調」することである。人数も敵側と同じ人数でないと、このディフェンスは成立しない。人数がそろっていなかったり、ラインを上げる際にメンバーの誰かが遅れたりしたら、組織的な同調が成立せず、その結果として敵にゲインを切られてしまうことになる（攻撃が始まった地点より前にボールを運ばれてしまう）。ここでいう組織的な同調は、敵に対するものと自チームのあいだのものの両方を含んでいる。攻撃は最大の防御であるのは確かだが、「同調」も完璧におこなえば「かたい」防御となる。

　相手が人間ではなく物や自然である場合も「同調」は重要である。スピードスケート短距離五百メートルの女王である小平奈緒選手は、平成三十年（二〇一八年）ワールドカップ初戦の帯広大会優勝のインタビューで「氷とのやりとりを楽しんでいる」と答えていた。翌日の「朝日新聞」にも「氷に（ブレードが）張り付く感じをうまく伝えた[46]」というコメントがある。一週間後の第二戦（苫小牧大会）でも優勝しワールドカップ十九連勝を果たすが、前日よりも百メートルのラップが〇秒一六遅かった。この試合について小平奈緒は、「硬い氷に嫌われないように慎重に入った」、「氷に嫌われるというか、弾《はじ》かれることもなかった[47]」と述べている。能動的に氷を蹴るのではなく、氷との対話すなわち調和的相互作用が重要であることがうかがえる。スキーも地形や雪質との調和が求められることは知られているし、スキージャンプでは「風とけんかするな」と言われる。乗馬でも、馬のリズムに合わせることが基本とされる。

競泳でも上手に速く泳ぐためには、水に対する感覚をつかむことが重要だが、それをよく理解できた境地は、「水に身をまかしたようなこころもち、何ともいえない楽な、美しいこころもち」[48]というような、水とスイマーが調和した状態を指している。スイマーが水を客観的な対象として把握し、それに能動的にはたらきかけ自分の支配下におさめてしまうということではない。スイマーは、水に触れることによって得た水からの応答に合わせて水にはたらきかけなければならない。

身体が水中に入ると、身体が沈むように水に「重力」がかかる一方、水からは身体を浮かすよう浮力が作用する。重力の作用点である重心は、各人の体形や身体組成（骨、筋肉、脂肪などの割合）によってその位置が異なり、浮力の作用点である浮心の位置も同様に個人によって異なるが、一般的には重心は大きな筋肉がついている下半身にあり、浮心は空気が入った肺がある上半身にある。そのため、初心者は足が沈んでしまい、スピードが出ない効率が悪い泳ぎになる。プルブイをつけると楽に泳げることが示すように、楽に速く泳ぐためには下半身により大きな浮力を受けるように浮心を後ろに移動させ、重心に近い位置にもっていく必要がある。そのために、各スイマーはそれぞれ自分に合った独自の前進姿勢（フォーム）をつくって、水にはたらきかけなければならない。スイマーは水に重力をかけ、水はスイマーに浮力を与えるという主客が相互に入れ替わる「同調」関係のなかで、泳ぐ技術を向上させていく。

泳ごうと身体を動かすと、水から抗力と揚力を受け、この合力によって推進力が得られる。一九六〇年代後半までは、水を後方に押すこと・蹴ること（作用）がその反作用としてスイマーを前方へ進めるという「抗力推進説」が有力だった。ところが七〇年代になると、世界の一流選手のストロークの軌跡が横や縦方向への動きを伴って描かれていたことから、揚力も主要な推進力であることが判明した。揚力とは、身体が動いている状態で身体を浮かそうとする水の力であり、横や縦方向の動きは、その揚力を受けるために水の流れを下方にそらせる役割を担っている。しかし、こうした揚力を生じさせる動きは、場合によっては推進力を妨げる「抵抗」を生む。抗力と揚力の合力によって推進力を増加させるのと同様に、この抵抗を避けることも重要になってくるのである。

このように、スイマーは水との「同調」作用において水の全体相を身体で感じ取りながら、それに適した身体の動きを構築していくのである。ただ、水の全体相をなす諸要素の関連（使い分け）は論理的に分節化されないまま、スイマーの「感覚」によってあくまでも「全体」として把握され、それに連動するように身体の動きは「こんなものかな」といった主観的感覚として積み重ねられ、フォームとして構築されていくのである。

自然を相手にするスポーツに関しては、ミハイ・チクセントミハイの「フロー体験」やスティーブン・リングの「エッジワーク」研究が有益な示唆を与えてくれる。[49] エッジワークとは自発的にリスクを冒す体験（voluntary risk taking）を指すが、いずれの研究も、ロック・クライミング、登山、スカイダイビング、急流下りなどのスポーツでは主体と客体（環境）の融合すなわち「同調」が起きていることを指摘している。リングは、経験的な研究によって明らかにされたエッジワーク感覚がフーコーの「限界体験（limit-experience）」の概念に支持を与えるものだとする。「限界体験」とは、酩酊、空想、芸術家のディオニソス的放縦、禁欲行為の苦痛、サド・マゾ的エロティシズムといった感覚の束縛されない探究などを通して、意識と無意識、快と苦痛、生と死などの相反するものを分かつ「境界」を破ることであり、エッジワークは、そうした境界状況での高揚感、全能感、時間・空間感覚の変化をもたらす行動なのである。リングは、「エッジワーク体験においては、このようにして現実のなかで所与のものとみなされているカテゴリー的な区別は消失し、境界を探るプロセスで新しい知覚の可能性が生まれる」と述べている。主体と客体、自我と他我、自己と世界といったものの知覚上の区別がなくなるのである。エッジワーク体験の最中は、意識せずとも身体は状況に適応した自在な動きを可能にしていく。行為と意識が融合するのである。そうしたエッジワークのなかでの知覚変化がもたらす「自己決定（self-determination）」や「自己実現（self-actualization）」の感覚は、「彼（フーコー）の限界体験の概念の中核にある自己創造（self-creation）のプロセスそのものを意味している」とリングは述べる。

ただ、エッジワークが境界を transcend する（越える・超越する）のに対し、限界体験は境界を transgress する（越える・踏み越える）という違いがある。どちらも「越える」といった意味で区別が困難であるが、エッジワークについてはexploreする（探る）ともリングは言い換えている。また、「コントロールできないように思えるものをコントロールすること」という説明もあることから考えると、エッジワークとは、境界を探る・探検する、困難なことに挑戦してみるということだろう。一方、限界体験は、境界を越え、踏み越すことである。武術はエッジワークと同様に、「究極の限界（the ultimate limit）」である「生か死か」に関わる。生死の境に立つとき人は本来なら抑圧された過度の緊張状況におちいるはずだが、その限界状況を「探る」なかで真に自由な自己として、身体の潜在的な能力を顕在化させるのであり、それが武術が人にもたらすものなのである。

注

（1）前掲『知覚の現象学』第一巻、一六五ページ
（2）前掲「無住心剣辞足為経法集」八六ページ
（3）「鹿嶋神伝直心影流兵法目録」、前掲『直心影流極意伝開』二四六ページ
（4）前掲『剣道の栞』九〇ページ
（5）高野佐三郎「剣道の奥義を語る」、前掲『武道宝鑑』所収、二四ページ
（6）「特集　六段の修行　確固たる剣道観と「破」の修行」、体育とスポーツ出版社編「剣道時代」一九九二年三月号、体育とスポーツ出版社、一八ページ
（7）竹中健太郎錬士六段「さがらない稽古で我慢力を養う」、前掲「剣道時代」二〇〇八年八月号、三一―三五ページ
（8）前掲『精神としての身体』一一六―一一九ページ
（9）ミシェル・フーコー『監獄の誕生――監視と処罰』田村俶訳、新曜社、一九七七年、一四二、一五六―一五七ページ
（10）三浦雅士『身体の零度――何が近代を成立させたか』（講談社選書メチエ）、講談社、一九九四年、一五二―一六六ページ

(11)「将棋世界」一九九五年十二月号、日本将棋連盟、一五八ページ
(12)羽生善治『簡単に、単純に考える』PHP研究所、二〇〇一年、九三ページ
(13)羽生善治『直感力』(PHP新書)、PHP研究所、二〇一五年、一五九ページ
(14)金子金五郎「将棋上人随聞記・定跡は歴史である――升田将棋を語りつつ」「中央公論」一九七〇年二月号、中央公論社、二五八ページ
(15)米長邦雄『人間における勝負の研究――さわやかに勝ちたい人へ』(ノン・ポシェット)、祥伝社、一九九三年、一五九―一六〇ページ
(16)前掲『簡単に、単純に考える』九五ページ
(17)晏天章/厳徳甫/原本編、橋本宇太郎解説『玄玄碁経――詰碁の古典』(囲碁古典シリーズ)、山海堂、一九九七年、三三二―三三三ページ
(18)呉清源『呉清源棋話――莫愁・呉清源棋談』三一書房、一九九三年、二二五―二二六ページ
(19)同書二二七ページ
(20)菅野礼司「半田道玄の囲碁哲学と科学的自然観」、関西唯物論研究会編「唯物論と現代」第四十一号、文理閣、二〇〇八年、五六ページ
(21)前掲『玄玄碁経――詰碁の古典』二二ページ
(22)梅沢由香里『プレッシャーに負けない――夢中になれば奇跡が起こる』(心の友だち)、PHP研究所、二〇〇九年、八九ページ
(23)梅田望夫『シリコンバレーから将棋を観る――羽生善治と現代』中央公論新社、二〇〇九年、二六―三三ページ
(24)「将棋世界」二〇〇九年一月号、日本将棋連盟、四九ページ
(25)伊藤果、週刊将棋編『風車の美学――伊藤果直伝!』平川工業社、一九九四年、八―二〇ページ
(26)心敬「さゝめごと」一四六一年、木藤才蔵/井本農一校注『連歌論集 俳論集』(「日本古典文学大系」第六十六集)所収、岩波書店、一九六一年、一五七ページ
(27)同史料一八七ページ

(28) 同史料一七五ページ
(29) 佚斎樗山子「天狗芸術論」一七二九年、前掲『武術叢書』所収、三一七ページ
(30) 田中優子『江戸はネットワーク』平凡社、一九九三年、一二―一三、一二八ページ
(31) 渡辺融「日本人の球心」、中村敏雄編『日本文化の独自性』(「スポーツ文化論シリーズ」第九巻)所収、創文企画、一九九八年、三三―四二ページ
(32) 同論文四一ページ
(33) 同論文四三ページ
(34) 武田元治『重家朝臣家歌合全釈』(「歌合・定数歌全釈叢書」第二巻)、風間書房、二〇〇三年、七―一七〇ページ
(35) 武田元治『住吉社歌合全釈』(「歌合・定数歌全釈叢書」第七巻)、風間書房、二〇〇六年、七―一六五ページ
(36) 平田英夫『御裳濯河歌合宮河歌合新注』(「新注和歌文学叢書」第十一巻)、青簡社、二〇一二年、三―九一ページ
(37) 同書九三―一七五ページ
(38) 石川一／広島和歌文学研究会編『後京極殿御自歌合・慈鎮和尚自歌合全注釈』勉誠出版、二〇一一年、三―一八七ページ
(39) 同書一九一―三八一ページ
(40) 徳原茂美「歌合の成立と展開」、有吉保／稲岡耕二／上野理／島津忠夫／藤平春男／武川忠一編『王朝の和歌』(「和歌文学講座」第五巻)所収、勉誠社、一九九三年、一五八―一五九ページ
(41) 峯岸義秋「歌合」、和歌文学会編『歌壇・歌合・連歌』(「和歌文学講座」第三巻)所収、桜楓社、一九六九年、二四七ページ
(42) 前掲「歌合の成立と展開」一六二ページ
(43) 萩谷朴編著『平安朝歌合大成』第十巻、同朋舍、一九七九年、二九九一―二九九八ページ
(44) 同書三一二一―三一二九ページ
(45) 岡田幸三「風興の世界世界・花」藝能史研究会編『日本の古典芸能5　茶・花・香』平凡社、一九七〇年、一一〇ページ

(46)「朝日新聞」二〇一八年十一月十八日付

(47)「朝日新聞」二〇一八年十一月二十五日付

(48)中井正一『美学入門』(朝日選書)、朝日新聞社、一九七五年、一三ページ

(49)Stephen Lyng, "Sociology at the Edge: Social Theory and Voluntary Risk Taking," *Edgework: The Sociology of Risk Taking*, Routledge, 2004, pp. 40-46.

[付記]本稿は、JSPS科研費JP16K01624の助成を受けたものである。

あとがき

本書の端緒は、拙稿「大相撲における立ち合いの文化論――同調と競争の統合」（日本スポーツ社会学会編「スポーツ社会学研究」9、日本スポーツ社会学会、二〇〇一年）である。「阿吽の呼吸」「合気」でなすといわれる大相撲の立ち合いは、両力士が互いに呼吸を合わせながらもなおかつ互いが自分の呼吸をぶつけ合っていくことで可能になる。立ち合いは、「同調」と「競争」という相反立する相互作用の形式＝「関係性」を統合している文化としてとらえられるというものである。この「同調」しながら「競争」するという立ち合い独特の論理の妙の把握に対して、亀山佳明氏（当時、龍谷大学教授）から社会学的身体論の「生成論」的方法に及ぶものとして紙面で示唆をいただいた。すなわち、この「同調」と「競争」の交錯の分析が身体の深さの次元に体験の側からふれるものであるということだ。このことが大きな契機になって、武術のなかにより広く深い身体の潜在的なはたらきを考察しようとしたのが本書である。ただ、その目的がどれだけ達成されたかは定かではない。

武術における身体の潜在的なはたらきは、同調と競争の多様な交錯によってどのような関係性を編んでいけるか、また身体感覚の二重性を利用することによっていかに自分に有利になるべく関係性を操作していけるかといったところに現される。また、こうした関係性はスポーツでも見受けられる。チームスポーツでは、関係性は敵との間だけではなく、味方プレーヤーとの間にも編まれていくので、複雑になっていく。例えば、バレーボールでは日本チームはアタックの打点の高さでは外国チームに太刀打ちできないので、多様な関係性を編むことによって多彩な攻撃をすることを余儀なくされる。本来、連携プレーにはポジションに基づいた「役割」分化が伴う。しかし、どこから誰が攻撃してくるかまったく予想しづらい高度な連携プレーになると、単純な役割分化ではすまず、個々のプレーヤーの役割が入り交じり、相互に浸潤し合うといった流動的で複雑な役割体系が構築されていなければならない。こうして、武術やスポーツでは、社会学の「制度論」によっては直接的に解釈できないような関係性や役割体系が存在するのであり、それゆえに武術やスポーツといった場での独自な論理からアプローチすることが求められる。「生成論」的方法が重要とされるゆえんである。ただ、こうした武術やスポーツに見られる身体の潜在的なはたらきやビビッドな関係性・役割体系といったものは、日常的世界にも存在しないわけではないが、そこにあっては気づかれにくいものであり、武術・スポーツ界に目をやることによって顕在化してくるものだと考えるべきだろう。

最後に、重要な示唆をくださった亀山氏、出版の仲介となっていただいた松尾哲矢氏（立教大学教授）、そして出版を快く引き受けていただいた青弓社の矢野恵二氏にお礼を申し上げる。

二〇一九年陽春の候

西村秀樹

［著者略歴］
西村秀樹（にしむら ひでき）
1954年、愛媛県生まれ。九州大学大学院教授
著書に『スポーツにおける抑制の美学――静かなる強さと深さ』（世界思想社）、『角界モラル考――戦前の大相撲は「おおらか」だった』（不昧堂出版）、『大相撲裏面史――明治・大正期の八百長』（創文企画）、共編著に『変わりゆく日本のスポーツ』（世界思想社）ほか

武術《ぶじゅつ》の身体論《しんたいろん》　同調と競争が交錯する場

発行――2019年6月26日　第1刷
定価――3000円＋税
著者――西村秀樹
発行者――矢野恵二
発行所――株式会社青弓社
〒162－0801 東京都新宿区山吹町337
電話 03-3268-0381（代）
http://www.seikyusha.co.jp
印刷所――三松堂
製本所――三松堂

ISBN978-4-7872-3455-1　C0036